EDMUND MÜLLER / IM SPÄTEN HERBST

stv

Edmund Müller

IM SPÄTEN HERBST

Von Jagd, Land und Leuten

LEOPOLD STOCKER VERLAG
Graz - Stuttgart

Umschlaggestaltung: Atelier Geyer, Albersdorf
Umschlagfoto: Reinhard-Tierfoto

CIP-Kurztitelaufnahme der Deutschen Bibliothek

Müller, Edmund:
Im späten Herbst: von Jagd, Land und Leuten /
Edmund Müller. - Graz: Stocker, 1980
ISBN 3-7020-0351-7

ISBN 3-7020-0351-7

Printed in Austria
Druck: Wiener Verlag
Reproduktion: Schlick KG, Graz

Meiner Frau, der verständnisvollen Begleiterin eines Jägerlebens

Im späten Herbst

Anläßlich des Erscheinens meines Werkes „Pirsch am Abend" schrieb „Österreichs Weidwerk":

„In vielen Lesern wird der Wunsch aufkommen, daß der Verfasser bald wieder ein Jägerbuch schreibt."

Hier ist es.

Aber Bücher solcher Art können nicht nach dem Modus und dem Maß unserer schnellebigen Zeit geschrieben werden, wenn nicht das Beste, das vorsichtige Schürfen im fruchtträchtigen Grund des jägerischen, aber auch des allumfassenden natürlich-kreatürlichen Bereiches, also die Pflege des Feingehaltes, verlorengehen soll.

Dazu kommt, daß wir Allgäuer von unserer Stammesart her bedächtige, abwägende, überlegende Arbeiter sind, auch auf literarischem Gebiet. So bemühte ich mich auch diesmal, die vielseitigen Eindrücke und Gedanken aus der geweiteten Schau einer zwar ausgeprägten, aber doch geläuterten, Samiels hemmungsloser Lust und Leidenschaft entrückten Passion immer wieder in die Schilderung jagdlichen Geschehens einzuflechten.

Büchsen- und Flintenknall, Beute und Trophäe, selbstverständliche und unerläßliche Attribute des Jagens, werden darum auch hier nur den aus solcher Sicht entspringenden Platz einnehmen. Das mag angesichts der Tatsache besonders naheliegen, daß der heutige Jäger sich in seinen Ansprüchen mehr bescheiden muß als frühere Jägergenerationen, wenn ihm nicht besonders günstige Umstände oder eine hochdotierte finanzielle Position eine bevorzugte Stellung im Leben einräumen.

Aber noch ein anderer schwerwiegender Grund veranlaßt mich, solch ausgewogene Stellung zu beziehen. Zahlreiche zustimmende Briefe und persönliche Bekundungen nichtjägerischer, der Natur aber in tiefer Liebe und mit aufmerksamem, wachem Interesse verbundener Leser aus allen Bevölkerungsschichten ermahnten und ermutigten mich, auch dieses Buch nicht allein auf den Jäger auszurichten. Es ist daher auch all jenen gewidmet, die ohne Jagdschein, aber mit offenem Ohr und mit hellem Auge die Landschaft durchwandern, ihre Tier- und Pflanzenwelt betrachten, beobachten, bewundern, ihre verborgenen Schönheiten und Schätze suchen und entdekken, die in solchem Genuß bescheidenes, aber erfüllendes Genügen finden. Ihnen, gerade ihnen als natürlichen Bundesgenossen den goldträchtigen Inhalt der von allen Seiten bedrohten Jagd zu erschließen und deren nützliche, ja notwendige Stellung und Aufgabe verständlich zu begründen ist ein vorrangiges Anliegen dieses Buches.

Herbst, Zeit der Reife, Zeit der Ernte, in der Natur, im Leben, Haupterntezeit des Jägers. Daher ist der Inhalt dieses Werkes vorzugsweise auf ihn abgestellt, daher ist ihm der Titel gewidmet.

Merzalben, am Fest Mariä Geburt 1979 *Edmund Müller*

Beim Anstieg

Die Stahlglocken der Burgberger Pfarrkirche verkünden die Mittagsstunde. Der Schall steigt den jäh aufblockenden Grüntenstock empor und verliert sich in der weiten Bucht des oberen Illertales. In den Dörfern jenseits des Flusses antworten die bronzenen Schwestern.

Da erhebe ich mich von der Eckbank in der behaglichen, gemütlichen Jägerstube des Schmidschen Anwesens, löse den Blick von den weitschwüngigen, kohlenrußfarbenen, weißendigen Geweihen der Allgäuer Berghirsche, von den mattschwarzen Krucken und den haselbraunen Rehkronen, Zeichen, Zeugen und Symbolen des Jägertums, des Berufsjägerstandes in diesem Hause, nehme die erwartungsvoll harrende Schweißhündin an den Riemen, streife den großen Rucksack über, werfe den leichten, aber weichen und warmen Lodenfleck über die Schulter, greife nach dem Stutzen und mache mich zum Anstieg auf die Roßberghütte bereit.

„Also, Albert, Waidmannsheil! Schaust gegen Mitte der Woche, wenn es dir möglich ist, zu mir auf die Hütte herauf! Bis dahin wird sich wohl etwas getan haben. Hab' schon ein paar gute Flaschen bereit, die dir schmecken. Hast ja einiges gelernt von mir in dieser Hinsicht!"

Selbstverständlich wurde dieses Gespräch nicht in gängigem Schriftdeutsch geführt, vielmehr in der angewölften, altgewohnten, unverfälschten Mundart. Nur wer diese von Jugend an gehört, gelernt, gesprochen, allein der beherrscht diesen schwerverständlichen, auch dem österreichischen Vorarlberger, dem Tiroler Anrainer, dem verwandten Schweizer und gerade noch dem schwäbischen Alemannen zugänglichen, etwas rauh und kehlig klingenden Dialekt. Dies bestätigen mir auch die Briefe, die ich nach Erscheinen meines jüngsten Werkes, „Pirsch am Abend", erhielt. Dort habe ich ein paar Originalerzählungen meines unvergeßlichen jagdlichen Mentors, des kgl. Jagdgehilfen Friedrich Zeller, „des alten Friedre", in der Ursprache wiedergegeben. Die Sprachkundigen waren begeistert davon, die anderen waren froh, daß ich jeweils die Übersetzung ins Hochdeutsche folgen ließ, bei der allerdings manches vom ursprünglichen Feingehalt, dem „Bukett", verlorengeht.

Die Bajuwaren mit ihrer gängigeren Mundart tun sich da leichter! Ich brauche nur an Ludwig Thoma und, auf dem jagdlichen Sektor, an Baron Cramer Klett zu denken.

Die gute, unermüdliche Frau Balbina, ein selten wertvolles Stück dieser unvollkommenen Welt, hatte mein Hauptgepäck schon ein paar Tage zuvor mit dem Pferd, dem Haflinger, dem lebenden, nicht dem motorbetriebenen, und dem zweirädrigen „Grotten" zur Roßberghütte hinaufgebracht. So kann ich mit leichter Bürde zu Berge steigen, „in den Berg gehen".

Den Bergstock am Vorplatz zur Hand genommen, mit griffig klirrenden Grobgenähten die zeitgemäß unvermeidliche Asphaltstraße nach Rettenberg überquert. Ein letzter Blick zurück zu „Söflars Hüs", das seinen Hausnamen, Allgäuer Art und Brauch entsprechend, von einem Ahnen, diesmal mütterlicherseits, mit dem Vornamen Joseph, dem mir noch wohlbekannten, hochangesehenen Landwirt Joseph Jörg, erhielt. Noch einmal ein Wenden des Kopfes, von unausgesprochenem jägerischem Wunsch gedrängt, zu dem Gamsbild, dem „Hauswappen", über der Eingangstüre, mit dem der tüchtige Malermeister Julius, auch einer von denen, die mit mir auf der Schulbank gesessen hatten, dieses Domizilium ebenso naturgetreu wie geschmackvoll geschmückt und gekennzeichnet hatte.

Nochmals einen Blick zurück, dann führt mich die abzweigende Bergstraße nach oben durchs alte Heimatdorf. Da überwältigen mich förmlich von allen Seiten die persönlichen Erinnerungen, die bedeutsamen Ereignisse, die Histörchen und Episoden, die Balladen und Anekdoten der örtlichen Geschichte.

Rechts das alte Kriegerdenkmal unter der im Volkslied romantisch verklärten Dorflinde.

Linker Hand das stattlich ausgebaute, früher etwas schmalbrüstige Gasthaus „Zum Löwen", der „Löwenwirt". Da rührt sich gleich die lokale Historie. Ich denke – nicht ohne Schmunzeln – an eine Begebenheit, die sich auf der zum Eingang des Gasthauses führenden Steintreppe abgespielt hat.

An dem vertrauten Wechsel, der vom alten Forstamtsgebäude in die nördlichen und nordwestlichen Jagdgründe führte, lag ein kleines Wohnhaus, später von dem biederen Hüttenamtsarbeiter Zeitler sauber ausgebaut und bewohnt, in dem zu meiner frühen Jugendzeit der Jeremias Randel wohnte. Er firmierte seine Erwerbstätigkeit immer stolz als „Jeremias Randel, königlicher Strumpfwirker in Burgberg am Fuße des Grünten im schönen Illertal", wobei er die besonders betont und anspruchsvoll schmükkende Bereicherung seines Berufstitels mit der von ihm immer lauthals verkündeten, unwidersprochen gebliebenen Behauptung begründete, er habe auch für den alten Prinzregenten Luitpold ein Paar jener langen, gewalkten Wollstrümpfe angefertigt, die damals zu den außerhalb ihres angestammten

Verbreitungsgebietes als „Seppelhosen“ bezeichneten Kurzledernen in der kalten Jahreszeit getragen wurden.

Und eben jener so selbstbewußte „königliche Hoflieferant“ hatte eine unüberwindbare Neigung zum Alkohol in Form von Gerstensaft, des damals beliebten und gängigen dunklen Bieres, wenngleich er diesem nur als Quartalsäufer seinen Tribut zollte. Als er wieder einmal eines späten Sonntagnachmittags, voll des berauschenden Trankes, den „Löwenwirt“ verließ, überkam seinen Magen, gerade als er die Treppenstufen herabsteigen wollte, das unwiderstehliche Bedürfnis, sich zu erleichtern, sich des in ungesundem Übermaß einverleibten „Dunklen“ einschließlich der damit vermengten „Brotzeit“ zu entledigen. Kurzum, er mußte sich am eisernen Stiegengeländer festhalten und stoßweise diese Mischung des Mageninhaltes von sich geben. Die auf dem Dorfplatz umherscharrenden Hühner, seien es nun die des „Löwenwirtes“ oder eines seiner Nachbarn, die in solcher Eruption eine Bereicherung ihrer Nahrungsbasis sahen, flatterten eilig herbei, um mit gierigem, hastigem Gepicke ihre Kröpfe zu füllen. Der Jeremias nun, dieses Schauspiel beobachtend, hob seinen Kopf und rief der Hühnerschar, mit der Hand in philosophischer Gelassenheit abwinkend, zu:

„Brüchet it so weile springe, krieget all no gnüe!“ (= Braucht nicht so schnell zu springen, kriegt alle noch genug!)

Die Fortsetzung der Randelschen Lebensgeschichte ist freilich von einem düsteren Ende überschattet. In jener zwar auch nicht vollkommenen – nur blöd-blinde Ideologen erwarten solches auf dieser Erde –, aber doch stabileren, ruhigeren, gesünderen Zeit war in einem Dorf ein Mordfall, ein Totschlag, ein Brand, ein Unfall ein Ereignis, das über Monate, über Jahre die Herzen und die Gespräche der Menschen füllte und bewegte.

Der Randel nahm kein gutes Ende. Eines Morgens gab es in dem damals etwa 800 Einwohner umfassenden, also kleinen Dorf große Aufregung. Der Randel hatte, offenbar in einem seiner Räusche, nach vorherigem Streit einen Untermieter erstochen. Der Absturz einer vollbesetzten Düsenmaschine, ein gewaltiges Erdbeben auf dem Balkan oder hinten in der Türkei, in China oder sonstwo in der weiten Welt mit riesigen Menschenopfern und Verwüstungen, eine Überschwemmung, eine Eisenbahnkatastrophe und was immer an Unheil und Unglück über die Menschheit hereinbricht, Ereignisse, die im technischen Zeitalter zum täglichen Brot der Massenmedien aller Art gehören, bewegen die große Masse heute viel weniger als diese Bluttat damals eine friedliche, zusammengewachsene Dorfgemeinschaft.

Ich fühle noch immer die kindlichen Schauer kalt über meinen Rücken hinabkriechen, als die Gendarmen den Randel in Handschellen am Forsthaus vorbeiführten und der wachsgelbgesichtige Tote aus dem Haus getragen und auf einem Fuhrwerk verladen wurde. Ein Menschenleben war damals noch nicht so billig wie heute!

Der Jeremias Randel hatte im Zuchthaus in Schweinspoint lange Gelegenheit, über die biblische Anspielung seines Vornamens nachzudenken. Ich sah ihn nie wieder. Schübe des menschlichen Schicksals. Wer will da richten und rechten.

Ungefähr zur selben Zeit bot sich mir nochmals ein aufwühlendes Schreckensbild. Der Anlaß war das nur durch eine Dorfstraße vom „Löwenwirt" getrennte alte, weißgetünchte, zusammengebuckelte Anwesen des Bäckermeisters Moosbrugger, der damals nebenbei auch noch eine kleine Landwirtschaft betrieb. Heute steht dort ein geräumiger, sauberer Neubau.

Eines Vormittags gab es große Aufregung. Sturmglocken vom nahen Kirchturm, Trompetensignale, Feuerjorufe, einen ausgebrochenen Brand anzeigend: Als ich aus dem Wohnzimmerfenster des alten Horstes zu dem einen guten Büchsenschuß entfernten Moosbrugger hinabschaute, sah ich dichten Rauch aus und über dem angebauten Stadel qualmen. Die eilig mit Feuerleitern, Schläuchen und handbetriebenem Löschfahrzeug anrückende Feuerwehr, neben ihr schwarz wimmelndes, aus dem Wohngebäude Mobiliar heraustragendes Menschengeklump... wurde schließlich vom roten Hahn, von der aus dem geborstenen Dach herausschlagenden feurigen Lohe, besiegt. Das alte Haus zerfiel langsam und funkensprühend in Schutt und Asche. Da konnte die Feuerwehr nichts mehr retten. Sie hatte genug zu tun, die nahe „Löwenwirtschaft" vor dem Übergreifen der Flammen zu schützen. Damals ein bewegendes Ereignis in der ganzen Umgebung, heute eine nüchterne Zeile in der Zeitung. Alle Begriffe sind relativ!

Es gingen begründete Gerüchte, ein unvorsichtig in der Tenne zündelnder Bub sei dem Heustock zu nahe gekommen. Die alte Großmutter freilich, eine kleine, schmale, beim sonntäglichen Kirchenbesuch kapotthuttragende Frau aus dem österreichischen Großen Walsertal, soll in ihrer, dem Allgäuerischen stark angenäherten, etwas singenden Mundart den Enkel wacker verteidigt haben.

Doch, wo bleibe ich!? Wohin käme ich, wenn ich mich in der Dorfgeschichte verlöre? Weiter! Ich will doch noch vor Einbruch der Dämmerung oben auf der hochgelegenen Roßberghütte sein!

Nur noch für einen kurzen Gruß und Schwatz bei unserem hochgeschätzten Nachbarn Köberle eingekehrt, Schreinermeister von hohen Graden, Schüler des berühmten alten Hauber in Altstädten, dessen handwerkliche Erzeugnisse noch heute ohne merkliche Zeichen der Abnützung in unserem Hause stehen, hochangesehener Altbürgermeister, dem überall Respekt gezollt wird.

Gleich links oberhalb steht das Herzstück des Dorfes: das spitzgiebelige, gemütliche frühere Forstamt, nach Verlegung des Amtssitzes nach Sonthofen Dienstwohnung für Beamte des forstlichen Betriebsdienstes. Für einen Besuch bei meinem Landsmann Franz Bosch, dem Inhaber des Burgberger Forstbezirkes im „Großen Wald", langt es heute nicht. Ein andermal vielleicht!

Noch ein paar Häuser beiderseits des Bergwechsels durch das aufgelokkerte Oberdorf, jedes mir innen und außen wohlbekannt.

Nun noch das letzte der Anwesen, der „Gallehanneser", eingebuchtet in eine tiefe Falte des buckeligen „Gallehannese Bichel", des Übergangs von den Tal- zu den Bergwiesen.

Unwillkürlich wird beim Verlassen des Dorfbereiches der Blick von dem fichtendunkel bemantelten, schroff aufragenden, hellwiesengrün und grau gefleckten, vom tief eingegrabenen „Wustbach" durchschnittenen Grüntenstock eingefangen.

Jenseits des ausgedehnten Geröllfeldes des durch die Wildbachverbauung gezähmten Bergwassers, fünf Gehminuten von meinem Paß entfernt, schlingt sich um den Südfuß des Berges zunächst ein aschgraues Felsband aus Sewenkalk, der geologischen Epoche der Kreidezeit entstammend, mit zahlreichen Inoceramus-Versteinerungen.

Eine dieser rund hundert Millionen Jahre alten Muschelarten liegt als „Bringsel" aus der Heimat als Briefbeschwerer immer vor mir auf dem Schreibtisch.

Diesem Waldgürtel schließt sich nach oben, bis zu dem zunächst geschlossenen, dann sich immer mehr auflockernden, von Geröllfeldern und Schrofen durchsetzten und einem kleinen Hochwiesengeviert, dem „Brunnenanger", aufgelichteten Alpenwaldbereich hinaufreichend, ein breiter Streifen steiler, süd- und westhängiger, früher alljährlich gemähter, zartgrasiger, sommerrucherfüllter, blumenreicher Bergwiesen von chagallscher Buntheit an, die „Halde" genannt. Und eben dieser Grünlandkomplex veranlaßte mich früher immer zu einer insektenkundlichen, aber auch zu einer kurzen örtlich-jagdhistorischen Abschweifung.

Ich betonte schon einmal an anderer Stelle, daß dieses Werk nicht allein für Jäger, daß es vielmehr für alle Naturfreunde geschrieben ist. So darf ich aus all den freundlichen, mir zugegangenen Bekundungen den berechtigten Schluß ziehen, daß auch solche Probleme interessierte Leser finden werden.

Die von reichem Blumenflor, besonders von Skabiosen, durchwirkten Bergwiesen der „Halde“ waren eine Domäne des wunderschönen, heute vom Aussterben bedrohten, daher geschützten Apollofalters – Parnassius Apollo. Nicht umsonst hat der griechische Gott der klassischen Schönheit bei der Namensgebung Pate gestanden. Der schöne Schmetterling flog dort in erstaunlichen Mengen. Es war ein leichtes, diesen etwas plumpen, schwerfällig gaukelnden, schwarzweißrotäugigen, entzückenden Tagfalter vorsichtig mit den Fingern von den von ihm besonders bevorzugten Skabiosen abzuheben, zu betrachten, zu bewundern und ihn dann wieder freizulassen. Ich entdeckte dort sogar einmal ein besonders rares, gelblich getöntes Exemplar.

Ab dem Ende der zwanziger Jahre wurden diese Bergwiesen nicht mehr regelmäßig gemäht. Robuste Pflanzen- und Grasarten verdrängten die bisherige Flora. Teilweise wurde das Gelände sogar mit Fichten aufgeforstet. Seitdem begann der Rückgang dieser aparten Schmetterlingsart. Heute ist sie dort ganz verschwunden. Ihr Aussterben ist nicht auf die Verwendung von Insektiziden, vielmehr ausschließlich auf die Veränderung des Biotops zurückzuführen. In Mitteleuropa wurde der Apollofalter auf wenige Standorte zurückgedrängt.

An seinem örtlichen Verschwinden trägt auch nicht eine unkontrollierte Tätigkeit von Sammlern schuld. Schonende, behutsame, auf Einzelexemplare bzw. bei Geschlechtsdimorphismus auf Paare beschränkte, nach wissenschaftlichen Grundsätzen ausgerichtete Entnahme schadete bisher dem Schmetterlingsbestand nicht. Sie lieferte vielmehr wertvolle Nachweise und Erkenntnisse.

Heute, bei erschreckendem Rückgang der paläarktischen Macrolepidopteren, ist eine Ausweitung solcher Tätigkeit schon bedenklicher. Das Sammeln von Schmetterlingen ist heute nicht nur „in“, es ist geradezu große Mode geworden und zu einem weitverbreiteten Geschäft ausgeartet. Man sehe sich nur einmal die sogenannte „Insektenbörse“ an!

Besonders scharf zu verurteilen ist das unbeschränkte, ungeregelte Sammeln einheimischer Schmetterlinge für die Schmuckindustrie. Für deren Zwecke böten die gezüchteten buntfarbigen Exoten eine hinreichende, dabei unschädliche Grundlage.

Ein weiteres Problem, ein jagdliches, kam mir beim Anblick der abschüssigen „Halde“ in den Sinn. Als wir volksschulpflichtigen Buben auf dem hervorragenden Übungsgelände des „Gallehannese Bichel" unsere Stemmbögen, Telemarkschwünge und Christianiakurven drehten und an der kleinen provisorischen Sprungschanze unsere Künste erprobten oder mit dem Rodel auf dem von den Holzfuhrschlitten vorbereiteten Bergsträßchen herabsausten, dann stand drüben an der „Halde" am hellen Tag das Rotwild und äste auf den freigeschlagenen Stellen sowie auf den Rutschflächen. Am Abend erst zog es zu den mit duftendem Bergheu und Kastanien beschickten Fütterungen in der tieferliegenden „Herrepoint" (= Pfarrwiese) hinab. Schälschäden, die große Misere unserer Zeit, waren nicht zu beklagen, trotz beachtlichem, im Winter konzentriertem Rotwildbestand. Der natürliche Äsungsrhythmus war noch nicht gestört. Die gesunde Mischung von Rauhfutter und zusätzlich gebotenem Kraftfutter in Form der Roßkastanien zusammen mit dem beim Äsen auf den Bergwiesen aufgenommenen Naßfutter ließ offenbar kein Schälbedürfnis aufkommen.

Heute bemüht sich die Jägerei, in einer völlig veränderten Welt dieses brennenden, entscheidenden Problems Herr zu werden. Dabei spielt die damals noch nicht bekannte Silagefütterung eine sehr wichtige Rolle. Ihre in jeder Hinsicht günstige Auswirkung wird von verschiedenen Seiten der jagdlichen Praxis immer wieder betont und bestätigt, so auch von meinem Freund, Forstdirektor Karl Diehm, der ein Jahrzehnt lang als Vorstand des rotwildreichen bayerischen Forstamtes Fall reichliche Gelegenheit hatte, diesbezügliche Erfahrungen zu sammeln.

Dieser kurze Hinweis auf das damalige Verhalten des Rotwildes in einer noch ungestörten Umwelt mag die tieferen Ursachen unseres heutigen Problems andeuten. Seine Lösung wird nur durch eine sachbezogene Zusammenarbeit aller Beteiligten möglich werden.

Nun biegt man in die erste Steilstrecke, die rauhe kalkgraue „Steinebichelsteige", unter einer talüberschauenden, alten, ehrwürdigen, weißleuchtenden Kapelle ein. Man könnte glauben, Ludwig Uhland habe ihren Standort ausgesucht.

Ich gehe nie daran vorbei, ohne einzukehren, allein schon des bezaubernden Rückblickes auf das Illertal wegen, der sich dort noch zeigt, ehe der Bergweg sich in das enge, vom Dorfbach durchflossene Seitental, das „Bachtel" (= Bachtal), zwischen Hauptgebirgsstock und südlichem Vorberg einschiebt.

Ich habe aber noch andere Gründe für meinen kurzen Aufenthalt, voran die Erinnerung an meine gute Mutter, eine ebenso schöne wie gescheite und tieffromme Frau, eine strenge Katholikin, die sich hier in ihrem unerschütterlichen Glauben oft Trost und Stärke für die unvermeidlichen, unabwendbaren Wechselfälle des Lebens holte.

Ich selbst habe auch allen Grund, dort meinen Dank abzustatten für ein wohlgeordnetes, warmes Elternhaus, für eine überragend schöne Jägerjugend, die mir eine wohlgesinnte höhere Ordnung als wertvolles, unverdientes Geschenk schon in die Wiege gelegt hatte, wie sie in solch reicher Vielfalt nur wenigen beschieden ist. Ich tat und tue es, es ist nie leere Form, es ist mir ernst. Was soll ich mich schämen und scheuen, dies zu bekennen. Darüber mag jeder denken und urteilen, wie er will. Die Toleranz ist ein hohes, aber leider wenig beachtetes menschliches Gebot.

Und noch ein dritter Grund liegt vor, der mich immer wieder hierher zieht. In zwei kleinen, sprechenden Ölbildern in Form von Votivtafeln hat ein orts- oder gegendansässiger Maler zwei kleine lokalgeschichtliche tragische, damals sicherlich weitbewegende Ereignisse festgehalten: einen tödlichen Unfall bei der Holzfällung in der Alpe Roßberg sowie einen solchen in den ehemaligen Erzgruben des Starzlachtales.

Und ein allerletzter, besonderer, wehmütiger und gedämpft nachhallender Grund hält mich beim Verlassen des kleinen Gotteshauses noch einen Augenblick fest: Es ist die Erinnerung an die letzte Hirschbrunft meiner Jugendjagdzeit in den heimischen Bergrevieren. Erst nach mehrjährigem Intervall kehrte ich anläßlich meiner dienstlichen Tätigkeit am Forstamt Sonthofen und dann jetzt, zwei Jahrzehnte später, diesmal als „ziviler" Jäger, für einen längeren Zeitraum alljährlich mehrmals aus den fernen westlichen Waldbergen dorthin zurück.

Prinz Franz von Bayern gab damals im darauffolgenden Frühling den von ihm gepachteten Rest der großen ehemaligen Hofjagden auf. Mein damals schon pensionierter Vater behielt bis zu diesem Zeitpunkt die Jagdverwaltung in Händen. Das war das Ende eines fast traumhaft schönen Aufganges eines Jägerlebens.

Auch dem Prinzen fiel der Abschied sichtlich schwer. Kurz vor dem Untertauchen in den hohlwegähnlichen Engschluß des Hochtales drehte er sich nochmals um, blickte lange und versonnen auf mein Heimatdorf Burgberg und das Illertal hinab. Und einen Augenblick schimmerte es verdächtig feucht hinter den randlosen Brillengläsern, ehe er sich wieder nach Osten wandte und lange Zeit wortlos den Berganstieg mit mir fortsetzte. Mir ging es auch nicht anders. Erst dann, als wir eine halbe Stunde später Einblick in den Starzlachtalkessel mit dem „Großen Wald" bekamen, hellte sich sein Gesicht wieder auf und kehrte sein trockener Humor zurück.

Das altehrwürdige Geschlecht der Wittelsbacher, das sich um das Land Bayern höchste Verdienste erworben hatte, war viel zu erdverbunden, dachte zu nüchtern und wirklichkeitsnah, um sich in das von gewissen kurzsichtigen Kreisen propagierte Abenteuer einer Restauration einzulassen. Die Wittelsbacher erkannten richtig, daß man das Rad der Geschichte nicht willkürlich zurückdrehen kann, daß die Zeit für eine bayerische Monarchie eben abgelaufen war und jeder Versuch einer Rückwendung zum verhängnisvollen Scheitern verurteilt sein mußte. So aber schufen sie sich im Land Bayern weithin ein bleibendes dankbares Gedenken. Man kann die Jahrhunderte der Geschichte nicht beiseiteschieben wie schmutziges Geld.

Im Laufe meines Jägerlebens lernte ich mehrere Jäger aus diesem Hause in persönlichem Umgang kennen, hatte jedoch nie Veranlassung, meine Wertschätzung zu ändern. Im Gegenteil! Je öfters ich die Gelegenheit hatte, sie mit den aufgeplusterten Typen mancher neureicher, jagdlich wie menschlich abstoßender Revierinhaber der neuen Zeit zu vergleichen, desto mehr wuchs meine Hochachtung. Aber auch manche Vertreter der politischen Nachfolgeregime kamen dabei nicht gut weg.

Am nächsten stand mir Prinz Franz von Bayern, der letzte Pächter meiner Heimatreviere. Unsere Verbindung blieb bis zu seinem Tode erhalten. Und alle Tage werfe ich auch heute noch einen dankbaren Blick auf das mir gewidmete Foto seines stärksten, dort erlegten Rehbockes, eines wahrhaft Gagernschen Hauptbockes. Der Prinz konnte mich gut leiden, ja mehr noch! Wir verstanden uns ausgezeichnet, trotz des Altersunterschiedes. Das bekam ich immer wieder zu spüren und wußte es wohl zu schätzen. So war ich, allein schon wegen meiner guten Ortskenntnisse, während der Hirschbrunft sein Begleiter und trotz meiner Jugend auch schon sein Führer. In „Pirsch am Abend“ erzählte ich bereits darüber. Aber auch in diesem Buch werde ich noch gemeinsame Hirschbrunfterlebnisse schildern.

Je höher sich das holprige Kalksteinsträßchen in Windungen und Wendungen der Grüntensüdseite entlang hochschraubt, desto deutlicher verdichtet sich die jägerische Atmosphäre, desto eindringlicher belebt, bereichert sich die an Erinnerungen gesättigte Um- und Rückschau.

Da! Gleich hinter dem weißbleichen Kapellengehäuse die langgestreckte, dem Bergweg entlanglaufende, von einem der alten Steinzäune begrenzte, üppig strotzende obere Wiese des Gallehannesers! Da zog wieder einmal eine flüchtige trübe Wolke über die sonst so sonnige Landschaft eines jungen Jägers, rührte sich das in eine junge Jägerseele eingebrannte Wundmal einer herben Enttäuschung.

Wie ich da in den Jahren meiner jägerischen Anfänge, des beseligenden Überschwangs und jugendlicher Torheit, eines späten, von der Lenzsonne durchleuchteten Aprilmorgens voll grünenden, blühenden Aufbruches von den Großen Hahnen in der „Oberen Kottersch" heimkehrte und die dem Leser meiner Bücher nicht unbekannte „Riedbrunnensteige" hinter mich brachte, sah ich im Heuwachs der kleinen Alpe auf dem „Weiherle" nachdrückend ein Reh sitzen. Zwischen den Lauschern stockte eine kurze, starke, sechszackige, jedoch nicht sehr langendige Krone. Die schaute ich mir lange und genau an, merkte sie mir für den Sommer vor.

Und eben diesem Bock widmete ich mich im darauffolgenden Juni vergeblich eine ganze Woche.

Jeden Morgen, vor Tau und Tag, saß ich schon oben im Alpengelände und seinem Umgriff. Am frühen Abend paßte ich wieder vor.

Eines kraftstrotzenden Sommermorgens hatte ich mich etwas verspätet. Kreischendes Wecklied des Hausrotschwanzes auf dem Dachfirst. Die Anbetungen des gelbschnäbligen Amslers. Die heißen Lobpreisungen des gefleckten Droßlers. Vom Talgrund her – damals noch – der rhythmische Dreischlag der Wachtel, der knarrende Ruf des Wachtelkönigs. Ringsum der würzige Ruch des fülligen Jahres.

In taublasser Frühe hatte ich das Forsthaus verlassen. Schon herrschte volles Büchsenlicht, als ich nach brandeiligem Anstieg die Steinebichelkapelle erreichte und Einblick in jenen Wiesenstreifen gewann. Da stürzte das Verhängnis über mich herein. Über das langgezogene Grünlandgeviert preschte in angstgepeitschter Flucht ein junger, feuerroter Bock vom grüntennahen „Sanktholz" herüber, überfiel den Steinwall, überquerte den Straßenkörper und verschwand im hohen Fichtendunkel des nächsten Tobels, des „Bachtels". Dahinter fegte ein starker, hirschdunkelroter, hellbebrillter Verfolger mit hohem, geißbockartigem, endenarmem Krummgehörn. Auf den ersten Blick ohne Zweifel ein Abschußbock nach den damaligen Einreihungsregeln! Später, nach Einführung des Reichsjagdgesetzes, wäre er in die Kategorie der Abschußklasse Ib einzuordnen gewesen. Ich will jedoch den Fluß der Erzählung nicht durch eine Abschweifung in den ohnedies genug strapazierten Bereich der Rehwildhege und ihrer Konsequenzen unterbrechen!

Als ich die beiden, Rot in Saftgrün, auftauchen und oberhalb meines noch freien Standortes auf beste Bleikugelschußweite über den knie- bis schenkelhohen Wuchs der Wiesenfläche flüchten sah, war ich sofort in mich zusammengesunken und in die Deckung des sich vor mir aufwölbenden grobsteinbrockigen Grenzwalles auf günstige Position vorgepirscht. Drilling herunter – nach Spähblick über die Brüstung geschoben, gestochen ... Da stand das heißbegehrte, kraftgeladen undböstrotzig dreinschauende Altershaupt im Wiesenstreifen und äugte dem vertriebenen, verschwundenen Eindringling nach. Schon drehte er sich, strebte er, auf dem Rückzug immer wieder verhaltend, in seinen nun gesäuberten Einstand zurück. Wieder ein kurzes Verhoffen, sich breit mir zuwendend ... hämmernder Pulsschlag ... nun galt es! Kimme und Korn in flirrender Eile zusammengereimt und ins Ziel hineingetattert, hastig, viel zu schnell hingeblitzt. Dumpfschlag und Blaurauch der 8,1millimetrigen Naßbrandpatrone mit dem damals mit Recht so berühmten, weil bewährten Eilerschen Randkegelgeschoß.

Ich hatte schon gleich kein gutes Gefühl. Und das trog mich nicht. Der eilig und aufgeregt Befunkte stand, stand und äugte, nein, starrte herrisch, spöttisch und überlegen, wie mir dünkte, fünf, sechs Herzschläge lang her, in Richtung der geräuschvollen, schmauchspuckenden Störung. Dann empfahl er sich in dumpfstampfenden, bockischen Fluchten mit empört grobschimpfendem, knurrigem Baß und entschwand in der dunkelgrünen Tiefe des „Sanktholzes".

Zeternder Zaunkönig ... ob des lärmenden Aufruhrs erregt tickendes Rotkehlchen ... der höhnisch wiehernde Grünspecht ... der unermüdliche Kuckuck über Bichel und Berg ... und ein in die tiefen Abgründe der Niederlage geworfenes junges Jägerherz. Ich wußte von Anfang an, daß dem „Geißbock" kein Haar gekrümmt war. Die vorsorglich mit unserer überragenden, literarisch gewordenen Bracke „Buschmann" durchgeführte Nachsuche bestätigte diese Gewißheit.

Natürlich suchte ich nach schamdämpfenden, beschönigenden Gründen. Welcher arme, schwache, sündige Jäger täte es nicht, um Balsam in die schmerzende Wunde der beleidigten Selbstsicherheit zu gießen, um die eigene Unzulänglichkeit zu bemänteln! Natürlich! Der Drilling, der mir nie recht lag! Der eilige, verspätete, herzschlagbeschleunigende, hämmernde Aufstieg, der überrumpelnde Auftritt des Gamskruckigen, Krummhörnigen! Letztlich mußte ich aber doch ehrlich das eigene Versagen zugeben. Wie gut, wie notwendig solch gelegentlicher Dämpfer für den allzu selbstgefälligen Herrn Jäger!

Doch der begütigende, alles Ungemach auslöschende und vergessenmachende Ausgleich blieb nicht aus. Die der Jägerjugend grundsätzlich wohlgewogenen, so auch mir, dem zwar über vier Jagdscheine verfügenden, doch noch sehr grünen Anfänger, wohlgesinnten, immer wieder ausgleichenden Schutzheiligen erwiesen mir auch diesmal ihre versöhnende Gunst. So fiel einige Tage später die Krone jenes anderen, im Hahnenfrühling entdeckten Stumpfkronigen, dessentwegen ich eigentlich tagelang zu Berge gestiegen war, nach anblicklosen Ansitzen, kläglich gescheiterten Annäherungsversuchen und herzpumpentreibenden, schweißtriefenden Anpirschbemühungen in denkbar einfachem Endspurt, so, wie es im jagdlichen – auch im übrigen – Leben manchmal geht, mühelos in die gierig zugreifende Hand. Und dies noch dazu dank der heimlichen Respektierung und praktischen Übung jagdlichen Aberglaubens. Weniger aus wirklich tiefer Überzeugung denn mehr einem Stück irgendwie zum Jägerhandwerk gehörender Tradition folgend, ältlichen Vertreterinnen des anderen Geschlechts bei meinen Jagdbegängen tunlichst nicht in die Quere zu kommen. Dies haben auch andere, berühmte Jäger wie Gagern, so gehalten.

Wie ich nun ein paar Abende nach jenem schmählichen Fehlschlag zwei Büchsenschußweiten oberhalb des unrühmlichen Ortes meines kläglichen Versagens in die holpersteinige „Habritte" – eine Bezeichnung, deren Ursprung ich nie ergründen konnte –, eine hohlwegartige Kurve des Bergsträßchens, einbiegen wollte, da hörte ich Bergstockgeklirr, da sah ich die grimmig streitbare Amazone, die Karlina, die „Gallehanneserin", den Bergweg herabsteigen.

Ehe sie mich erblicken konnte, war ich mit ein paar Sätzen im dunklen Baumbestand des „Sanktholzes" verschwunden, schob mich auf einem zum Grünten führenden Fußpfad durch eine anschließende Fichtendickung bergwärts. Dabei stieß ich mit eben jenem Stumpfkronigen zusammen, der hier gerade seinen Einstand gewählt hatte und diesen nun ob der überraschenden Begegnung in zögernden Fluchten verließ.

Als ich etwa eine Viertelstunde nach rechtzeitig der Magie der Jettatura, des „bösen Blicks", ausweichender Flucht auf einem kurzen Umweg zum gewohnten Bergwechsel zurückkehrte, sah ich das heißbegehrte Ziel meiner jägerischen Wünsche im Heuwachs hinter der kleinen Alphütte, wo ich es im Frühjahr erstmals entdeckt hatte, friedlich und vertraut äsen. Was dann kam, war auch für einen verhältnismäßig jungen Jäger keine außergewöhnliche, besonderer Hervorhebung würdige Leistung. In Deckung des Alpgebäudes und dann eines die Weidegründe durchziehenden Grabeneinschnittes konnte ich mich bei gutem Wind an den Zaun heranpirschen, der den Heuwachs gegen den Weideteil abschloß. Da wurde der büchsbewehrte Jäger des 20. Jahrhunderts wieder zum Abbild seiner Urahnen mit Pfeil und Bogen.

Vorsichtig den Kopf über den Rand des üppigen Stengelwerks gehoben – dort äste er, die volle Breitseite zeigend, auf knappe achtzig Gänge. Ich hatte anstelle des unseligen Drillings die vertraute Doppelbüchse gewählt. Langsam das Doppelschraubenrohr durch die Hagstecken geschoben, an einem davon angestrichen, Silberkorn ins Brandrot getaucht, mit hämmerndem Herzschlag, aber doch beherrscht, das gestochene Züngel gelöst. Im tödlichen Strahl des 9,3millimetrigen stumpfen Bleigeschosses verschwand das begehrte Beutewild, ausgelöscht, in sich zusammensinkend, im hohen Gröngrund von Gras und Kraut. Damit waren alle Mühseligkeiten vergessen, alle Unbill getilgt. Der bittere Nachgeschmack böser Erfahrungen freilich, der blieb. Wirkungsvolle Belehrung, Warnung, Mahnung! Aber der Stachel war ihnen genommen.

Unter solchen Reminiszenzen habe ich die erste Flachstufe des Anstieges, das „Weiherle", erreicht. Der Name mag wohl von einer früheren Stauung des nun eilig zu Tal plätschernden, gurgelnden, gluckernden, nach Wolkenbrüchen gelbbraun gischtenden und rauschenden Dorfbaches herrühren.

Das Engtal erweitert sich zu einem kesselartigen Raum mit einer kleinen, aber guten Alpe, dem „Hehls Berg" – im Eigentum der Familie, der unser langjährig treuer, von mir schon mehrfach gerühmter Hausgeist, die „Käther" (= Katharina), Stück eines aussterbenden Menschenschlages, entstammte.

Der Österreicher und der Bayer sagen „Alm". Der im bayerischen Regierungsbezirk Schwaben beheimatete alemannische, schweizerisch eingefärbte Allgäuer hat dafür die Bezeichnung „Alpe". Um diesen Begriff entspann sich sogar ein jahrelanges verbales Streitgespräch. Da ich selbst aber ein Allgäuer bin, will ich in diesem Buch, vielfach geäußertem Wunsch entsprechend, dem Lokalpatriotismus Rechnung tragen. Im örtlichen Sprachgebrauch heißt es „Berg".

Ja, gleich dort drüben, hinter Bau und Brunnen überm Muldenrand, hatten die langen jungjägerischen Bemühungen ihr glückhaftes Ende gefunden.

Vom „Weiherle" aus bietet sich schon Einblick in die belebten Gamslagen, zunächst in das grobrauhe Fels- und Schrofengelände des „Geißersgehren" am südlichen Grüntenflügel. Er weist auch eine baumkundliche Rarität auf. Dort wächst aus ungeklärten Ursachen und Ursprüngen einzeln und partienweise die im Allgäuer Hochgebirge nicht beheimatete und nicht standortgemäße gemeine Kiefer – pinus silvestris –, freilich in einer klimatisch bedingten und der Höhenlage von 1500 Meter entsprechenden kurzschaftigen, krummwüchsigen, rauhastigen Ausformung. Gams- und Rotwild gewährt diese licht bestockte, schwer zugängliche und bejagbare Sonnenseite einen guten, ruhigen, sicheren Wintereinstand.

Weiter im Norden, jenseits des tief eingeschnittenen „Wustbaches", wölbt sich über den gelbgrau herableuchtenden Abplaikungen, den „Wustriesen", eine zur Grüntenhausalm gehörige Kuppe, der „Wasen", auf dem schon manch starker Kruckenträger der jägerischen Kugel verfiel.

Der Leser möge all diese Aufenthalte verständnisvoll tolerieren und verzeihen! Keine Erinnerung bleibt so lebenswarm, so blutlebendig wie die der Anfänge.

„Komm, Senta! Wir müssen weiter! Wir müssen in unserem berglerischen Paßgang stärker ausschreiten. Wir dürfen nicht mehr so lange bei den Stätten und Stationen des jägerischen Aufgangs, bei den säumenden Nebenaltären der Erinnerung verweilen. Es kommt noch der Hauptaltar, das Herzstück der andächtigen Rückschau, an dem wir nicht vorbeikommen, ohne ihm ein langes Dankgebet zu widmen. Wir wollen ja auch noch bei Tag die Roßberghütte erreichen."

Gleich hinterm Alpgelände von „Hehls Berg" findet sich der „Riedbrunnen" im Quellgebiet des Dorfbaches, aus kaltklarem Born gespeister hölzerner Trog am Wegrand, Labspender für Mensch und Tier in brütender Dampfschwüle und brandheißer Sommerglut. Anschließend erklimmen wir den „Riedbrunnensteig", die zweite Anstiegsstrecke, die sich zwischen den wilden Geröllhalden des Grüntenfußes, bezeichnenderweise „Steinige Halde" genannt, und der nordhängigen, im Spätsommer und Herbst von Silberdistelsternen weißleuchtenden Viehweide, der „Nothalde", zur nächsten Wegstufe, dem „Ried", hinaufschiebt.

Vom „Ried", einer bergwiesenweiten Verflachung des Geländes, breitet sich über den Austritt der Starzlach in das Illerbecken hinweg noch einmal ein weiter Ausblick ins Obertal der Flußebene und auf die blauweißgraue Mauer der eingewinterten Allgäuer Hochberge, ehe der Weg in die Kulisse eines Holzschachens vor der aufragenden Wand des „Altersteins" (= Altarsteines) einbiegt.

Vorher aber noch ein kurzer Spähblick nach der anderen Seite, zu dem verschneit aus dem dunklen Grüntenbergwald herableuchtenden Lahner, dem „Riedgehren". Natürlich stehen ein paar äsende Gams auf der lawinensicheren, weil vom Wald umschlossenen Freifläche. Zum Ansprechen ist die Entfernung viel zu groß. Sie interessieren mich auch nicht weiter, denn dieses dachsteile Hanggelände ist nicht bejagbar – aus Rücksicht auf Jäger und bejagtes Wild. Jedes dort im Feuer gebliebene Stück, sei es Gams oder Rotwild, kam zwangsläufig ins unhaltbare Rutschen, schoß pfeilschnell herab und flog in weitem Bogen über die unten anstehende Wand hinaus, um zerschmettert und unbrauchbar im rauhen Trümmerfeld des Fußes zu landen. Aber auch für den Jäger, dem auf dem ganz schmalen, durchführenden, wildwechselartigen Fußpfad ein Fehltritt passiert oder der auf dem glatten Grasboden ausrutscht, gibt es dann kein Halten mehr. Die gefährlichen Allgäuer Grasberge, so die berüchtigte Höffats, finden immer wieder ihre Opfer.

Also weiter ohne langen Aufenthalt! Die mit einem Muttergottesbild – gleichzeitig Markierungszeichen einer einmaligen Schneehöhe – geschmückte, im spättertiären Meer von Myriaden kleiner Schalentiere aufgestaute braungraue Steilwand des „Altersteins" kann einen naturwissenschaftlich-geologisch ausgebildeten Naturfreund sehr wohl festhalten und beschäftigen, wenn nicht andere, vordergründige Absichten und Ziele seinen Anstieg beschleunigten.

Während ich dies niederschreibe, hole ich mir für ein paar Minuten einen kleinen Steinbrocken aus jenem erdgeschichtlichen Gebilde heran und betrachte mit dem Vergrößerungsglas die münzähnlichen, daher Nummuliten genannten Versteinerungen, nicht ohne das Gefühl der Liebe zu diesem Stück heimatlicher Erde und nicht ohne einen Hauch von Ehrfurcht vor seinem Alter angesichts der winzigen Spanne eines Menschenlebens.

Der „Alterstein" bildet geradezu die Pforte zu dem östlich ansetzenden Starzlachtalkessel. Hier trennen sich die beiden Bergsträßchen, das obere, linke, die Grüntseite hinaufsteigend und ihr entlanglaufend, das untere, rechte, zum Starzlachgrund hinabführend.

Heute wähle ich das erstere. Das andere wird der miterlebende, mitfühlende, mich begleitende Leser noch öfter beschreiten.

Nun wird es allmählich feierlich. Ich habe mir fest vorgenommen, beim heutigen Anstieg die Büchse blank zu lassen und auf jeden nicht unbedingt notwendigen Schuß zu verzichten. Habe ich doch mindestens eine ganze Woche in der geliebten Einschicht vor mir. Diese Frist kann ich notfalls verlängern.

Da tritt schon die Versuchung zum erstenmal an mich heran. Als ich gerade den hohlwegartigen Einschnitt des Wegstranges hinterm „Alterstein" verlassen und an des alten Friedrich Zeller, des schon vielgerühmten Lehrmeisters meiner Jägerjugend, lärchenbeschatteter Heu- und Kochhütte vorbeikomme, bietet sich mir ein Einblick in den breitgewölbten Alpteil oberhalb der Nummulitenwand, der sich bis zum wildwüsten, fels- und gerölldurchsetzten, bald dicht, bald licht und lückig bestockten „Roten Gehren“ hinaufzieht. Auf diesem Rundbuckel steht ein kleines Gamsrudel. Der Bock, der sichtlich darüber herrscht und wacht, war im höchsten Grade interessant. Ein starker, dachsig gefärbter, wie man ihn hier öfters sieht, nach meiner Schätzung im oberen Drittel der heute als „Reife“ bezeichneten Altersstufe stehender männlicher Vertreter der Gattung „rupricapra“. Damals rechnete man ihn zu den älteren Mittelböcken. So genau kann ich es ja auch nicht feststellen. Die Krucke allein liefert am lebenden Wild keine ausreichenden Anhaltspunkte. Darüber braucht man alte, erfahrene Gamsjäger nicht erst heute wissenschaftlich zu belehren. Sie ist bei diesem Bock jedenfalls beachtlich hoch, nicht sehr stark und schlecht gehakelt. In den fünfziger Jahren galten solche Merkmale noch als Grund für die Einreihung in die Güteklasse Ib.

Die Schaffung von Stärke- und Güteklassen durch das hervorragende, umwälzende Reichsjagdgesetz stellte gegenüber den bisherigen Jagdmethoden einen fundamentalen Fortschritt dar, mochte diese nüchterne Reglementierung für den naturverbundenen, lebenden Gesetzen unterworfenen Jäger auch trocken, bürokratisch, „blechtafelmäßig“ erscheinen und mochte sie auch mit den heute aufgestellten und propagierten wildbiologischen Thesen nicht ganz übereinstimmen. Ich halte mich jedenfalls daran, und ich bestreite, daß damit Schaden am Gamsbestand angerichtet werde.

Inzwischen hat sich der neu aufgetauchte Wissenschaftszweig der Wildbiologie auch des Gamswildes bemächtigt und auch auf diesem Sektor seine selbstherrlichen Theorien verbreitet.

Mit diesem jungen Wissenschaftszweig der Wildbiologie werde ich mich in diesem Werke noch eingehend beschäftigen und, soweit vom Standpunkt der Praxis aus erforderlich, auch kritisch auseinandersetzen. So hat sie für die von ihr behauptete Erfolglosigkeit der bisherigen Abschußgrundsätze den Beweis noch nicht geliefert. Die Gründe für deren örtliches Versagen liegen nicht bei den wohlüberlegten Grundsätzen, sondern beim Menschen!

Um allen Mißdeutungen vorzubeugen, will ich gleich vorweg betonen: Ich begrüße das Erscheinen dieser Sektion der wissenschaftlichen Wildforschung. Sie ist nützlich, notwendig, ja, sie ist unter den heutigen Gegebenheiten unentbehrlich. Aber als alter, erfahrener Jäger wende ich mich ganz entschieden gegen dogmatische Rechthaberei und gegen den anmaßenden Anspruch auf Anerkennung der Unfehlbarkeit der neu aufgestellten Grundsätze und gegen Bestrebungen, die jagdlichen Grundfragen autokratisch nach diesen Richtlinien zu dirigieren. Ich bejahe das Lebensrecht der Wildbiologie, aber nur im Zusammenhalt mit der jagdlichen Praxis und ihren Erfahrungen, nicht ohne sie, erst recht nicht gegen sie, vielmehr in harmonischer Zusammenarbeit – ohne alles Prestigedenken!

Auch in dieser Hinsicht gilt die Erkenntnis eines griechischen Philosophen: „Alles fließt!", denn die Wissenschaft ist in ständigem Wechsel und Wandel begriffen. Und da ich selbst zu ihren Füßen gesessen hatte und inzwischen erlebte, wie viele der damals als unumstößlich geltenden Lehrsätze sich als irrig, damit als veraltet und überholt erwiesen, kann man von mir kein hohes Maß von Wissenschaftsgläubigkeit erwarten. Man braucht sich ja nur in anderen Wissenschaftszweigen umzusehen, etwa in dem der Medizin. Selbst eine so gefestigte Institution wie die katholische Kirche tut sich in unserer raschlebigen Zeit bei der Verteidigung ihrer Position sehr schwer.

Nur ein paar Minuten später naht sich der bockfüßige, hahnfedrige Versucher des ewig unruhigen Jägers schon wieder – und diesmal weit eindringlicher, aufreizender, herausfordernder als vorher.

Ich habe auf der „Riese", also dem dritten Treppenabsatz meines Anstieges, gerade die Strecke erreicht, auf der das Bergsträßchen durch Bergwiesengelände fast eben bis zur nahen „Kehralpe", dem „Kreuzwirts Berg", verläuft. Wie ich den vom „Rotengehren" bis zum Weg herabstoßenden Waldzipfel hinter mich bringe, kommen über die freie Steilhalde der Schwandalpe zwei Gamsböcke in wilder Hetzjagd herab, daß der knöcheltiefe, pulvrige Schnee nur so wirbelt und stäubt. Der Gejagte schien mir ein angehender Mittelbock zu sein, fünf-, sechsjährig etwa, kohlpechrabenschwarz mit wachelndem, wehendem Bart, wie man es eben in diesem vollkräftigen Alter oft findet, mit gamsbürgerlicher Normalkrucke des örtlichen Schlages. Der Verfolger aber, der wutgesträubt hinter ihm herfegt, ist ein reifer Altbock. Das Rußschwarz seiner Decke ist schon bräunlich übertönt. Der Bart scheint mir nur mäßig zu sein, soweit ich dies in der Eile mit meinem siebenfachen Hensoldt zu erkennen glaube. Endgültig und schlüssig beurteilen kann man das erst dann, wenn die Beute vor einem liegt.

Aber auf dem schwarz-weißen, maisgelb untermalten Haupt trägt er schon eine Mordskrucke, hoch, stark, gut gehakelt, gerade ein wenig zu eng gestellt, um sie ideal nennen zu können. Die Entfernung ist jedoch für einen verläßlichen Schuß auf ein unruhiges, immer nur ganz kurz verhaltendes Ziel reichlich weit. Der Starke treibt seinen Nebenbuhler über den verflachenden Bergwiesenkomplex, im Ortsmund „auf dem Moos", zum tief eingesenkten Starzlachtal hinab. Gleich darauf verschwinden die beiden hinterm Geländebruch des zum Bergfluß abfallenden Steilgeländes.

Ich hätte mich nur, an geeignetem Platz vorpassend, an die Südseite einer der Heuhütten zu setzen brauchen. Innerhalb einer halben Stunde wäre jener mit an Sicherheit grenzender Wahrscheinlichkeit zu seinem Rudel in der Schwandalpe zurückgekehrt und somit in den tödlichen Bereich meines bewährten Repetierers geraten.

Aber ich reiße mich zusammen, zeige meinem enttäuschten Versucher die kalte Schulter, halte mich an meinen Vorsatz. Ich begegne diesem braven Bock noch einmal oben an der Stuhlwand. Aber ich will nicht vorgreifen.

Ich habe bereits das breit ausschwingende Gatter von „Kreuzwirts Berg", einer nicht sehr großen, aber schönen Sennalpe mit dem sich bergwärts fortsetzenden Hochleger, der „Melk", hinter mir gelassen. Sosehr es mich reizt, die menschlich bewegende Geschichte der Kreuzwirtsgeneration, den Aufstieg und Niedergang dieser angesehenen, wohlhabenden bürgerlichen Familie, die zu meiner Jugendzeit über einen ansehnlichen Grundbesitz an Alpen, Wald und Wiesen, über den größten Viehbestand des Dorfes, ein renommiertes, vorzüglich gehendes Gasthaus und die einzige Metzgerei verfügte und dazu noch die damals ein gewisses Prestige verleihende Postdienststelle betreute, erzählend festzuhalten, würde es in seiner örtlichen Betonung doch zu ausgedehnten Längen führen. Es ist jedenfalls eine zum Nachdenken anregende, ja fast zwingende Geschichte. Arbeit und Fleiß der Vorfahren, materielles Glück der Eltern, menschliche Tragödie der Nachkommen: die Buddenbrooks von Burgberg.

Je mehr man sich dem Ostrande der Alpe und dem sie dort begrenzenden flachen Einschnitt mit dem aus den Felstrümmern und dem Geröllfeld des „Zwink" heraussprudelnden Bergbach nähert, desto weiter tritt die Kulisse zurück, die bisher den Einblick in die Hochlagen und die Hauptgamseinstände verwehrte. Da sind sie ja schon, die schwarzen Teufel! Im grasigen Steilgelände des „Plätt" unter der scharfgeschnittenen hellgrauen Stuhlwand steht ein kleines, daneben im breit ausladenden, durch Geländerippen aufgeteilten „Zwiefelgehren" ein sehr großes Rudel, teils äsend, teils in mittäglicher Ruhe nachdrückend niedergetan. Und im Ostkar der südlichen Bergseite, in der „Hinteren Wanne", tat sich auch etwas. Allein schon der Entfernung wegen, aber auch infolge des verschleiernden, milchigen Dunstes kann ich das Ausziehspektiv ruhig im Rucksack lassen. Wir kommen uns morgen schon noch näher!

Hinterm bewaldeten, bebuschten Einschnitt des Grenzbaches wölben sich in Wellen die vom Frühjahr bis zum Herbst zartgrasigen Bergwiesen des „Hirtenbichels", des während der ganzen Vegetationszeit freigebigen

Dorados für das dünn gesäte Rehwild und für das Rotwild, besonders für die faulen, bequemen Feisthirsche. Von dem den unteren Rand der Roßbergalpe umschließenden, felsplattendurchsetzten – daher der Name –, schrofigen Waldgürtel aus Jungwuchs und starkem Altholz, mit Fichte, Tanne, Buche und Bergahorn bestockt, zieht sich der unruhige, gegliederte Bergwiesenbereich zum Teil in steilen Halden bis zum Starzlachtal hinab.

Am Rand des „Plattenholzes", gerade dort, wo der beschwerliche, aber abkürzende Steilpfad sich zur Roßberghütte hinaufschraubt, äsen wieder Gams, ein kleines Rudel. Einen Bock kann ich nicht herausfinden. Er mochte zur Überwachung seines Harems irgendwo am Waldsaum stehen. Er interessiert mich auch nicht.

Seit der Wiedererlangung der Jagdhoheit nach dem Zweiten Weltkrieg stieg der Gamsbestand in jenem Jagdgebiet geradezu sprunghaft an. Gutes, vielseitiges Äsungsangebot auf den mineralstoff-, besonders kalkreichen Verwitterungsböden der Kreideschichten, die günstige Verteilung von Bergwald und Alpengelände sowie von Deckungsflächen und Kahlgebirge, die orographische Gestaltung des Berges, die den Skibetrieb unmöglich machte und daher ruhige, sonnige Wintereinstände bot, eine Reihe verhältnismäßig milder Winter, die Beendigung der gamsfeindlichen Ziegen- und Schafweide, außerdem ein sehr schonender Jagdbetrieb waren wohl die Hauptgründe für diese Steigerung der örtlichen Gamsbestände. Wohin man blickte, Gams und immer wieder Gams. Man hatte damals viel Gelegenheit zu interessanten, lehrreichen Beobachtungen und zum Sammeln wertvoller Erfahrungen, man konnte sich seine Gedanken um die richtige Behandlung eines Gamsbestandes machen. Sie stimmten nicht in allem mit dem überein, was heute als unantastbares Evangelium gepriesen wird, besonders was den Kitzabschuß betrifft.

Gleichzeitig mit dieser erfreulichen Zunahme der Gamswilddichte verstärkte sich aber auch der Befall durch Lungen- und Eingeweidewürmer, wie dies bei Rudelwild nicht außergewöhnlich ist. Man hatte während der damaligen, nur einen Monat währenden Jagdzeit (1.–30. November) genug zu tun, um verdächtige und parasitenbefallene, an ihrem knochigen, gratigen Gebäude, an der struppigen, schlecht verhärten Decke und an auffallend geringem Wildbretgewicht kenntliche Stücke im Wege der hegerischen Durchforstung auszumerzen.

Die Höhe des „Hirtenbichels" ist erreicht! Von dort aus hat man einen weiten Ausblick über den sich von Südwesten bis Osten ausbreitenden Starzlachtalkessel mit dem schon in winterlicher Ruhe liegenden, vom Fichtendunkel des Wertacher Horns und seiner Ausläufer umrahmten „Großen Wald“, einem Haupt- und Herzstück meines Jägerlebens. Am „Hirtenbichel“ komme ich darum nie vorbei, ohne sofort die Rückfährte aufzunehmen und auf eine lange Strecke hin auszuarbeiten.

Ich suche mir auf einer vorgeschobenen Kuppe einen geeigneten Platz an der Sonnseite einer der zahlreichen Heuhütten aus, stelle Bergstock und Büchse an die rissige graue Bretterwand, breite den Lodenmantel auf dem Dengelstock aus, hole mir eine dicke, schwarzbraune, würzig duftende, solcher Gelegenheit würdige Brasil aus dem Lederbehälter, entzünde sie fast feierlich und lasse mich zu langer, bewegender Rückschau nieder.

Zuvor noch eine Erläuterung! Wer von der heutigen Generation weiß überhaupt noch, was „dengeln“ heißt? In einer Zeit, da die handgeführte Sense die Ernte der Wiesen und Äcker schnitt, war das vorausgehende Dengeln ebenso wie das die Mäharbeit begleitende Schärfen mit dem Wetzstein eine vertraute, natureingebundene, selbstverständliche Stimme der sommerlichen Musik. Auf einem kleinen, in den Dengelstein eingelassenen Amboß wurde die Schneide der Sense mit dem Dengelhammer sorgfältig zurechtgeklopft.

Auf einem solchen Sitzplatz holen mich die Erinnerungen sogleich in erdrückender Fülle wieder ein. Sie verstärken und verdichten sich besonders eindringlich in Nachwirkung der Gefühle und Gesichte, die vor knapp einer Stunde das Gedenken an den letzten Pächter, den Prinzen Franz von Bayern, in mir geweckt hat.

Damals! Ja damals, da war der „Große Wald“ noch so ein Stück unverfälschter Natur von karpatischem Gesicht und Gepräge und von urtümlicher Struktur gewesen. In den seither vergangenen drei Jahrzehnten hatte sich das Bestandsgefüge in den Mittellagen und im Kesselboden doch stark verschoben. Anstelle der langschäftigen Althölzer leuchten heute blankweiße, schneebedeckte Hieb- und Jungwuchsflächen aus dem von der überwiegend dunklen Fichtenfarbe bestimmten, fast finsteren Grundton heraus. Zum Teil wächst schon wieder eine neue Baumgeneration heran, Kulturen sind zu Dickungen, diese zu Stangenhölzern, letztere zu Baumhölzern geworden. Nur die Hochlagen zeigen das alte, vertraute Gesicht. Besonders groß scheinen die Veränderungen in der blaueingeschatteten Breitmulde unterm wilden, unzugänglichen, von Gräben durchfurchten, von keinem Weg oder Steig aufgeschlossenen Bergwaldgelände, dem „Höflerwald“, zwischen dem zernarbten, gewölbten Rücken des „Stuhlbachs“, dem talnahen Ostteil des „Höllbachs“ und der Terrasse der „Mooserend“ zu sein.

Und dort war es gewesen, ein paar Jahre vor jenem schmerzlichen Abschied. Der Prinz und ich stiegen, so um Micheli herum, bei trockenem, aber trübem Hochdruckwetter auf dem oberen Bergsträßchen zur Giggelsteinhütte, dem „Hauptquartier", hinauf. Es ging auf den späten Nachmittag, so auf fünf Uhr zu, als wir die langgestreckten, weitläufigen Bergwiesen am „Höfle" entlangschritten. An einer der letzten Heuhütten vor dem Waldrand setzten wir uns nieder, um zu verhören und so Anhaltspunkte für die Gestaltung des nächsten Tagesprogramms zu gewinnen.

Der Prinz mochte seine Zigarre zur Hälfte geraucht haben, da begann drüben, jenseits der Starzlach, etwa am Auslauf jener Mulde zwischen den Verjüngungsflächen des „Unteren Stuhlbachs" und den Althölzern des „Höllbachs", eine leiernde, mehr dem Tenor als dem Bariton zugehörige Stimme zu melden. Schlagartig fast antwortete von der Hochfläche der „Mooserend" herab ein fülliger Bariton. So ging der „Wortwechsel" eine Weile hin und her. Da schauten wir uns gegenseitig einverständlich an. Denn aus dem unteren Teil des von Schrunden gekerbten „Höflerwaldes", so etwa gegen die osthängigen Kulturen der „Mooserend", schaltete sich eine grobe Stimme ein, ein rauher, rostiger, rasselnder Baß, die Zwiesprache der beiden Kontrahenten zum Terzett erweiternd. Einmal legte er aus vollem Hals los, daß die Bergwälder dröhnten. Das Echo hallte in den Schluchten, grollte in den Gräben. Ich sehe den Prinzen heute noch vor mir, wie er, die Unterlippe vorgeschoben, beifällig nickte und mir durch die randlosen Gläser nochmal einen bedeutsamen Blick zuwarf. Ich wußte, was das besagte. Um den würden wir uns morgen früh bemühen!

Gleichzeitig überkam mich eine sich immer mehr verdichtende Ahnung, die sich als so gut wie sicher bewahrheiten sollte. Ich war Anfang September auf einen sich nach dem Kräfteverschleiß der Brunft im frischen, zarten Grün der Bergwiesenohmaden erholenden Bergbock gegangen, den ich Mitte August hinten in den verschwiegenen Gründen der „Grüe" (= Grube) schmählich gefehlt hatte. Ich stieg damals den rauhen, ausgewaschenen Alpweg durch die „Kammegrüe", das sich tief einfressende Bachtal zwischen dem „Plattenholz" und der nächsten Steilkuppe, dem „Giehrenkopf", hoch; den ich übrigens auch heute einzuschlagen beabsichtige.

Ich hatte gerade das Zauntor zur Roßbergalpe geschlossen, als auf halber Höhe zwei Feisthirsche erschienen. Sie kamen vom „Plattenholz" her, wo sie höchstwahrscheinlich von einem ausgebrochenes Vieh suchenden Hirten hochgemacht worden waren. In gemächlichem Troll strebten sie durch die vereinzelt auf dem vorgewölbten Alpgelände stehenden Schirmfichten der „Grüe“ zu, einem lichten, kühlen, stillen, von nassen Streuwiesen durchsetzten, in scharfen Plaiken zum „Giggeltobel“ abfallenden Waldteil. Der vordere war ein geringer Hirsch, Achter oder Zehner, ein sichtlich jüngerer Mittelhirsch mit einem in Länge und Stärke entsprechenden Geweih, soweit ich das in der Eile feststellen konnte. Der hintere aber, der riß mich schier hoch. Was da in dem wiegenden Troll an gewaltigem Geäst über dem Rücken schwankte, das war unerhört, das war umwerfend, das war schon nicht mehr glaubhaft. Das war keiner der Allgäuer Berghirsche mit ihren in Form und Farbe so ansprechenden rußschwarzen, dichtgeperlten, blankweißendigen, dabei doch wuchtigen Geweihen. Es glich vielmehr jenem Typ der langstangigen, langendigen, bleischweren, schlecht geperlten, mehr grau als dunkel gefärbten Geweihe, auf die man am Sonthofer Hof und in seiner Umgebung sowie in den Hintersteiner Revieren immer wieder traf, von denen mehrere imposante Vertreter an den heimischen Wänden hingen.

Wie ich schon in „Pirsch am Abend“ angedeutet hatte, wurden nach der örtlichen, von meinem Vater festgehaltenen und bestätigten Überlieferung in den neunziger Jahren des letzten Jahrhunderts im Hintersteiner Tal zur „Blutauffrischung“ Hirsche ungarischer Herkunft ausgesetzt. Beninde hat in seiner klassischen Studie über die Fremdblutkreuzung beim Rotwild eine solche – und zwar ebenfalls mit Hirschen ungarischer Abstammung – lediglich im „Rohrmooser Tal“ erwähnt, die in den Jagdgebieten östlich der Iller – vermutlich mangels ausreichender schriftlicher Unterlagen – dagegen nicht angeführt. Ich bin von der Richtigkeit der mündlichen Überlieferung fest überzeugt und belege sie hier mit sprechenden Fotos. Für die Geschichte des Allgäuer Rotwildes mögen diese Hinweise nicht ohne Bedeutung sein.

In meiner Überzeugung wurde ich bestärkt durch die vergleichenden Beobachtungen im westrheinischen Raum. Im Rotwildgebiet Pfälzer Wald, das ebenfalls einen namhaften Blutanteil von Ungarhirschen aufweist, hatte ich 23 Jahre lang die Trophäenschau mit auszurichten und die Besprechung zu übernehmen. Die Hirsche ungarischer Herkunft weisen in diesem Rotwildgebiet im Geweihtyp große Ähnlichkeit mit den von mir beschriebenen „Neu-Allgäuern“ auf. Überzeugende Vergleichsobjekte boten auch von meinem Großvater überkommene Geweihe. Natürlich haben sich die beiden Phänotypen in der Zwischenzeit weitgehend vermischt. Die Mendelschen Erbgesetze gelten aber überall.

Als das Zwielicht nahte, die Schatten zu schummern und zu spinnen begannen, Kälte aus dem Bergflußtal heraufschauerte, brachen wir auf. Während wir den vergrasten, von gestauter Nässe weichen und schmierigen Waldweg zwischen dem Fichtenstangenholz des „Dreiangel“ entlangschritten und dann auf schmalem Steig über die rutschigen Flyschplaiken ins wildbachdurchrauschte „Giggeltobel“ hinabstiegen, immer wieder verhaltend, besprachen wir den „Feldzugplan“ für den nächsten Morgen.

Dieser war fertig, als wir das bei normalem Stand leis brausende, quirlende, plätschernde Gewässer erreicht und auf der von Zeit zu Zeit bei Wolkenbrüchen oder Hochwasser immer wieder beschädigten oder gar weggerissenen Riegelbrücke – so genannt wegen des aus Rundhölzern bestehenden Brückenbelages – überschritten hatten. Ich erinnere mich deshalb so deutlich daran, weil ich im Anschluß daran dem Prinzen die mir vom alten Friedrich Zeller, dem unübertrefflichen, schauspielerisch begabten Allgäuer Rhapsoden, erzählte, blutigrote, romantische Schauergeschichte vortrug, derzufolge eben hier, in der klassischen Wolfsschlucht, ein schwer blessierter Wilderer „umgegangen“ und beobachtet worden sei, als er seinen eigenen Kopf unterm Arm trug.

Der Prinz mit seinem trockenen Humor konnte darüber so herzlich lachen. Ich mußte ihm beim weiteren vielgewundenen Aufstieg über den jenseitigen Hang durchs urwaldartige Altholz aus breitkronigen Weißtannen, klobigen, langschaftigen Fichten mit haupt- und zwischenständigen Buchen, dem „Filzmoos“, noch ein paar andere Anekdoten des alten „Friedre“ erzählen ... wie zum Beispiel über das Mißgeschick eines Jagdkavaliers, der im „Brenntewingschlag“ drüben am Wertacher Horn statt des Hirsches ein „Kalbl“, also ein Jungrind, schoß, oder von dem starken Hirsch, den der Minister Lutz auf der „Niedere“ am Starzlachberg, dem Nebengeschoß des Wertacher Horns, erlegte, dessen Geweih aber gestohlen war, als man den Hirsch abholen wollte.

Unter solchen aufmunternden, wegverkürzenden Gesprächen hatten wir bei eingebrochener trüber, bewölkter, sternloser Herbstnacht die Alpe Kölle erreicht, an deren Fuß die behagliche, wenn auch einfach, aber stilvoll eingerichtete „Giggelsteinhütte“ stand. Als wir das Gatter durchschritten, leuchtete uns mattgoldener Lampenschein entgegen.

Unter der Türe stand, erwartungsvoll nach uns ausspähend, der „Hüttenkoch und Hüttenwart h. c.“, Oberinspektor Heubisch vom Wasserbauamt der Landeshauptstadt. Mit echten Münchener Sprüchen begrüßte uns der umgängliche Oberbayer, der seinen Urlaub immer für diese Aufgabe in der Hirschbrunft aufsparte. Für uns war das eine große Erleichterung in dieser anstrengenden Zeit. Ihm selbst bereitete diese Tätigkeit Freude, zumal sie mit der Freigabe eines Rehbockes oder Gamsbockes honoriert wurde.

Behagliche Wärme, Ruch von Holz und Harz, gemütlicher Ölschmauch der Petroleumlampe schlugen uns entgegen. In und auf dem großen, gemauerten Küchenherd brutzelte das Abendmenü, duftete das Wildbret vom Ziemer des Schmalrehs, das für diese Zwecke in den Tallagen zu erlegen ich beauftragt war. Kochen konnte dieser biedere, schnauzbärtige Jäger, der mich immer an Ludwig Thomas Münchener Urgestalten erinnerte.

Wir legten uns nach der Abendmahlzeit und dem unerläßlichen, diesmal jedoch kurzen anschließenden Schwatz in der von feinem Tabakduft durchzogenen Stube frühzeitig nieder. Die nächsten Tage würden hart werden.

Die Wege, vielfach nur Ziehwege für die Holzbringung, waren steil, rauh und holprig, die meisten rutschig und schmierig. Das im Sommer geschlagene Holz wurde auf Gantern in der Nähe der Hieborte gelagert und gestapelt, im Winter auf schmalen Erdwegen, eben jenen einfachen Ziehwegen, mit dem Schlitten zu Tal gebracht.

Die hohen Niederschläge und der lehmreiche Verwitterungsboden der Flyschperiode gestalteten das Gehen und Steigen auf diesen Wegen weit schwieriger und anstrengender als auf dem harten Gestein des Kahlgebirges. Im übrigen war die jagdliche Erschließung des „Großen Waldes" nur durch ein paar Begangsteige und einige „Triften" (= wildwechselartige Jägerpfade) vervollständigt.

An Hütten standen damals nur die in der Hirschbrunft überwiegend, ja fast ausschließlich benützte, im Nordteil des Reviers gelegene Giggelsteinhütte und die kleinere, von mir besonders geliebte Stuhlbachhütte in den südlichen Hochlagen zur Verfügung. Die beiden waren auf primitiven Berg- bzw. Alpwegen nur mit dem zweirädrigen Pferdefuhrwerk, dem „Grotten", erreichbar.

Die Jäger des technischen Zeitalters, auch die Forstleute, die den heute von autobefahrbaren Waldsträßchen durchzogenen „Großen Wald" verwalten, machen sich kaum eine Vorstellung von den körperlichen Anstrengungen, die damals vom Jäger abverlangt und erbracht wurden. Auch hier in den westlichen wasgischen Waldbergen ist die Inanspruchnahme selbst

Oben: Beim Einziehen

Unten: Neuschnee

während der Hirschbrunft ein Kinderspiel dagegen. Sogar im Hochgebirge nehmen heute das geländegängige Kraftfahrzeug und die gewiß nicht problemlosen Wirtschafts- und Fremdenverkehrswege dem Jäger manche Anmarsch- und Anstiegsstrecke ab.

Nach Ende der Hirschbrunft im „Großen Wald" ging es den Jägern wie den Geweihten: Man war froh, wenn man einige Tage gründlich ausschlafen und ausruhen konnte.

Der Stundenzeiger hatte die Drei gerade überschritten, als der Wächter vom Dienst mir einen herzhaften Rippenstoß versetzte und mich aus den behaglich weichen Wolldecken auf den strammen Roßhaarmatratzen riß, die schon seit Jahren das alte Bugrat (= Heulager) abgelöst hatten. Gleich darauf hörte ich ihn zum Zimmer des Prinzen schlurfen und mit hart klopfendem Finger seinen Weckruf unterstreichen: „Königliche Hoheit, Zeit zum Aufstehen!"

Herzschlagbeschleunigender, aromatisch duftender Kaffee weckte unsere Lebensgeister und regte sie zu neuen Taten an. An der Hüttentür schlug uns die kalte, feuchte, von Hochnebel beherrschte Herbstluft entgegen.

Schwebender, schwankender, tanzender Lichtkreis um die von mir vorausgetragene Laterne auf schmalem, nassem, zum Teil geprügeltem, also mit Rundhölzern ausgelegtem Begangsteig durch die alten Hahnenbalzplätze im grabendurchzogenen Filzmoos, hinab ins Starzlachtal und zur alten Dreiangelhütte, einer ehemaligen Waldarbeiterunterkunft. Einen Büchsenschuß weiter westlich bog der vergraste, lehmig-schmierige Ziehweg scharf nach links ab und hob sich in mäßigem, gewundenem Anstieg durch Jungwüchse und Althölzer zur „Mooserend" hoch. Es war kein gutes Gehen. Immer wieder rutschte der Fuß auf dem glitschigen Boden aus.

Als wir den ersten Höhenrücken, die unterste Etappe, erreicht hatten, dem dumpfen Rauschen des Starzlachwassers entrückt, machten wir halt, um in die grauschwarze, sternlose Finsternis hineinzuhorchen. Die Nacht gab vorerst keines ihrer Geheimnisse preis.

Wir hatten die Giggelsteinhütte mit voller Absicht frühzeitig verlassen, um verhören zu können und um nicht abgehetzt und schwitzend an den von uns vorgesehenen Ansitzplatz zu kommen. Außerdem hatten wir dann hinreichend Gelegenheit, die jägerischen Pläne auf die akustischen Wahrnehmungen abzustimmen und notfalls umzustellen. Dieses Verfahren behielt

Revierbetreuer

ich auch später bei, auch hier im Rotwildgebiet Pfälzer Wald. Es hat sich bewährt.

Ich löschte die Laterne und verstaute sie im Rucksack. Ganz langsam, immer wieder verhaltend, nahmen wir die Höhe. Immer noch kein Laut. Ich verstand das nicht. Da . . . endlich! Im Osten, in der Gegend des „Unteren Stuhlbachs", meldete eine bekannte Stimme. Wie gestern abend. Der helle, blecherne, fast jammernde Tenor. Seine Beihirschrolle war unverkennbar. Und gleich begannen droben an den dunklen Steilhängen des Wertacher Horns zwei Hirschhälse sich gegenseitig anzuheizen, so als hätten sie nur auf den Anruf und Anreiz gewartet. Sie mochten oben am „Stehles Höfle" stehen.

Auch im Westen, in der „Unteren Kottersch", ließ sich eine gute Stimme vernehmen. Die mußte man sich merken.

Direkt über uns, auf dem Plateau der „Mooserend", blieb alles noch still. War das Kahlwild eines vielleicht sehr kleinen Rudels schon abgebrunftet? Waren die Hirsche, die wir gestern abend dort noch gehört hatten, auf der Suche nach einem neuen Harem in der Nacht schon weitergewechselt?

Wir waren enttäuscht. Langsam begann sich im Osten die Dunkelheit des grämlich-grauen Himmels zu lichten. Ich hatte vor, am Rande des gegen Sonnenaufgang abfallenden Schlages und der breiten, einige Jahre alten Kultur das volle Büchsenlicht abzuwarten. Durch diese Flächen führten ja die Wechsel über die Mulde in den völlig unerschlossenen „Höflerwald". Dort war nichts mehr zu machen.

Immer noch nichts von der „großen" Stimme! Auch der gestern laut gewordene Bariton schwieg. Was war da geschehen?

Aber die nächsten Minuten warfen all unsere pessimistischen Überlegungen und unsere Befürchtungen über den Haufen. Noch schummerten die Schatten, boten dem Auge kein klares Ziel. Wir hatten den Altholzrand gerade an der Stelle erreicht, an der ich im späten Frühjahr beinahe auf eine mitten am Ziehweg brütende Auerhenne getreten war. Ich konnte mich damals gerade noch rechtzeitig zurückziehen, ehe sie ihr Gelege verließ. Deshalb war mir dieser Ort noch in lebhafter Erinnerung.

Und eben dort blieben wir ruckartig stehen und schauten einander überrascht an. Denn von der Ebene der „Mooserend", zwei gute Büchsenschüsse entfernt, ungefähr vom Gefällsbruch herab, dröhnte ein voller, weit schwingender Schrei. War es der Bariton vom Vorabend? Mit Sicherheit konnte man es nicht sagen. Aber es war nicht das rauhe, rostige Rohr aus dem „Höflerwald". Da wurden wir aller Zweifel enthoben. Kaum hatte der

Geweihte ober uns seinen Äser geschlossen, da antwortete ihm, weiter westlich auf der Hochfläche der „Mooserend", eine abgrundtiefe Stimme, gereizt und böse. Das war er! – Kein Zweifel! Solch bärbeißigen Baß hörte man nur selten. Nun hub ein wahrhaft homerisches, wortgewaltiges Duell an, Hektor gegen Achilles, Ruf und Antwort, einander in kurzen Abständen folgend, sich steigernd, immer heftiger, hitziger anschwellend. Dann folgten Poltern, Krachen, klirrendes Rappeln aufeinanderprallender Geweihe.

Inzwischen hatte volles Büchsenlicht die ungewisse Dämmerstunde abgelöst. Ich deutete dem Prinzen an, daß wir am inneren Saum des Altholzes zur Höhe hinauf mußten, um Einblick in die ebenen Lagen der „Mooserend" zu bekommen. Wir stiegen, jedes Geräusch tunlichst vermeidend, so schnell wir konnten und das Gelände sowie der Bodenzustand dies zuließen, bergan, immer Sicht auf die Kulturfläche behaltend. Aber wir kamen nicht ganz hinauf. Mit einem Schlag verstummte der Kampflärm. Gleich darauf löste sich oben an der Hangkante aus zimmerhohem Fichtenschopf ein graufahler Wildkörper, trat ein Stück Kahlwild heraus, nach Stärke ein schwaches Alttier oder ein Schmaltier, nahm die Hiebfläche an und begann, in leichtem Troll, uns breit zugewandt, die kaum kniehohe anschließende Fichtenverjüngung hangabwärts in Richtung „Höflerwald" zu überqueren. Und jetzt ruckten wir beide schon fast fühlbar zusammen. Ihm folgte ein in der Stärke die zierliche Gestalt des Kahlwildstückes weit überragender, mächtiger Wildkörper, ein Klotz von einem Hirsch mit sofort auffallendem Vorderbau und vorgewölbtem Vorschlag. Über seinem Rücken schwankte langstangiges graues Astwerk mit fast unterarmlangen Kronenenden. Ein alter, reifer Hirsch. Das war der vom Roßberg! Da gab es für mich keinen Zweifel.

Der Prinz ließ seinen Repetierer von der Schulter gleiten, kniete sich nieder, entsicherte, machte sich, am Bergstock anstreichend, zum Schuß bereit. Ich griff schnell in die weite Seitentasche meines großen Rucksackes, holte den Schnecken (= Muschel) hervor und schrie den Hirsch, als er eben die Mitte der Schlagfläche erreicht hatte, heftig an. Wie auf Kommando verhoffte er, äugte mit hocherhobenem Haupt zu uns her. Jetzt mußte der Schuß brechen ... Immer noch nicht ... Da sah ich mit Schrecken, wie der Prinz hastig nach seiner Rocktasche tastete, ein Taschentuch hervorzerrte und aufgeregt über die Linsen des Zielfernrohrs wischte. Beim verruchten, neidischen Samiel! Die Optik war beschlagen.

So lange aber hielt der Hochgeweihte nicht aus. Er setzte sich wieder in Bewegung, wandte sich spitz von uns weg und trollte seinem Stuck nach, das sich nach Südosten, dem schützenden, rettenden Urbestand des „Höflerwaldes" zu, gedreht hatte. Bald waren beide in der dunkelgrünen Wildnis verschwunden.

Ob wir ihn nochmals sehen würden? Ob er sich gar noch einmal so schußgerecht präsentieren würde? Heute abend? Morgen oder an einem der nächsten Tage? Wir waren beide schwer enttäuscht.

Der Hirsch hatte nur ein brunftiges Tier bei sich. Wann und wohin würde er in dieser blutbewegenden Zeit weiterwechseln?

Wir überlegten, was wir jetzt noch unternehmen konnten. Sollten wir noch bis in den späten Morgen oder gar in den Vormittag hinein ausharren? Sollten wir es erst am Abend und gegebenenfalls in den nächsten Tagen hier versuchen? Die Brunftzeit barg immer Überraschungen in sich.

Da meldete auf dem Plateau der „Mooserend" der andere Hirsch. Nur ein mürrischer, dumpfer Brummer. Aber der entschied. Man konnte wenigstens zur Höhe hinaufsteigen und probieren, jenen in Anblick zu bekommen. Wir waren bald oben, es war nicht mehr weit. Noch einmal hatte der Hirsch inzwischen kurz und bündig seinen Einstand angezeigt.

Wir suchten uns oben einen günstigen Platz, von dem aus wir das flache Hochmoor möglichst gut überblicken konnten. Zwischen den freien Moospolsterflächen stockten Krüppelfichten, einzeln, trupp- und gruppenweise, die sich nach Süden zu einem lichten, lockeren Randbestand zusammenschlossen. In diesem mußte der Hirsch stehen. Dahinter reihten sich auf ansteigendem Gelände die dichten Fichtenjungwüchse des „Tiefenbacher Waldes" an.

Wir warteten, fünf, zehn Minuten, eine Viertelstunde. Nichts rührte sich mehr. Da gab mir der Prinz ein Zeichen, den Hirsch anzureizen. Er machte sich für alle Fälle schußfertig. Ich stieß zunächst ganz leicht an, nach einer Weile knörte ich, einmal, ein zweites Mal. Da hörten wir drüben im Randstreifen des Moores einen Ast knacken. Im nächsten Augenblick stand der Hirsch wie eine Geistererscheinung am Saum eines Fichtenschopfes, keine achtzig Schritt entfernt. Langsam, hoheitsvoll das Haupt erhebend, äugte er zu uns her. Auch ein starker Hirsch, moorschwarz, wohl eben der Suhle entstiegen, ein völlig anderer Typ, der des Allgäuer Berghirsches. Die Stangen waren nicht so lang wie die jenes anderen, eher gedrungen, stark, rußdunkel mit blankweißblitzenden Enden. Die eine Stange trug eine dreifache Krone, an der anderen schien das dritte Kronenende ganz kurz geraten zu sein. Es war ein packendes Bild. Kein Wunder, daß diese hoheitsvolle Erscheinung dem Hirsch den Ruhm des Wälderkönigs eintrug, daß sein imposanter Hauptschmuck als Trophäe das Traumziel so vieler Jäger war und ist. Heute hat es freilich durch die Degradierung zum Feigenblatt allzu menschlicher Schwächen und durch die üble Vermarktung an innerem Gehalt verloren.

Ebenso verständlich ist es, wenn es die Meister der Farbe und der Feder, des Pinsels und des Stiftes, heute auch der photographischen Kunst anregte, angefangen bei den Höhlenzeichnungen der Urjäger über Rubens und Ridinger bis zur modernen Jagdmalerei, die sich bisher erfreulicherweise an die Gesetze der Kreatur und der Natur hielt, die es vermied, den Betrachter vor unlösbare Rätsel über Sinn und Inhalt eines Werkes zu stellen. Gerade die bildende jagdliche Kunst hat, entsprechend unserer Einstellung zur Jagd, zum Tier überhaupt, prachtvolle Werke geschaffen.

Aber auch die Dichtkunst und das jagdliche Schrifttum erwiesen dem Geweihten die hervorhebende Ehre, beginnend bei den Homerschen Hirschen aus den Dickungen des Parnass, den Höhen des Taygethos, dem Waldgebirge Eurymanthos bis zu Baron Cramer Kletts „Heurafflern" und dem wunderschönen Hirschbuch Heribert Hornecks. Keiner aber hat – für mich jedenfalls – die hoheitsvolle Würde seines heimlichen Auftrittes mit so lebendiger dichterischer Kraft und Schönheit beschrieben wie A. v. Scanzoni, von mir oft und immer gerühmt, von der nüchternen Mentalität unserer Zeit völlig beiseite geschoben, in seinen tiefgründigen „Reymen von der Jägerlust":

„Tritt einer aus den Thannen für
Mit hoch erhobner Haupteszier,
Mit heymlich hingesetztem Fuß
Fühlt's Hertze, daß es schweigen muß."

Auch der Anblick jenes Hirsches aus der „Mooserend" blieb in meiner Gedankenwelt immer mit den Scanzonischen Versen verbunden.

Freilich nicht alle Jäger erwählten den Hochgeweihten zu ihrem Lieblingswild. Viele haben ihre eigenen Heiligen! So auch die großen Jägerdichter Friedrich von Gagern und Hermann Löns. Des ersteren unübersehbare Zuneigung galt der künstlerisch-architektonisch eigenwilligen Krone des Rehbocks, der andere widmete sein schönstes, unsterbliches Meisterwerk dem unscheinbaren Mümmelmann.

Doch auf welche Ab- und Umwege hat mich die Erinnerung an den Auftritt jenes typischen Allgäuer Hirsches auf dem Hochmoor vor der aufragenden Kulisse des „Tiefenbacher Ecks" geführt!

Der Prinz war ein erfahrener Jäger, er wußte selbst, wann er Ernst zu machen hatte. Ich brauchte mich da nicht einzuschalten. Ich hütete mich, aus Respekt schon, unnötige und unangebrachte Ratschläge zu erteilen. Ich fungierte ja nur, ein sehr, sehr junger Jäger, wegen meiner örtlichen Kenntnisse, eines wohl unbestreitbaren ererbten Instinkts und der inzwischen unter bester Anleitung erworbenen praktischen Kenntnisse als Führer. Zudem machte der Prinz in seiner mir wohlwollenden Gesinnung keinen Hehl daraus, daß ihm diese meine Begleitung sehr wohl behagte.

In flirrendem Seitenblick sah ich, wie der Prinz Maß nahm. Im hart und trocken in den düsteren Spätmorgen hinausprallenden Schuß sank der Hirsch ausgelöscht in sich zusammen. Ich sah nicht oft einen so starken Geweihten, der so, wie vom Blitz erschlagen, die irdischen Waidgründe und Brunftplätze verließ. Das lange, schwere 8millimetrige Teilmantelgeschoß hatte, wie sich bei der roten Arbeit herausstellte, die Aorta zerrissen. – Mit patschenden, schmatzenden Schritten, darauf bedacht, nicht von oben Wasser in die Bergschuhe einzuschöpfen, daher verschiedene, wie Schwämme vollgesogene Sphagnummoosflächen umgehend, traten wir zu dem hochachtbaren Beuteopfer. Es war ein braver, nach der heutigen Wertung in die Altersklasse der jagdbaren Hirsche einzureihender ungerader Kronenzehner. In den meßbaren Größen der Trophäe gesehen, erreichte er natürlich die Ausmaße des Gewaltgeweihes des uns am Morgen entkommenen Haupthirsches bei weitem nicht. Aber der Prinz war zufrieden. Außerdem gaben wir die Hoffnung nicht auf, jenen nochmals in Anblick und vor die Büchse zu bekommen. Die Erlegung des Zehners bedeutete keinerlei Störung.

Damals, als ich mit dem Prinzen vor dem eben Gestreckten stand, hätte jeder von uns unbedenklich und unter dem Eindruck frischen, aufregenden Erlebens und bei den damals geltenden Maßstäben dem uns entgangenen, weit stärkeren vermeintlichen Ungarnabkömmling den Vorzug gegeben.

Heute, rund dreißig Jahre später, als ich vom „Hirtenbichl“ aus beim Aufstieg zur Roßberghütte im weißen November den Faden der Erinnerung wieder aufnahm und aus einer geklärten, gereiften Sicht weiterspann, hätte ich mein Urteil geändert. Da hätten sich aus ästhetischen Gründen die Gewichte zugunsten des Allgäuers verschoben. Er war edler, ausgeglichener, „schöner“.

Wohl eine gute Stunde saßen der Prinz und ich damals in einträchtiger Unterhaltung bei dem Gefällten. Ich denke an diese aufgelockerten, ungezwungenen, so menschlichen Gespräche immer gerne zurück, gerade dann, wenn ich ihnen die aufgeblasene, abstoßende, unerträgliche Arroganz mancher Vertreter unserer heutigen „Prominenz", auch der so kurzlebigen politischen, gegenüberstelle.

Dann zogen wir den Hirsch mit vereinten Kräften aus der Hochmoorfläche heraus zu einem nahen, mit dem „Grotten" befahrbaren Weg. Nachdem er aufgebrochen, verbrochen und verblendet war, pirschten wir zu der Stelle, an der wir beim morgendlichen hastigen, schweißtreibenden Heraufsteigen die Hochebene erreicht hatten. Man hatte dort einen für die Absichten des Jägers günstigen, für den natur- und heimatverbundenen Menschen erfreulichen Überblick. Dort ließen wir uns nieder. Der gute Hüttenkoch ehrenhalber hatte mir so viel Proviant in den Rucksack gepackt, daß wir den ganzen Tag bestehen konnten.

Jeder Leser mag es als verständlich empfinden, wenn ich bei unserem nun anschließenden stillen, mittäglich-nachmittäglichen Ansitz an der Ostseite der „Mooserend" das jagdliche Geschehen der letzten Stunden nochmals nacherlebend an mir vorüberziehen ließ. Aber auch drei Jahrzehnte später läßt der Ausblick von der Kuppe des „Hirtenbichels" auf die vertraute Landschaft und der Anblick aller Örtlichkeiten jene Bilder neu aufleben.

Die Betrachtung des nun oben auf dem Plateau der „Mooserend" erstarrenden und erkaltenden Hirsches gab nicht nur Anlaß, erbbiologische Gedankengänge aufzunehmen und diesbezügliche Vergleiche anzustellen, er setzte auch die Wellen rein persönlichen, noch frischen jägerischen Erlebens wieder in Bewegung.

Schon sein erster Anblick ließ in mir die Textstelle einer berühmten Opernarie aufklingen: „Wie sich die Bilder gleichen!"

Da stand, hing damals noch nicht, weil das kirschbaumene Holzschild noch fehlte, im heimatlichen Forsthaus das fast täuschend ähnliche Geweih eines braven Hirsches, das ich im Vorjahr erbeutet hatte. In Farbe, Form und Perlung genau dem vor uns liegenden gleich, nur mit dem Unterschied, daß der meinige in jeder Krone ausreichend lange Enden geschoben hatte, also ein gerader Kronenzehner war. Wo war er der jägerischen Kugel zum Opfer gefallen?

Ich stieg damals, mit der stets gleichlautenden Ermächtigung des Jagdherrn, am späten Vormittag gegen Ende der Brunft, von den Schlägen, Verjüngungen und Althölzern der „Oberen Kottersch" kommend, zur Stuhlbachhütte hinauf. Als ich die Bergwiesen hinterm rundkuppigen Bläßleskopf überschritten, auf dem schmalen, ausgeflözten, mählich sich hebenden Fahrweg zur Hütte wieder in den Wald unterm Tiefenbacher Eck eingebogen war, da riß es mir fast die Beine unterm Leib weg. Im unübersichtlichen Wirrwuchs aus Fichten, Grünerlen, Sträuchern aller Art, gegen den Tiefenbacher Wald zu, einen weiten Speerwurf unterhalb des Weges, hallte ein grober, herrischer Hirschhals auf, eine von den oberen Tonlagen herabjodelnde typische Althirschstimme, wie sie Graf Münster so treffsicher beschrieb. Dann, schon näher, ein rauher, heiser grölender Schrei und, ihm folgend, ein bedrohlich auf mich zukommender abgehackter Sprengruf. Ehe ich mich vorsorglich am jenseitigen Wegrand hinter einem mannshohen Fichtenanflug in Deckung bringen konnte, knisterte und knackte es schon vor mir, erschien es braungrau im verblaßten, herbstlichen Grün. Auf etwa fünfzehn Schritt vor mir stand im nächsten Augenblick ein Alttier in der Wegbahn, hatte mich natürlich sofort wahrgenommen, warf sich in wilder Flucht auf der Hinterhand herum und rumpelte ins Holz zurück. Krachen und Prasseln entfernten sich rasch. Dumpf dröhnender Schreckruf... und dann war alles vorbei.

In der Nacht fing es an, dicht zu schneien. Starker Schneefall in der Brunft hatte immer zur Folge, daß ein namhafter Teil des Rotwildes sich umstellte, aus dem kalten Kessel des „Großen Waldes" auf die Sonnenhänge der Hindelanger Seite, auf die Sonthofener-Berghofer Süd- und Westhänge auswechselte, auf die idealen Wintereinstände des Grüntengebietes auswich oder gar, wenn es der Winter schon allzu arg trieb, ins Alpenvorland bis in den Kempter Wald und den Sachsenrieder Forst hinaus abwanderte, wie es die Urahnen früher so gehalten hatten. Von dort kehrte dann mancher starke Hirsch nicht mehr zurück.

Einige Zeit nach jenem überraschenden Zusammenprall schoß ich etwa einen Kilometer weiter westlich – im Berghofer Revierteil – einen uralten Kronenzehner mit zehneinhalbpfündigem Geweih, Erztyp des Allgäuers, ein richtiger Christbaumkerzenhirsch mit pechschwarzen Stangen und weiß funkelnden Enden. Grandeln hatte er keine mehr. Die Schneidezähne waren zu Stumpen zusammengebissen. Ein Jahr zuvor war er noch ein einwandfreier Zwölfer mit beiderseitigen Eissprossen gewesen. Der Jäger Liese Zeller hatte die Abwürfe. Nun war ein Eisend nur mehr angedeutet, das andere abgekämpft, nur mehr einen Stummel darstellend.

Es war etwas Schnee gelegen. Als der Hirsch, rege gemacht, in scharfem Troll eine breite Lücke im lichten, steilen Alpwald überquerte, setzte ich ihm auf achtzig Gänge die Kugel aus meiner Doppelbüchse aufs Blatt.

Jeder passionierte Jäger wird das Ausmaß der Freude verstehen, die über mich kam, als ich, ein dampfiger jägerischer „Teenager", vor dem alten

Recken stand und mit zitternden Fingern in das Geäst der schwarzen Stangen griff. Ich hatte gute Gründe, anzunehmen, daß ihm jene dunkle Althirschstimme im Tiefenbacher Wald gehörte.

Heute hängt sein Geweih, des ältesten meiner Allgäuer, im Arbeitszimmer meines Alterssitzes, ein paar Armlängen von meinem Schreibtisch entfernt über dem Bild eines hochgeschätzten Freundes und über einem Strauß Silberdisteln von der Roßbergalpe. Sein Anblick, belebt durch die auch jetzt noch blendendweißen Kerzenenden, begleitet, beschwingt und verschönt meine Arbeit, erinnert mich aber auch immer wieder an jenen Hirschbrunftmorgen im „Großen Wald" mit dem Prinzen Franz ob seiner auffallenden Ähnlichkeit mit dem von diesem erlegten Kronenzehner von der „Mooserend". Dieser mußte ein naher Verwandter gewesen sein, ein jüngerer Bruder wahrscheinlich.

In der hiesigen Dienstwohnung meines Sohnes hängt noch ein Geweih, das unverkennbar eine enge Verwandtschaft seines Trägers mit den beiden vorgenannten Hirschen aufzeigt. Mein Vater hatte den Hirsch einige Jahre zuvor erlegt.

* * *

Der Prinz und ich hatten also am Nachmittag einen geeignet erscheinenden, hoch liegenden Vorpaßplatz, von dem man einen weiten Blick über den ganzen östlichen „Großen Wald" besaß und daher auch gut verhören konnte, gewählt.

Die wegen der überwiegenden Fichtenbestockung immer ernst wirkende Landschaft zeigte ein fast trübseliges, finsteres Gesicht. Auch die bei Sonnenschein aufleuchtenden, auflockernden, belebenden Farben der glühenden, brennenden, flammenden Laubholzbeimischung blieben heute stumpf, matt und unauffällig.

Zudem war die voraussehbare Entwicklung der Wetterlage alles andere als günstig. Der von Hochnebelbildung begleitete schmale Hochdruckrükken schien einem vom Mittelmeer anrückenden Tief zu weichen, eine für den Alpennordrand besonders schlechte Wetterkonstellation.

Als wir etwa zwei Stunden gesessen und dazwischen eingenickt waren, sah ich mit großem Mißbehagen, wie die Nebelzone den Gipfel des dunklen Wertacher Horns im Osten und des Grünten im Norden erreichte, wie sie merklich tiefer und tiefer sank, sich ausbreitete, wie sie dann über die Rundkuppe des Tiefenbacher Roßkopfs im Süden herabfiel, allmählich auch den Rücken des „Höflerwaldes", auf dem die Stuhlbachhütte stand, einhüllte und sich uns wie das unabwendbare Schicksal näherte. Erst waren wir von einzelnen Nebelfetzen, dann geschlossenen, sich ab und zu aufreißenden Wolkenbänken umfangen. Schließlich hüllte uns undurchdringliches, die Sicht auf Schrotschußweite beschränkendes Grau völlig ein. Dann fing es an zu nieseln. Ein dichtes Netz feiner Tröpfchen legte sich über Boden, Busch und Baum. Nach einer weiteren Weile ging der Wasserfilm in Regen über. Nebelschwaden zogen, die Baumkronen troffen, die Sträucher tropften. Da hatte es keinen Sinn mehr auszuharren. Eine Besserung war nicht zu erwarten. So brachen wir auf zum Rückzug in die Giggelsteinhütte.

An diesem Tag verließen wir unsere heimelige Behausung nicht mehr. Es war völlig zwecklos, man hatte ja keine Sicht, kein Schußfeld. Es wird immer wieder behauptet, warme, besonders föhnige Witterung beeinflusse den stimmlichen Ablauf der Hirschbrunft ungünstig. Ich habe bei föhnblauem Himmel und fast sommerlicher Wärme schon die schönsten Brunftkonzerte erlebt. Es kommt immer darauf an, ob ein paar Rivalen aneinandergeraten. Dagegen macht nebelschauernder, naßkalter Regen, wenn alles tropft und trieft, die Hirsche oft unlustig und verdrossen.

Am nächsten Tag hörte der Regen für längere Zeit auf. Der Nebel hob sich bis zum oberen Drittel des Wertacher Horns. Wir paßten an unserem Ansitzplatz unterm „Höflerwald" vor. Ab und zu vernahmen wir die blechern leiernde Stimme im „Unteren Stuhlbach". Ein paarmal die eines suchenden Hirsches oben im „Höflerwald". Von jenem Klotzhirsch kein Ton mehr. Das eine Stuck, das er zuletzt bei sich hatte, war sicher abgebrunftet. Wo mochte er wohl stecken auf seiner neuerlichen Suche nach Kahlwild? Vielleicht schon drüben in den Hindelanger oder Hintersteiner Revieren? Für einen Brunfthirsch sind das keine Entfernungen. Aber merkwürdig, man sah und hörte nichts mehr von ihm. Einer legalen jägerischen Kugel war er in dieser Brunft nicht zum Opfer gefallen. Zwar gab es damals noch keine Trophäenschauen. Aber die Erlegung eines solchen Kapitalhirsches hätte sich bald herumgesprochen.

Von der Nachmittagsmitte an begann sich der Nebel wieder zu senken. Ein Stück der heimatlichen Berglandschaft nach dem anderen verhüllte der milchige Schleier. Und dann hob auch der Regen wieder an zu rieseln, verstärkte sich und wandelte sich schließlich zum sogenannten „Schnürlregen". Da brachen wir unseren Daueransitz ab und kehrten zur Hütte zurück. In Anbetracht der sehr ungünstigen Wetterlage, die keine Besserung erhoffen ließ, entschloß sich der Prinz abzureisen. Er hatte ohnedies auf seinem ungarischen Gut Sarvar verschiedene Angelegenheiten zu regeln.

Am nächsten Vormittag stieg er zu Tal, um mit der Bahn nach München und dann nach Leutstetten heimzufahren, nicht ohne mir, wie er es immer tat, einen Hirsch freizugeben. Ich kannte den Satz schon im voraus: „So, jetzt schauen S' aber, daß Sie noch einen Hirsch kriegen!" Ich war auf dieses Geschenk ja vorbereitet, trotzdem schlug mein Herz höher. Was konnte und wollte man von einem so jungen Jäger, wie ich es damals war, anderes erwarten!

Das „Wassermännle", wie dieser Urmünchener wegen seiner beruflichen Tätigkeit im Ortsmunde hieß, begleitete diesmal den Prinzen. Er wollte auch einiges zur Ergänzung der Vorräte besorgen und am nächsten Morgen zurückkommen. Er beabsichtigte, noch einige Tage auf der Hütte zu bleiben, um seinen „Deputatgams" zu strecken.

Am Almgatter, einen Büchsenschuß weit von der Hütte entfernt, wandte sich der Prinz nochmals um und winkte mir mit dem Hut einen letzten Abschiedsgruß zu, ehe die beiden im Wald des „Filzmooses" untertauchten.

An diese Bilder erinnerte ich mich später oft und immer wieder mit dankbarer Freude. Ich führte in meinem Leben viele Jäger und Jagdgäste. Auch noch als Vorstand eines großen, jagdlich sehr bedeutungsvollen Forstamtes übernahm ich diese Tätigkeit gerne, ohne dazu verpflichtet zu sein. Man könnte allein darüber ein buntfarbiges Buch schreiben. Unwillkürlich stellte ich meine Vergleiche an. Oft genug fielen sie zugunsten jener glücklichen Erinnerungen aus.

Ich kann es nicht leugnen. Als der Prinz und sein mir so vertrauter, gemütlicher Begleiter verschwunden waren, spürte ich eine Zeitlang fast schmerzlich eine fühlbare Lücke, sosehr ich damals schon die jägerische Einzelgängerei schätzte und liebte.

Nun überlegte ich, wie ich die mir eröffneten jagdlichen Wunschträume verwirklichen könnte. Das Wetter blieb, wie es bei dieser Konstellation zu befürchten war, von vorübergehenden Aufheiterungen abgesehen, schlecht. Bei einer solchen Regenhelle beschloß ich, mich in der „Kottersch" umzusehen, wo wir am ersten Morgen eine so füllige, eindrucksvolle, interessante Stimme gehört hatten. Dabei geriet ich an einen nicht mehr ganz jung erscheinenden, dem Allgäuer Typ angehörigen Achter mit schwarzen, gedrungenen, etwas kurzen Stangen und Enden und einem auffallend dunklen, kräftigen Vorschlag.

Ich stieg gerade vom dumpf rauschenden, angeschwollenen Höllbach auf langgezogenem Zickzackpfad gegen den Breitrücken der „Oberen Kottersch“ hinauf. Als ich am Gefällsbruch vorsichtig den Kopf über die Hangkante schob, stand er mit drei Stück Kahlwild am Rand einer zimmerhohen Fichtenkultur. Der wäre schon recht gewesen! Auch die Schußentfernung hätte gestimmt. Aber ehe ich mich zu einem nahe liegenden Fichtenstock vorschieben konnte, um dort den Repetierer auf dem Lodenmantel zu verläßlichem Schuß aufzulegen, küselte der Wind. Ruckartig hoben die vier die Häupter, drehten ab und verschwanden in der schützenden Dikkung. Weder an diesem Abend noch am nächsten sehr stillen Morgen bekam ich den Hirsch in Anblick.

Der Dauerregen hatte zwar aufgehört, der Nebel war verschwunden, das Wetter besserte sich etwas, blieb aber wechselhaft. Ich nahm mir vor, auf der Stuhlbachhütte zu übernachten. Als ich nun kurz vor Mittag den schon beschriebenen, dorthin führenden Weg beschritt, ereignete sich jene merkwürdige Duplizität der Fälle, richtiger: jene auffallende Wiederholung eines Geschehnisses, wie sie dem Menschen überhaupt, dem Jäger aber im besonderen, manchmal widerfährt. Ganz nahe der Stelle, an der ich im Vorjahr mit dem vom Hirsch getriebenen Alttier zusammengerumpelt war, stach mir geradezu eine Wolke intensiven Brunftgeruches in die Nase. Da mußte kurz zuvor ein Brunfthirsch mit seinem Kahlwild durchgewechselt sein. Das Abfährten lieferte den Beweis. Und wie zur Bestätigung brummte links unterhalb des Weges ein tiefer, gemütlicher, warmer, samtschwerer Baß auf. Ihm folgte ein voll ausschwingender, röhrender Ruf. Und zuletzt noch ein zorniger, sichtlich gereizter kurzer Schrei. Ich konnte es mir schon zusammenreimen, was da passiert war. Ich stand mitten im schlechten Wind. Das gewarnte Kahlwild war geflüchtet und dem verärgerten Haremswächter entkommen. Mißmutig war er ihm gefolgt.

Da war nichts mehr zu machen. Aber die Stimme, die kam mir recht bekannt vor. Mir war es, als hätte ich sie kurz zuvor in der „Kottersch“ vernommen. Sollte sie dem Achter gehören? Mir schien das mehr als wahrscheinlich.

Ich will es kurz machen. Eben diesen Hirsch schoß ich einige Zeit darauf ganz mühelos. Und, das ist das Bemerkenswerte, keine zweihundert Gänge von der Stelle entfernt, an der jener Althirsch meiner Kugel verfallen gewesen war.

Die Wetterlage hatte sich inzwischen gründlich umgestellt. Polare Luftmassen in der Furche eines von Island über den Kontinent strömenden Tiefs hatten Schnee gebracht und das Rotwild zu seinen gewohnten Ausweichbewegungen veranlaßt, einen Teil auf die gegen das Illertal abfallenden

Hänge hinausgedrückt. Ich stand kurz unterm Grat der „Sange", die steil, mit lichter und lockerer Bestockung auf die Bergwiesen oberhalb des malerischen Weilers Winkel, die „Winklerwiesen", abfiel. Ich erkannte ihn auf den ersten Blick, als er mit einem sichtlich jüngeren Kronenzehner durch den wadentiefen Schnee unter mir vorbeizog. Im gedämpften Knall der Doppelbüchse hob es ihn vorne etwas hoch, ein so untrüglich gutes Zeichen, daß ich auf den zweiten Schuß verzichtete. Nach dreißig Fluchten überschlug er sich rückwärts, rutschte und walkte, wie eine Gams drüben in den Steillagen des Grünten, schneewirbelnd in einer schweißgetränkten Bahn bis zum Wiesenrand hinab.

Überraschungen gab es keine mehr. Was ich in der „Kottersch" gesehen und darnach geschätzt hatte, bestätigte sich am gestreckten Hirsch. Er mochte das siebente, achte Geweih getragen haben. Nach seiner ganzen Anlage und Ausformung war er über den Achter oder Eissprossenzehner nie hinausgekommen. Die wunderschönen Grandeln erhöhten meine Freude.

Ich bedaure nur, daß ich mir von den langen, dunklen Mähnenhaaren nicht ein paar Hirschbärte binden ließ, die zwar nicht so vornehm, dafür aber ebenso dekorativ und viel unempfindlicher sind als die seidenzarten Gamsbärte.

* * *

Die Vergangenheit ist über mich hergefallen, hat mich in ihr engmaschig geflochtenes Netz eingespannt, aus dem ich mich nur schwer lösen konnte. Erst die kalte, feuchte Nase meiner Schweißhündin, die mich mahnend an der Hand stupfte, rief mich in die schneeverhüllte Gegenwart des trüben, diesigen Novembernachmittags zurück. Wie ein Film sind die Ereignisse, Ergebnisse und Erlebnisse jener Hirschbrunften in gedrängter Fülle und gedankenschneller Eile vor meinem inneren Auge vorübergezogen.

Ich schaue auf die Uhr. Drunten im Tal verkünden die Kirchturmglocken eben die dritte Nachmittagsstunde. Die schwarze Brasil ist auch aufgeraucht. Ich schiebe den erkalteten Rest in die am Hüttenfuß schneefreie Erde. Dann erhebe ich mich zur letzten Etappe des Anstiegs.

Auch ohne das Gamsrudel, das unterm „Plattenholz" äst und den abkürzenden, steilen Steig zur Roßberghütte blockiert, hätte ich den weit ausgreifenden und daher bequemeren Alpfahrweg durch die „Kammegrüe" gewählt. Ich kann mir ja Zeit lassen. Wenn ich in aller Bedächtigkeit hochsteige, erreiche ich noch vor Einbruch der Dämmerung mein Ziel.

Ich nehme also mein Berggepäck, den heute beinahe leeren Rucksack, den leichten, aber warmen, auch die Waffe deckenden Lodenumhang, Büchse und Bergstock und gehe, die Schweißhündin am aufgedockten Riemen, den Berg im Endspurt an.

Langsam nehme ich, Schritt für Schritt, im mahlenden, trockenen Lokkerschnee, beschwerdefrei gefördert durch die dem Fuß angemessenen, aus Meister Hollands Sonthofener Werkstätte stammenden Bergschuhe, die Höhe.

Ich habe hier absichtlich einen für den Jäger besonders im Hochgebirge wichtigen Punkt angezielt und angeschnitten. Die Jagd im Hochgebirge, zumal in der Gamsbrunft, hat ganz andere Gesetze als die in der Ebene. Gerade sie kann zum Marterpfahl werden, wenn die Ausrüstung nicht stimmt. Je nach Witterung und Gelände wird besonders der Fuß des Jägers stärkstens beansprucht. Hier muß er sich noch einmal darauf besinnen, daß und wozu ihm die Schöpfung diese Fortbewegungswerkzeuge gab. Der Jäger muß also nicht nur über einen strapazierfähigen, sondern auch passenden und im Gelände griffigen Schuh verfügen. Er darf weder drücken noch zu weit sein und damit schmerzende Blasen aufreiben.

Es geht auch um die richtige Bekleidung, die schon im Mittelgebirge, erst recht im Hochgebirge den Gegebenheiten der Örtlichkeit und ihrem Klima angepaßt sein muß. Ich denke da an manche Jäger, die angesichts der Schneemenge und aus Angst vor der Kälte vermummt wie die Eskimos, in dicke Pullover und Wollschale, steife Jagdjoppen und schwere Lodenmäntel eingehüllt, die Hänge hinaufstapfen, schon nach kurzem Anstieg dampfen und kochen, schweißtriefend oben ankommen, längere Zeit im eiskalten Bergwind stehen oder sitzen, die zähneklappernd, zitternd und erbärmlich frierend zu einem sicheren Schuß untauglich sind und sich meist noch eine saftige Erkältung holen. Als ganz unzweckmäßig haben sich die eine Zeitlang modischen, eng anliegenden Wickelgamaschen, die den Blutkreislauf der „Untertanen“ behindern, erwiesen.

Ich fühle mich dagegen in meinen handgearbeiteten Bergschuhen, dicken Woll-, besonders groben Schafwollstrümpfen und den lockeren Walkgamaschen darüber immer wohl und behaglich. Und wenn ich dann, was im Hochgebirge, besonders bei entsprechender Schneelage, unvermeidlich ist, zum Schwitzen komme, wechsle ich zu gegebener Zeit, auch bei schärfstem Luftzug, mein feuchtes Hemd gegen ein solches aus weicher Baumwolle, ziehe meine federleichte, flauschige, bequem in der Hosen-, Rock- oder einer seitlichen Manteltasche unterzubringende Kaschmirweste darüber, schlüpfe in die nicht zu schwere Lodenjoppe, steige, sitze und stehe warm und geborgen. Außerdem habe ich ja noch meinen leichtgewichtigen Lodenumhang dabei, benütze diesen allerdings meist nur als Sitzunterlage. So zog ich mir bisher auf der Jagd, selbst bei hartem Grobwetter der Gamsbrunft, noch nie eine Erkältung zu.

Vielleicht mögen diese praktischen Hinweise im Rahmen eines vorwiegend erzählerischen Werkes manchen unerfahrenen Jäger mehr ansprechen als die nüchterne Empfehlung eines trockenen Sachbuches. Obwohl in den einschlägigen Spezialwerken über das Gamswild (Hauber, Fuschlberger – Nerl, Knaus) die Frage der Ausrüstung eingehend behandelt wird, kann man unglaubliche Dinge erleben, gerade heute, da die Vergabe von Gamsabschüssen Jäger aus allen Gegenden und Gauen ins Hochgebirge lockt. Beim Alpinismus kann man ja ähnliche Beobachtungen anstellen.

Durch die bewaldete Schlucht der „Kammegrüe" geht es im gewohnt bedächtigen, auch hier in den westlichen Waldbergen beibehaltenen berglerischen Paßgang mühelos hinauf. Aber in der anschließenden tiefen Ostmulde der Roßbergalpe habe ich schon schwer zu stapfen, bis ich in die höheren, luftbewegten Lagen komme. Auf den windruhigen Ost-(= Lee-)Seiten lädt der Winter immer und überall seine Hauptlasten an Schnee ab. Diese allgemein beobachtbare Erscheinung spielt ja auch in der Forstwirtschaft eine bedeutsame Rolle. Sie verbietet in solchen Lagen den Anbau schneebruchgefährdeter Holzarten, so der Kiefer. Das Wissen um solche Erkenntnisse mag auch dem forstlich nicht versierten Laien nicht schaden.

Ich habe bei meinem erinnerungsgesättigten Anstieg das härteste Wegstück hinter mich gebracht, habe fast die Höhenlinie der Roßberghütte erreicht und bin gerade an der Stelle angelangt, an der ich damals den vermutlich ungarischen Haupthirsch mit seinem Beihirschl gegen die östlich anschließende „Grüe" hinübertrollen sah. Da schlich der Versucher zum dritten Mal an mich heran. Plötzlich hebt meine Schweißhündin auffallend, fast erregt ihren schönen Kopf, begierig Wind einholend. Ich verhalte, suche die Umgebung ohne und mit Hensoldt ab. Nichts...

„Senta, was hast denn?" weise ich sie zurecht. Aber die Hundenase hat wieder einmal recht behalten.

Ich setze meinen Weg fort und – erstarre im Schritt. Halblinks unter mir sehe ich an einer Wölbung des Alpgeländes eine unmerkliche Bewegung. Glas... Ich habe mich nicht getäuscht. Hinter einem kleinen Buckel schaut ein Gamshaupt empor. Ich schiebe mich neben dem Weg ganz langsam ein paar Meter höher, die Hangböschung empor. Da sehe ich mehr. Dort unten, auf bester Schußweite, sitzt ein Gams im Schneebett. Nur die Rückenlinie, Träger und Haupt sind frei. Das ist zunächst nicht viel, in diesem Fall aber genug. Dieser dicke, bullige Hals...! Der kann doch nur einem Bock und noch dazu einem nicht ganz jungen gehören. Aus der Krucke werde ich nicht klug. Sie ist zwar stark, gedrungen, wie es sich für einen männlichen Vertreter der Gattung „rupricapra" gehört. Aber sie ist in ihrer Höhe selbst für einen normalen Fünfjährigen unterdotiert, noch dazu ausgesprochen schlecht gehakelt. Ganz gleichgültig, ob sie einem Mittelbock oder einem „Alten" gehört, die Erlegung ihres Trägers wäre nach der gültigen Klassenklaviatur und den sich darauf aufbauenden Abschußregularien auf alle Fälle gerechtfertigt gewesen.

Ich schoß einige Jahre später einen in der Wildbretstärke ganz normalen Bock, dessen Krucke der vorhin beschriebenen aufs Haar glich, die nach ihren Ausmaßen nicht einmal mit der durchschnittlichen eines Fünfjährigen konkurrieren konnte. Die unbestechliche Feststellung am erlegten Bock wies ein Alter von sieben Jahren aus.

Die neue Lehre der Wildbiologie lehnt die Abschußauswahl beim Gamswild nach den morphologischen Kriterien der Trophäe, in diesem Falle der Krucke, damit auch die bisher gültigen Abschußrichtlinien ab. Sicherlich steckt in dieser Kritik ein Korn Wahrheit und Berechtigung. Das verallgemeinernde Urteil schießt aber über das Ziel des Vorschlages einer sachlich begründeten Verbesserung hinaus. Auch mit dieser Frage werde ich mich noch auseinandersetzen.

Mephisto, der Begleiter des ewig faustischen Jägers, stößt mich hart von hinten an. Augenzwinkernd zischelt, flüstert er mir heimlich zu, drängt er mich geradezu: „So schieß doch! So ein einwandfreier ‚Fall'!" Natürlich, wann bekomme ich den wieder so bequem vor die Büchse? Und er lockt weiter: „So günstig, so nahe bei der Hütte!" Er hat recht. Ich kann ihn auf dem lockeren Schnee und bei dem nur ganz sacht ansteigenden Gelände ohne besondere Mühe zur Hütte ziehen. Wie anders, wenn ich einen schweren Kampel aus den Hochlagen dorthin buckeln muß! Ich brauche mich nur auf den Mantel zu setzen, mich, am Bergstock anstreichend, schußbereit zu machen und den Bock anzublädern. Der sich dann mit Sicherheit aus dem Lager Erhebende und Verhoffende darf den Knall nicht mehr vernehmen.

Aber ich bleibe auch diesmal hart und unnachgiebig. Ich ziehe mich wie-

Die bergahornumrauschte Giggelsteinhütte

der auf den tiefer liegenden Fahrweg zurück, pirsche geduckt ein Stück vorwärts, bis eine Bodenwelle mich den Lichtern des Wildes entzieht und ich, ohne dieses zu stören, mein Ziel erreichen kann.

Nein! Der erste Satz einer so sehr auf Stille, auf leise Töne eingestellten Spätherbstsuite braucht nicht gleich mit einem stürmischen Appassionato zu beginnen! Ich will mehr, ich muß die Stimmung dieses lichtarmen, fast düster grauverhangenen, weiß verschleierten Novembernachmittags auf mich wirken lassen. Trüber, todtrauriger Allerseelennachklang, Gedanken und Gedenken an die mir verbundenen Jäger, die diesen Weg heraufgestiegen waren, die in Gottes Frieden ruhen. Gedämpftes Farbenspiel, die schwermütige Moll-Tonart, Franz Schubert, die dunkle Stimme aus der „Winterreise", „Eine Straße muß ich gehen", oder gar die ergreifende Totenklage des Mozartschen, die erschütternde Klangwelt des Verdischen Requiems. Aber auch hier folgt der bedrückenden, drohenden Sequenz das versöhnende, befreiende Libera. Und hinter all der nebeldichten Düsternis beginnt doch das tröstliche Adventlicht aufzuleuchten. So schläft auch unterm scheinbaren Totenhemd des Schnees, in Wirklichkeit aber unter weißer Schutzdecke, die Natur neuem Leben entgegen, so lange wenigstens, als Haß und luziferische Hybris der gewalttätigen, undankbaren Gattung homo sapiens – nein insapiens – die Erde nicht in eine tote, sterile Mondlandschaft verwandeln.

Aber in meinem Herzen herrscht keine Trübnis, in ihm blüht und glüht wärmende Freude auf. Ja, ich freue mich auf die nächsten Tage der Gamsbrunft im weißen November, auf den Tanz und das schneestäubende Treiben der schwarzen Teufel im Blendschnee, auf den freien Umblick in der erhabenen Landschaft, freue mich aber auch, was soll ich es leugnen, auf das jägerische Erlebnis der Beutung mit all seinen pulstreibenden Höhepunkten, all den herzbewegenden, vielfarbigen Hintergründen. Sonst wäre ich ja wohl kein Jäger!

Ich freue mich aber auch schon, den Vorgenuß auskostend, auf die besinnlichen Stunden und Stimmen der Stille, auf deren alltägliche Wiederholung.

Diese Vorschau heißt mich meine Um- und Rückschau beenden, das

Oben: Sein weites Reich

Unten: Brunftbeginn

letzte kurze Wegstück in beschleunigtem Schritt zurückzulegen. Noch zwei gute Büchsenschüsse – noch eine Bleikugeltreffweite – noch eine Schrotschußentfernung. Dann ist man da. Dann rumpelt der grobgenagelte und -genähte Bergschuh die Holztreppe zur Hüttentür hinauf, fallen unterm stampfenden Auftritt die Stollen und Schneeanhänge. Fast zärtlich tätschle ich zur Begrüßung das grauverwitterte, rauhe Holz der Türe. Freudig wedelnd, sieht mir die Schweißhündin zu, wie ich knirschend den schweren Schlüssel im Schloß drehe, als teilte das kluge Tier die Gefühle seines Herrn.

Die Fensterläden sind bereits zurückgeschlagen, man brauchte nur noch kurze Zeit die Fenster zu öffnen, die frische Luft einströmen zu lassen, ehe der Kachelofen seine warmen Wellen durch den gemütlichen getäfelten Raum wallen läßt. Auf dem weiß-blau gemusterten Tischtuch steht auch schon das gleichfarbige Teegeschirr. Und nicht weit von der Ofentür liegen die fichtenen Scheite sowie das Anfeuerholz bereit. Für diese Aufgabe bringe ich immer aus den fernen westlichen Waldbergen ein Bündel Kienholz mit, harzspeckdurchtränkte Sprießel aus dem Holz der von einem Pilz, dem Kienzopf, befallenen Kiefern, von meinem dortigen Hausmeister und Hausfaktotum Jakob Kustes ausgewählt, vorbereitet und gebündelt, das Beste und Verläßlichste, was es zum Zweck des Feuermachens gibt. Fauchend und rauchspuckend setzt es die aufgestellten Lagen des Brennholzes unfehlbar in kürzester Zeit in vollen Brand.

Frau Balbina, das beste Stück meines Freundes Albert, hat hier ja einige Tage zuvor, noch vor dem Schneefall, die notwendigsten Vorbereitungen getroffen.

So bleibt mir die beinahe feierliche Zeremonie, das unerläßliche Ritual der Ankunft, der Begrüßung, des Einstandes. Die Schweißhündin vom Riemen gelöst, Repetierer an seinen Holzzapfen, Rucksack, Umhang und Joppe an ihr Regal neben dem Bergstock. Als nächstes die heilige Flamme im breitbehäbigen dunkelgrünen Kachelofen entzündet, das Wasser vom nahen Brunnen geholt. Das Auspacken und Ordnen des Berggepäcks einschließlich des Behälters mit den Weinflaschen, dem Gold und Blut aus den Weinbergen am Ostrande des großen Waldgebirges.

Während ich meine Walkgamaschen und Bergschuhe ausziehe und gegen bequeme und praktische, der Örtlichkeit angepaßte Fußbekleidung, die man heute modisch als „Après-Schuhe“ bezeichnet, vertausche, summt und singt schon das Teewasser auf dem Spirituskocher in der Küche.

Dann bereite ich, nachdem zuvor noch die Schweißhündin ihre mitgebrachte Ration erhalten hat, unterm leisen und langsamen Erlöschen des

Tageslichtes die stärkende, gute, aber einfache Abendmahlzeit. Einfaches Leben braucht noch lange nicht primitiv zu sein, das Hüttenmenü sich nicht in Brot, Speck, Klarem und Holzhauerschmarren zu erschöpfen. Man kann auch hier und auf diesem Gebiet des menschlichen wie des jägerischen Lebens ein gewisses verfeinertes Stilgefühl entwickeln, wahren und pflegen. Übertriebene Freßkultur, ausgefallene lukullische Schlemmereien, ungesunde, aufreizende Extreme einer kranken Wohlstandsgesellschaft, einer zivilisatorischen Degeneration, passen ohnedies nicht in diese karge Landschaft, in diese erdverbundene Behausung.

Meine Frau, in der jagdlichen Sphäre und Atmosphäre geboren und groß geworden, daher reich an vorauszusetzenden Kenntnissen und voll des Verständnisses für diese einzelgängerischen Tage der Gamsbrunft, hat mich wie immer bestens und zweckmäßig versorgt. Was da neben dem üblichen unentbehrlichen Koch- und Küchenzubehör zum Vorschein kommt, reicht für diese Tage der Einschicht. Frau Balbina hat diesen Vorrat durch das hochbeliebte Allgäuer Nationalprodukt, ein Stück des unübertrefflichen, kleinlochigen, alle Segnungen der Höhen und ihres Pflanzenwuchses enthaltenden Bergkäses, ergänzt. Dazu werde ich eine der schlankhalsigen Flaschen entkorken.

Ehe ich mich an den Tisch setze und den aromatischen goldbraunen Sud aus südostasiatischen Teefeldern in die Tasse gieße, hat die Dämmerung die Räume gefüllt, Zeit also, die schmauchende Flamme der Petroleumlampe zu entzünden.

Das frugale Abendmenü ist beendet. Nachdem ich das Geschirr in die anliegende Küche getragen habe, bleibt nur eine kostbare Dreifalt auf dem herbgewebten Tischtuch. Die wohletikettierte braune Flasche, nicht „Pulle“ – dieser gewöhnliche Ausdruck mag für das Massendestillat des Feuerwassers passen, dem Wert und der Würde des Weins, dieses edlen, gottgeschenkten Gewächses, wird er nicht gerecht –, daneben das blitzende Glas mit dem goldklaren Saft der Reben. Ich habe mir zum Einstand einen „Riesling Spätlese“ des berühmten Jahrganges 1953 ausgewählt.

Auch unsere österreichischen Freunde können sich mit den erlesenen Produkten ihrer bekannten Weinlagen im Burgenland an der pannonischen Pforte, im Wiener Raum, in der Steiermark, in der Wachau manchen Hüttenabend festlich verschönern.

Schließlich als unerläßliches Zubehör meines Berggepäcks: ein Buch, diesmal ein schmaler Band über Beethoven.

Ab und zu stehe ich in einer Lesepause auf und gehe in der wohlig durchwärmten Stube auf und ab, lausche auf die geliebten Stimmen der Stille, horche hinab in die eigenen Tiefen. Und der musikalische Mensch – auch ein Jäger kann ein solcher sein –, der spinnt seine feinen Fäden zwischen Buchstaben und Noten, zwischen Ton und Stimmung:

Das anheimelnde Brummen des Ofenfeuers, das Knistern der Scheite, das Knacken des Gebälks und des Holzgetäfels, das leise Ächzen der Dielen unter meinem Schritt, der tickende Pendelschlag der Uhr. Von draußen – aus der angebrochenen Frühwinternacht – der aufpolternde Anstoß des kalten Bergwindes an den Fensterscheiben, das rappelnde Pochen an den Läden, der winselnde, heulende Fauch im Kamin. Gedanken werden, wachsen, wandern. Geister leben auf, bleiben und tauchen wieder hinab in die Ewigkeit.

Da fällt die Antwort auf die unwillkürliche Frage nicht schwer, welches Thema aus einem der unsterblichen Werke des Titanen wohl dieser Stunde und Stimmung am besten angepaßt sein mochte. Da klingt es schon im inneren Ohr auf, der zweite Satz aus dem c-Moll-Klaviertrio, das mit mehr Berechtigung die Bezeichnung „Geistertrio“ verdient als das in das helle, strahlende D-Dur-Gewand gekleidete. Die jahreszeitlich gedämpfte Moll-Tonart, das bald dunkel, warm aufsummende, bald klagende, seufzende Cello, das verhalten klopfende, dumpf murmelnde, dann wieder silbern aufbrechende Klavier, darüber die feinziselierte führende Stimme der Violine... schließlich nach all den eigenwilligen Einzelgängen die Vereinigung zum harmonisch zusammenklingenden Finale. Töne werden zu Wesen, erhalten Gesicht und Gestalt, kommen und gehen. Schatten und Schemen schweben schwerelos daher und schwinden dahin.

Glücklicher Jäger, der die Werke der Großen in solch geheimnisvoller Fülle, in solch ungestörter Stille abseits vom Lärm der Straßen, fern vom hysterischen Geschrei des Pöbels, in so feierlicher Ruhe, in solch gefilterter Reinheit nachkostend genießen kann! „Glückselige Einsamkeit!“

Weißer November

,,Komm, Senta! Anlegen! Auf geht's!"

Im nächsten Augenblick sitzt die Schweißhündin freudig wedelnd vor mir und läßt sich die Halsung überstreifen.

Blick in die Runde. Der gestrige diesige Dunst hat sich gelichtet. Nur ganz leicht verschleiert stehen die eingewinterten Hochberge unter dünner Wolkendecke. Mir ist, als könnte die Sonne heute noch durchbrechen.

Als erstes, wie immer, der Gruß an die schöne alte Heimat. Und ein solcher hinübergewinkt zum hochgeschätzten österreichischen Nachbarland.

Den jägerischen Plan für diesen Tag habe ich mir schon am Abend zuvor zurechtgelegt, beim bedächtigen Schlürfen des im Lampenlicht funkelnden, goldklaren Weines.

Längst ist heller Tag. Ich habe mir beim kräftigenden Frühstück Zeit gelassen. In anständig bejagten, nicht zu stark beunruhigten Revieren ist der Gams immer noch ein Tagwild geblieben. In der Brunft rührt sich da von morgens bis abends immer etwas.

Als ich dann in Schlangenlinien durch den knapp knöchelhohen Schnee der Roßbergalpe emporsteige, das kleine, im Ebenen liegende Relikt aus der Eiszeit, das ,,Roßbergmöösle", erreiche und eben einen lichten Schopf tiefbeasteter Rottannen durchqueren will, da muß ich mich eilig hinter eine buschige, verbissene Weidefichte drücken. Von hier fällt der Alpboden in einer flachen Mulde mäßig steil nach Osten, zu den noch vor dreißig Jahren bewohnten Murmeltierbauten und zum Ansatz des ungebärdigen Giggeltobelbaches, ab. Durch diese Wanne, offensichtlich von den Wänden und Wechseln, den Gehren und Geröllreißen des ,,Föllenkopfes" kommend, steigt ein einzelner Gams herauf, der schon beim ersten Anblick meine Herztätigkeit zu steigern vermag. Bock... Das konnte man auf die kurze Entfernung von etwa hundert Schritt auch ohne Glas sofort erkennen. Was aber das scharfe Hensoldt dann genau offenbart, das verstärkt den ersten Eindruck.

Was da zwischen den spitzen Lauschern und über den scharf abgesetzten Zügeln emporwächst, das ist schon eine rupricaprische Rarität. Das ist eine sakrische Krucke, hoch, weit ausgelegt. Klar und deutlich, eindrucksvoll, fast berauschend für das Auge eines Bergjägers, heben sich die starken Schläuche vom weißen Hintergrund der Schneedecke ab. Sie zählen zwar noch nicht zu den Spitzen aus den transsilvanischen Revieren oder aus der sagenumwobenen Heimat der Rojenitza an den Hängen des Triglav, aber sie können sich im ganzen zentralen Hochgebirgsraum sehen lassen. Sie gehören zur obersten Rangstufe des gamsböckischen Allgäuer Adels. An den heimischen Wänden hängen, wenn ich es im Kopf schnell überschlage, nicht mehr als drei, vier Krucken dieses Grades. Nur der alte, unvergessene Oberjäger Speiser in Oberstdorf hat noch bessere erbeutet, von denen eine auf dem Umschlagbild seiner „Erinnerungen" festgehalten ist.

Aber eines weist die unbestechliche und gleichzeitig ernüchternde Optik untrüglich aus. Was sich da aus dem Quellgebiet des unberechenbaren Giggeltobelbaches entwickelt, das ist noch nicht reif für eine sorgfältig ausgewählte Kugel im Rahmen vorausplanender Hege. Das noch verhältnismäßig schlanke Gebäude, der noch nicht ausgeprägte Träger, die ganze „Postur", auch die farblich scharf abgesetzten Zügel sprechen dagegen, obzwar gerade da individuelle Einflüsse mitwirken können. Gerade hier ist der Jäger allzuleicht Täuschungen unterworfen. Ich werde noch ein schlagendes Beispiel anführen. Ist es beim Menschen denn anders? Manche sind mit vierzig Jahren schneeweiß, andere mit siebzig noch nicht grau.

Besonders auffallend ist der schwach ausgebildete Zopf des Pinsels, der verläßlichste Altersmaßstab. Der in östlichen Windstößen immer wieder aufgewirbelte Bart scheint auch noch nicht überwältigend zu sein. Ein Bock auf der Anfangsstufe der Mittelklasse: Fünf Jahre gebe ich ihm, mehr nicht. Es ist ja jedem Jäger, der auch nur eine Ahnung vom Gamswild hat, bekannt, daß das entscheidende Hauptwachstum der Krucke bis zu deren Schluß um den 54. Lebensmonat herum beendet ist. Was sie dann noch zulegt, ist jährlicher Millimeterschub.

Die junge Wissenschaft der Wildbiologie hat sich mit professoraler Dogmatik und mit verallgemeinernder, daher auch nur teilweise berechtigter Kritik auch der Hege und Bejagung des Gamswildes in ihrer bisherigen Art und Weise angenommen. Hilfsdienste zur Erleichterung des Ansprechens in der Natur durch Herausarbeitung neuer oder Präzisierung bisher schon bekannter Merkmale als brauchbare Anhaltspunkte für die Altersschätzung am lebenden Stück hat sie nicht geliefert. In der freien Wildbahn muß sich der Praktiker nach wie vor an die Ergebnisse der eigenen Beobachtung wie der anderer gewiefter Jäger, an die selbstgewonnenen Erfahrungen und an die Beschreibungen und Leitlinien der bisherigen bewährten Literatur halten. Mit dem neu entdeckten „Keulenfleck" ist, besonders beim männlichen Gamswild, nicht viel anzufangen.

Bei der Auswahl der zum Abschuß bestimmten Stücke wird auch weiterhin der von Erfahrung und Instinkt gesteuerte Blick des Jägers wichtiger sein als die papierene Weisheit der Wildbiologie. Manchmal helfen einem mit der Natur verwachsenen und mit dem Wild vertrauten Jäger beim Ansprechen noch jene unwägbaren, unfaßbaren angeborenen Kräfte, die man in anderen menschlichen Bereichen als Eingebung, als Intuition bezeichnet.

Biologie hin, Ökologie her, in diesem Augenblick brauche ich keinen noch so gescheiten Theoretiker, um eine gültige Entscheidung zu treffen. Nein! Da müßte ich mich schämen, sooft ich diese Krucke an der Wand sähe oder sie gar in die Hand nähme. Auch den beiden Jägern gegenüber wäre solch schlechtes Beispiel nicht zu rechtfertigen. Noch mindestens fünf, besser noch mehr Jahre, dann trüge dieser ausgesprochene „Zukunftsbock" eine ausgereifte Krucke, wie sie daheim über den Stangen eines braven Hirsches aus den hiesigen Waldbergen hängt.

Das liebende Gefallen an einer starken Gamskrucke ist noch lange kein Trophäenkult. Wir sind schon wieder dabei, unter Ablehnung des Trophäenwertes ins andere Extrem zu verfallen und die Jagd zu einer ausschließlich nach körperlichen Merkmalen ausgerichteten und darnach auswählenden banalen Wildtierzucht zu degradieren. Jagd ist doch weit mehr, wenn sie ihren Gehalt, ihren Sinn und Rang bewahren will, als ein wildbiologisches Versuchsfeld. Wir müssen den goldenen Mittelweg finden und einhalten!

Zitternd vor Aufregung, verfolgt meine Schweißhündin den nahen gamsböckischen Auftritt. Immer wieder äugt sie erwartungsvoll zu mir auf, ob ich denn nicht endlich den Donnerkeil gegen den Schwarzen schleudere. Beruhigend fahre ich ihr über das Seidenhaar des edel geschnittenen Kopfes.

„Nichts für uns, Senta! Du kommst schon noch zu deiner Freude!"

Zügig, immer wieder kurz verhoffend, steigt das begnadigte Wild an uns vorbei zum schrofigen Alpwald des „Klüseschlägle" hinauf und verschwindet darin.

Ich sah den Bock übrigens in diesem Ostteil des Reviers und in der näheren Umgebung nicht wieder. Als ich aber im Frühsommer des nächsten Jahres auf einen starken, heimlichen, schwer zu bejagenden Rehbock im Westen des Grüntengebietes zwischen den düsteren Trutzwänden des geheimnisumwitterten „Schattenschwands" und der dachsteilen Wildnis des unzugänglichen „Siechenkopfs" – der Name sagt genug – ansaß, überquerte ein Gamsbock, leise steinelnd, eine Geröllreiße. Er konnte es wohl gewesen sein, ja mit einer an Sicherheit grenzenden Wahrscheinlichkeit möchte ich sagen, daß er es war. Alles paßte. Und solche Krucken waren rar. In der Brunft des gleichen Jahres stand er ein paar Büchsenschüsse tiefer an dem „Eck", dem scharfgratigen Ansatz des nach Westen ins Illertal vorspringenden Querriegels, des „Weinberges". Der Name hat weinhistorische Bedeutung.

Von da an sah ich ihn nie wieder. Es ist erwiesen, daß Gams, Böcke und alte Böcke zumal, weite Wanderungen unternehmen. Damit muß man rechnen, muß den Schießfinger, der solchem Verlust vorgreifen will, im Zügel halten!

Natürlich hätte ich mich jetzt hier oder an einem anderen Platz mit Aussicht auf Anblick oder gar Beute zu indianerstarrem Hocken, zu stundenlangem Vorpaß ansetzen können, um schließlich trotz zweckmäßiger Kleidung durchgefroren zur warmen Behaglichkeit der Hütte zurückstreben zu müssen. In den vielen kleinen Jagdbezirken von heute ist das zwangsläufig fast die einzig mögliche Art der Gamsjagd. Aber in diesem großen, einen ganzen Bergstock mit all seinen Expositionen und damit wechselnden Wildeinständen umfassenden Revier hatte man ganz andere Möglichkeiten.

So beabsichtige ich, nach bedächtiger, immer wieder von mehr oder minder langen, nicht allein jagdlich bestimmten Pausen unterbrochener Steh- und Sitzpirsch durch mehrere beliebte Gamsbrunftplätze meine Mittagsmahlzeit im zentralen „Zwiefelgehren" einzunehmen, vielleicht an der geschützten Südseite des dortigen Hochlegers oder auf einem der das weite Kar rippenartig aufteilenden Rücken. Wenn man einen solch ausgedehnten kombinierten Pirschgang richtig macht, hat er keine nennenswerte Beunruhigung des Gamswildes zur Folge. Ich darf heute mindestens mit gutem Anblick rechnen.

Man sagt wohl, die Pirsch sei die Königin der Jagdarten. Hier stimmt es. Aber man kann ihr diese Stellung nicht überall einräumen. Es gibt Örtlichkeiten, an denen sie völlig fehl am Platz ist.

„Weiter also, Senta, weiter!" Der ganze weiße Novembertag liegt noch vor uns. Als ich den steilen, kaminartigen Paß durch die auslaufenden Roßkopfwände, Zwangswechsel für Wild und Mensch, hinter mich bringe, den anschließenden schütteren, grabendurchzogenen Hochlagenwaldstreifen durchquere und das Alpgelände der auf der Ostseite zur Grüntenspitze emporlaufenden Steilmulde, das „Sparwännele", erreicht habe, steht dort auf bequemer Schußweite ein einzelner Gams. Das Ansprechen war nicht schwer, das Ergebnis eindeutig. Ein fünf-, sechsjähriger, nach jägerischem Ermessen nicht älterer gamsböckischer Normalbürger mit entsprechender

Krucke. Mit dem halte ich mich nicht länger auf. Daß ich dieses Tabu zwangsläufig noch ändern werde müssen, wird der Leser noch erfahren.

Ich will ihn nicht zur Flucht veranlassen. Ich ziehe mich daher zunächst in die Deckung tief beasteter Alpfichten zurück und steige dann auf ausholendem Umweg in gemessener Entfernung von ihm, laut mit meiner Hündin sprechend, auf dem Serpentinenpfad durch die Freifläche hinauf. Das bewährt sich immer. Der Gams äugt wohl zu mir her, bleibt aber sichtlich beruhigt an seinem Platz.

Kaum aber habe ich das obere Drittel des sich dreieckförmig nach dem Ostgipfel zuspitzenden „Sparwännele" erreicht, muß ich mich raschestens hinter eine Geländewelle drücken. Über die Schneid im Süden, vom „Zwiefelgehren" herüber, wechselt ein Rudel, 10, 12, 15 Gams, ziemlich eilig zu den kaum oder doch nur schwer bejagbaren Hochlagen auf der Nordseite des Berges. Als letzter kommt ein im Wildbret sehr starker Bock mit auffallend dachsiger, von hellen Partien durchsetzter Decke, wie ich sie hier des öfteren beobachten konnte. Nach Figur, Postur und Pinsel scheint es mir ein vollreifer, jagdbarer Bock mit hoher, aber nicht umwerfender Krucke zu sein. Ich bin noch vorsichtiger geworden, seitdem ich aus trügerischem Wahn und Wunsch heraus im Vorjahr einen falschen geschossen hatte. Kein Jäger, auch nicht der erfahrenste, bilde sich ein, unfehlbar zu sein! Selbst die Halbgötter unserer technisierten Welt, die Computer, können Fehler machen.

Ich zögere also lange. Als ich mich zum Schuß entschließe, ist es zu spät. Das ganze Rudel ist im unzugänglichen Bergteil verschwunden.

Ich sah den Bock in der nächsten Woche nochmal, als er von den Steilhängen der „Wagneritzer Hoibat" (= Heuwachs) oberhalb der Klaftertürme der „Schäferwände" zum Jägerdenkmal heraufstieg, in dessen Windschatten ich mich zu mittäglicher Pause niedergelassen hatte. Fast auf Schrotschußweite unter mir setzte er sich wie ein Hund auf die Keulen. Ich konnte ihn mit dem siebenfachen Hensoldt genau mustern, ja geradezu studieren. Vor der Kugel war er sicher. Die im Abschußplan freigegebenen Böcke waren erlegt. Mir wäre kein Fehler unterlaufen, wenn ich ihn beim ersten Zusammentreffen gestreckt hätte.

Mit zunehmender Erfahrung kam ich immer mehr zu der Überzeugung, daß die variierende Deckenfarbe von Eigentümlichkeiten des örtlichen Bestandes geprägt wird, außerdem noch einer weitgehend individuellen Eigenschaft entspringt. Lediglich die Brauntönung konnte ich bei älteren Böcken immer wieder übereinstimmend beobachten.

Das Wetter hat sich inzwischen rasch und gründlich geändert. Der hochnebelartige Wolkenschleier hat sich schnell verdünnt, gelichtet und schließlich ganz aufgelöst. Der Wind hat sich auf Süd und Südost gedreht. Eine Föhnlage scheint sich anzukündigen. Es ist warm geworden. Darum hat sich das Gamsrudel wohl auf die Schattseite überstellt. Tropfenfall schmelzenden Schnees von Busch und Baum.

In makelloser Weißbläue liegt die scharfgeschnittene Alpenmauer vom schweizerischen Säntis bis zum sagenumwobenen Untersberg und dem ostfernen Klotz des Watzmanns unterm flachen Bogen der Novembersonne, erstarrt in dem eben übergeworfenen Winterkleid.

Ich habe die Höhe erklommen und schreite nun auf dem schmalen, felsigen Grat dem sinn- und stilvollen Jägerdenkmal auf dem Gipfel zu. Daran aber komme ich nie vorbei. Hier muß ich mich für die Dauer eines „Weihrauchbrandes“ zu genußvoller Umschau niederlassen.

Der Grünten bietet als vorgeschobener Bergstock, daher ja auch „Wächter des Allgäus“ genannt, eine überwältigende Aussicht auf den Zug des Hochgebirges von den Gipfeln der stammesverwandten Schweiz bis zur bayerischen Ostgrenze.

„Es grüßen Gipfel fern und nah,
Stehn hell und wunderheilig da.
Man schaut so weit, es ist so still,
Was just fast jedes Herze will.“

Scanzonis entzückende Verse sind zwar der Zeit gewidmet, da das Rodeln des Kleinen Hahns über die „schneegefleckten Bergeshöhen“ rollt. Aber man kann sie vollgültig auch auf diesen spätherbstlichen Sonnentag übertragen. Wie arm, wie armselig wären auch wir Jäger, wenn wir diesen dichterischen Anruf nicht mehr zu empfangen und zu empfinden in der Lage wären!

Dann aber löse ich, mich umwendend, den Blick von den vertrauten Gestalten der Hochberge, lasse ihn von Nordwest über Norden nach Osten schweifen: zum blauspiegelnden Auge des Bodensees! Weitab, gegen die Schwaben zu, hinter dem sich saftgrün unter mir ausbreitenden Voralpen- und dem anschließenden Flachland der sich immer deutlicher aus morgendlichem Schönwetterdunst herausschälende Riegel der Alb, gegen Sonnenaufgang zu die sich bis zur bayerischen Metropole staffelnden Höhenzüge der Moränenlandschaft und der schwäbisch-bayerischen Hochebene.

Auf dieser Rundreise finde ich zwei Haltepunkte, die eng mit meinem

Lebensgange verbunden sind, zwei der dankbaren Erinnerung würdige Stationen. Auch das unbewaffnete Auge sieht sogar klar und deutlich das damals noch geschlossene Stadtbild der Allgäuer Zentrale Kempten, das alte römische Cambodunum, eingebettet in die frischgrüne Weidelandschaft mit der historisch bedingten Einzelhofsiedlung zwischen dunklen Fichtenwaldungen und hellen Wiesengründen. Die unterstützende Optik konnte ihre herausragenden Wahrzeichen ausmachen, die Zwillingskuppeln der alten Benediktinerkirche von Sankt Lorenz, den aus der tiefliegenden Altstadt aufragenden Spitzturm von Sankt Mang und das hochgelegene weißleuchtende Gebäude der neuen Kapuzinerkirche von Sankt Anton. Es ist nicht nur die in wachsenden Jahren verklärte Rückblendung auf tiefe menschliche Beziehung und Bindung, die ihre Lichter auch jetzt noch aufleuchten läßt, es ist auch das drängende Gefühl einer Dankesschuld gegenüber der Zeit, da mir an einer Lehranstalt, die mit Recht den Namen ,,Humanistisches Gymnasium" führte, der Grundstock einer tiefgreifenden, bleibenden, durch keine materiellen Scheinwerte ersetzbaren Bildung vermittelt wurde, deren Feingehalt man erst von dem Zeitpunkt an zu erkennen, zu ermessen vermag, an dem der junge Mensch zur Persönlichkeit wird.

Seitdem empfand ich den Besitz dieses, uns Jungen mit Verständnis und Verantwortung vermittelten, gewiß nicht ohne Fleiß und innere Beteiligung erworbenen, sorglich behüteten und gepflegten idealen Gutes oft und immer wieder wohltuend, gerade gegenüber dem einseitigen Spezialistentum, zu dem die heutige Generation in einem unüberschaubaren, fast chaotisch anmutenden Schulsystem herangezogen und herangezüchtet wird. Eine alle Erhebungen abtragende, mörderisch nivellierende, gleichmachende pluralistische Gesellschaft kann diese Werte auch mit noch so lautem ideologischem Geschrei, letztlich aber leerem Geschwätz und billigen ,,progressiven" Marktparolen, nicht ersetzen. Nur Dummheit und Neid können versuchen, an ihnen zu mäkeln.

Auch ein Buch, das in seiner Grundhaltung, in seinen Titeln und Themen zwar im jagdlichen Boden ruht, ihm entsprießt, das sich aber bewußt bemüht, einen weiteren Umgriff um dieses Gebiet zu ziehen und so außer dem Jäger auch andere Leser anzusprechen, sie für die der Jagd verbundenen und verwandten Fragen und Probleme zu erwärmen, braucht sich vor solcher Einlage nicht zu scheuen. Zustimmendes Echo aus der Lesergemeinde bestärkt mich darin. Sie ist ja schließlich ein Bekenntnis des Autors und zeigt seine bestimmenden Ursprünge besser, als es der Klappentext eines Buches vermag.

Ebenso lange, ja länger noch, verweilt mein inzwischen nach Osten gewanderter Blick und die anschließende Rückschau auf dem Höhenrücken eines von Süden nach Norden streichenden Moränenzuges vor dem Taleinschnitt des aus den Allgäuer Alpen kommenden Wertachflusses. Und damit beginnt sich unwillkürlich ein inhaltsreicher, freundlicher Bildband über ein wohlgeratenes Stück des eigenen Lebenslaufes zu öffnen.

Mit dem scharf abzeichnenden Glas kann man sogar das Fichtendunkel und Buchenrostrot des langgestreckten Staatswaldes, das Herz der Staatsjagd, den „Eichwald" vor dem spitzen Kirchturm des nahen kleinen Bauernweilers Kleinkemnath, heranholen. Dahinter senken sich die Hügelketten des Alpenvorlandes zum Wertachtal mit der vom Turm des Münsters von Sankt Martin überragten, altehrwürdigen, mauerumgürteten Stadt Kaufbeuren, dem römischen Buronia, ab.

Wohl war es nicht meine unmittelbare Heimat der Allgäuer Hochberge im oberen Illertal, doch oft starrte ich mit den brennenden Augen des Heimwehs von der zur Staatsjagd gehörenden Kemnather Höhe nach Westen zur doppelschultrigen Gestalt des Grünten, zum menschlichen und jagdlichen Jugendparadies hinüber, sehnsüchtig, wie der aus dem Garten Eden Vertriebene auf seine glücklichen Anfänge zurückblickt. Vielleicht so ähnlich, wie der Primus Koschutnik in Gagerns „Straße" von den Kuppen der krainischen, balkannahen Uskoken die fernblauen Planinen im tränenden Auge hatte.

Aber sonst bestand für mich kein Anlaß, die dienstliche Versetzung auf diese meine erste forstliche Planstelle beim Forstamt Kaufbeuren zu bedauern. Im persönlichen wie im beruflichen, im jagdlichen Bereich waren es sechs gute, schöne, interessante Jahre der menschlichen und jägerischen Reife, in denen es galt, zu lernen, Erfahrungen zu sammeln, aber auch nachhaltige wertvolle Erinnerungen zu speichern, zumal sich damals ein Stück Jagdgeschichte abspielte. Es war die Zeit, da das epochemachende, auch heute noch entscheidend nachwirkende, sogar in seinen Grundelementen bestimmende Reichsjagdgesetz seinen Einstand feierte.

Ich hatte großes Glück. Der dortige Amtsvorstand, der alte, kantige Oberforstmeister Schantz, ein Forstmann von hohen Graden mit einem scharfen, jedem versierten Juristen Ehre machenden Verstand und klaren Urteil, gewiß kein bequemer, aber ein verläßlicher Mann von starkem Rückgrat „nach oben", tastete mich zunächst gründlich ab. Schon sehr bald gab er mir Gelegenheit, mich entfalten zu können. Er, dem ich bis zu meinem Lebensende ein dankbares Gedenken bewahren werde, ließ mich, nachdem ich sein Vertrauen erworben hatte, auf dem jagdlichen Sektor ohne Einmischung seinerseits schalten und walten.

Diese günstigen persönlichen und dienstlichen Umstände fielen zusammen mit dem umfassenden Erdrutsch auf dem ganzen jagdlichen Gebiet. Die Staatswaldungen des Forstamtes waren in vielen, oft kleinen Einheiten über den ganzen Verwaltungsbereich zerstreut. Gewiß kein vorbildlicher Zustand, weder forstlich noch jagdlich. Gerade hier in diesen weiten wasgischen Waldbergen mit hohem, im Zentralgebiet fast ausschließlichem ärarischen Besitzanteil lernte ich die Vorzüge großer, geschlossener Staatsforstämter besonders deutlich erkennen und schätzen.

Von dem im ganzen Forstamtsbezirk Kaufbeuren verstreuten Splitterbesitz waren drei nahe beieinander liegende Distrikte ausersehen, günstigere jagdliche Verhältnisse zu schaffen. Schon vor dem Inkrafttreten des Reichsjagdgesetzes wurde durch eine vertragliche Vereinbarung zwischen der Staatsforstverwaltung und den beteiligten anliegenden Gemeinden dem von der Stadt Kaufbeuren nur ein paar Kilometer entfernten Staatswalddistrikt „Eichwald" eine verbesserte jagdliche Gestaltung gegeben.

Welch freundliches, liebenswertes, auch architektonisch ansprechendes und bedeutsames Bild bot doch damals noch diese alte, ehrwürdige Kleinstadt! Man meinte geradezu Meister Hans Sachs durch die altertümlichen Straßen und Gassen gehen zu sehen.

Die damalige jagdpolitische Lage, die Einführung des Reichsjagdgesetzes mit seinen weitgehenden Möglichkeiten, erleichtert durch besonders günstige örtliche Voraussetzungen, gestatteten es, die Staatsjagd in großzügiger Weise unter Schaffung klarer, übersichtlicher Grenzzüge noch weiter abzurunden und in geradezu idealer Weise zu vervollkommnen, dies im allseitigen Einvernehmen ohne allen amtlichen Zwang, zum anerkannten Nutzen des Jagdbetriebes und zur Zufriedenheit aller Beteiligten.

Es ist zutiefst zu bedauern, daß diese jagdlichen Revierbereinigungen, soweit sie sachlich und jagdlich begründet und berechtigt waren, nach dem Zweiten Weltkrieg ohne zwingende Gründe aufgehoben wurden und der alte, unbefriedigende Zustand wiederhergestellt wurde. Dabei sieht auch das Bundesjagdgesetz die Möglichkeit der Abrundung vor.

Gestützt auf das Vertrauen der dortigen Jägerschaft, wurde ich auf deren Vorschlag hin zum Kreisjägermeister des Kreises Kaufbeuren bestellt.

Die Jahre meiner Tätigkeit in Kaufbeuren waren für mich ebenso interessante wie voll beanspruchende, aber lohnende fortgeschrittene jagdliche Lehrjahre. Ich konnte wichtige bleibende und überzeugende Erfahrungen beim Wiederaufbau eines bis auf kümmerliche Reste zusammengeschossenen Rehbestandes zu zahlenmäßig voll, gütemäßig einigermaßen befriedigender Höhe sammeln, ohne daß bei steigender Wilddichte die heute so beklagten Verbißschäden eintraten. Auch bei den Versuchen einer möglichst naturgemäßen, bei dem dortigen rauhen Klima unerläßlichen Winterfütterung konnte ich wertvolle Einblicke gewinnen. Der Jäger von heute erwartet vom Rehwild hinsichtlich der Stärke der Geweihe vielfach eine Ernte, die eine uniforme Kulturlandschaft einfach nicht geben kann. Daher die Enttäuschung, die laute Debatte!

Wenn noch dazu immer wieder Stimmen laut werden, das Rehwild aus der Abschußplanung herauszunehmen, seine Behandlung und die Regulierung des Bestandes dem Ermessen des Jagdausübungsberechtigten zu überlassen, so kann ich in diesem fatalen und in seinen Folgen unabsehbaren Experiment nur einen gefährlichen Rückschritt sehen und gerade aufgrund meiner damaligen Einblicke nur dringend warnen.

Weiter möchte ich mich mit dem „Problemwild" Reh in diesem Werke nicht beschäftigen. Es wird genug darüber geredet und geschrieben.

Diese meine Erfahrungen, Beobachtungen und Erkenntnisse in der schönen Staatsjagd wurden vertieft durch die Einblicke, die ich in amtlicher Eigenschaft in vielen anderen Rehrevieren erhielt. Gültige Schlüsse kann man schließlich nur aus der großen Zusammenschau ziehen, nicht aus einem einzelnen Revier.

Gerade meine Tätigkeit als Kreisjägermeister war eine hervorragende Vorschule zu der Aufgabe, die mich hier in dieser westrheinischen Landschaft erwartete, der Jagd 23 Jahre als Sachverständiger der unteren Jagdbehörde zu dienen.

Das Rauchkraut meines Tabaks ist zu grauweißer Asche verglüht. Zeit, die so freundliche Rückschau abzubrechen und den Blick wieder den näherliegenden jägerischen Zielen zuzuwenden. „Auf, Senta! Die Frist ist um. Wir müssen weiter, hinab in den räumigen steilen ‚Zwiefelgehren', in dem gestern beim Anstieg so starker Gamsbetrieb herrschte. Sicher erwarten uns dort, wenn nicht schon vorher, verschiedene Überraschungen!"

Und sie blieben tatsächlich nicht aus. Auf dem beiderseits von Fichten aller Altersklassen flankierten Rücken des südlichen Grüntenflügels steige ich über das von den Kleinen Hahnen als Balzplatz bevorzugte „Windeck" auf rauhem, engschlaufigem Pfad durch den lichten, von Steinrasseln durchsetzten Alpwald in der Fortsetzung der scharfschmal aufragenden „Stuhlwand" zum „Plätt" hinab, dem obersten Stück der Schwandalpe. Schon sehe ich durch das dunkle Grün der tiefbeasteten Bergfichten die herbstlich fahle, schon schneefreie Grasnarbe scheinen. Da rappelt es direkt unter mir im schrofigen Wald. Über den Jägersteig und eine anschließende Steintrümmerlichtung flüchtet ohne besondere Eile, immer wieder Standerln einlegend, ein Gams, Kitz folgt, noch eine starke, langkruckige, pechschwarze Geiß, Kitz, Jährling, Zweijähriger, noch eine Kitzgeiß mit Anhang... dahinter ein starker, etwas dunkelbrauner, fast schwarzer Gams, Bock... Da gehört nicht viel dazu, dies zu erkennen. Hohe, eng gestellte Krucke. Auf die kurze Entfernung eines Schrotschusses ließ sich das auch bei brandeiligem Ablauf registrieren. Bei dem brauchte ich nicht zu zögern! Er kommt mir bekannt vor, ja sehr bekannt. Es ist wohl jener, der mich beim Anstieg auf der „Riese“ in bedrängte Versuchung geführt hat!

Aber ehe ich mich zum Handeln entschließen kann, ist das kleine Rudel samt Bock in dem die „Stuhlwand“ beiderseits säumenden Hochlagenwald verschwunden. Den will ich mir merken! Ihm zuliebe würde ich wieder heraufsteigen, wenn nicht vorher zwei andere Vertreter seines Stammes und Standes meiner Kugel verfielen.

Da der Hauptschmuck, die Trophäe – oder wie immer man es nennen will, im Rahmen der jägerischen Einstellung und Betrachtung eine bedeutende und gewichtige Rolle spielt, ist es ebenso verständlich wie berechtigt, wenn der Kenner in seiner Wertung auch ästhetische Maßstäbe an ihre äußeren Merkmale, ihr Erscheinungsbild anlegt. So auch – und gerade – bei der schlichten Gamskrucke! Bietet nicht für das Jägerauge eine solche von beachtlicher, überdurchschnittlicher Höhe, Länge und Stärke, mit guter Hakelung und weitausgelegtem, elegantem Schwung einen eindrucksvolleren, „schöneren“, eben einen ästhetischeren Anblick als eine andere geringerer Qualität und Quantität. Und so ist es wohl auch berechtigt, bei der Erstellung der Abschußregeln und der Abschußauswahl diese und ähnliche Erwägungen zu berücksichtigen, solchen Idealtyp anzustreben. Nach den Gesetzen des Widerstandes und der Fallgeschwindigkeit muß man ohnehin bei so schwierig zu erreichenden und ferngesteckten Zielen über das Schwarze halten, um einen Kerntreffer zu erzielen. Die Wildbiologie hat, wie ich schon im letzten Kapitel kurz andeutete, noch keinen Beweis für die von ihr behauptete Erfolglosigkeit solch hegerischer Bemühungen geliefert. Die Tatsache, daß immer wieder, da und dort, außergewöhnlich starke Gamskrukken erbeutet werden, gibt den Jägern recht. Man sollte auch auf diesem Gebiete den goldenen Mittelweg einhalten, sollte Wildbretgewicht *und* Trophäe in die Überlegungen einbeziehen. Auch beim Rotwild!

Während ich steingrusknirschend langsam zum Hochleger, der Zwiefelgehrenhütte, hinabsteige, mache ich noch eine für meine weitere jägerische Planung wichtige Beobachtung.

Die sich unter mir ausbreitende Schwandalpe steigt im Westen über eine breite Mulde zu den beiden treppenartigen, felstrümmerübersäten Absätzen der „Unteren" und der „Oberen Lache" am Südflügel des Gebirgsstockes an.

Und eben dort steht äsend oder sitzt nachdrückend ein Gamsrudel von etwa 12 bis 15 Stück in mittäglicher Ruhe. Bock erkenne ich keinen. Wahrscheinlich ist einer dabei, der sich auf überhöhtem Platz niedergelassen hat. Jetzt, um diese Tageszeit, besonders bei der aufkommenden Wärme, rührt sich sowieso nichts.

Während ich nun die einzelnen sichtbaren Gams mit dem Glas überprüfe, entdecke ich abseits des Rudels eine einzelne hochkruckige, sich von den pechschwarzen Kitzgeißen durch hellbräunliche bis fahlgelbe Haarfarbe abhebende Geiß. Kitz sehe ich keines bei ihr, auch nicht in ihrer Nähe. Mehr kann ich nicht feststellen. Schließlich lassen sich alle Gams zur obligaten Mittagssiesta nieder. Diese Geiß, die will ich auch im Auge behalten und für die notwendige Nachlese vormerken. Es ist ein ganz großer Unterschied, ob man von einem erfahrenen Berufsjäger auf Gams geführt wird oder ob man als Einzeljäger selbst auswählen und eine verantwortungsvolle Entscheidung treffen muß.

So, da wären wir nun bei dem zusammengeduckten Hochleger, der Zwiefelgehrenhütte. An deren windgeschützter Südseite kann man sich zu behaglicher, wohlverdienter Mittagsrast niederlassen. Büchse und Bergstock an die Steinwand gelehnt, Rucksack abgelegt, Lodenmantel als Unterlage auf die Holzbank gebreitet, das verschwitzte Hemd gewechselt. Und dann, trocken und wohlig warm umhüllt, eine zweistündige Pause glückhaften Verweilens eingelegt.

Dem Bergsack, von den Österreichern auch Schnerfer genannt, wird alsbald stärkender Imbiß entnommen. Drunten im Illertal läuten die Glocken gerade die Mittagsstunde ein.

In der die Hütte umschließenden „Vorderen Wanne", der westlichen ersten muldenförmigen Einsenkung des „Zwiefelgehren", standen keine Gams. Das gestern beim Anstieg von unten, vom „Kreuzwirts Berg", aus beobachtete große Rudel mag sich auch in den östlich anschließenden Karteilen, der „Mittleren" oder der „Hinteren Wanne", aufhalten. Wir werden ja sehen!

„So, Senta, du kommst noch vor mir dran, kriegst jetzt deinen Anteil! Am Abend auf der Hütte folgt die Hauptmahlzeit."

Und dann der Herr. Zuerst einen Becher heißen, rumgetränkten Tees aus der Thermosflasche, auch bei großer Kälte den Blutkreislauf besser durchströmend und die Glieder nachhaltiger durchwärmend als das übliche, nur kurz wirkende Zielwasser. Aus dem weißen, rotgemusterten Säckchen das stärkende Mahl, ausgewählt aus dem von meiner Frau sachkundig für die Tage der Gamsbrunft zusammengestellten Proviant, einen Teil eines braunknusprig gebackenen, gefüllten, gut gefütterten Hähnchens aus dem eigenen Hühnerstall, von dessen Vorgängern schon zahlreiche Gebeine hier oben am Grünten bleichen, eine Schnitte kalten Bratwildbrets aus der kernigen Keule eines wohlgeratenen Frischlings, dazu ein Keil duftigen, unübertrefflich würzigen Kornbrotes aus der von uns geschätzten Bäckerei Zürn in Hinterweidenthal. Dazu einen sonnengereiften Apfel von den milden Gestaden des Bodensees, einer der heute im Massen- und Modebetrieb selten gewordenen aromatischen Sorte.

Nach Abschluß des Menüs der Duftrauch mazedonischen Krautes. Die Antinikotiner mögen mich nicht gleich steinigen! Man soll auch da nichts übertreiben! Dieser sparsame Genuß gehört zur sakralen Handlung, zum Ritual, dieser zart zerwölkende Blaurauch zum Zeremoniell nachdenklichen, den Untiefen der Sucht wie den Niederungen der Nüchternheit entrückten Jagens.

Schmelzwärme mittäglicher Novembersonne. Tropfenschlag vom Dach. Die Hochberge in feierlicher Hoheit unterm blauen Föhnhimmel. Und im inneren Ohr die anklingenden Schwingungen eines großen musikalischen Meisterwerkes. Ein trockener, unmusikalischer, amusischer Jäger mag über solches Empfinden vielleicht lächeln. Aber er weiß nicht, was ihm entgeht.

Der Sonnenbogen senkt sich von seinem Höhepunkt herab gegen Südwesten, gegen die benachbarten Vorarlberger Gipfel, gegen die Allgäuische Hörnerkette mit dem Hintergrund der Löwengestalt des Widdersteins und gegen den Scharfzahn des Hohen Ifens.

„Auf, meine Kleine! Nun wird es ernst!" So allmählich endete auch beim Gamswild die nach den turbulenten Vormittagsstunden eingelegte mittägliche Ruhe. Langsam steige ich zum Trenngrat der nächsten Einbuchtung, der „Mittleren Wanne", hinüber, der Einblick in diesen Hangteil gewährt, um mich sofort in Augenhöhe zurückzuziehen. Knapper Handwink zu meiner Schweißhündin, sich zu legen. Durch die von Schrofen gerippte Unterbrechung der Wandkulissen steigt gerade aus „Kreuzwirts Melk" ein sehr starker rabenschwarzer, leicht bräunlich überhauchter Gams in die „Mittlere Wanne" herein. Das Gelände des „Zwiefelgehren" beschrieb ich ausführlich in „Pirsch am Abend". Jeder Zusatz wäre eine unnötige Wiederholung. Immer wieder verhoffend, überquert jener die freie Almfläche in bester Schußentfernung. Glas ... Da gibt's gar keine Zweifel und Bedenken! Das ist der richtige. Dieses grobklotzige Gebäude, der gedrungene Träger. Und gar der lange, dicke Pinselzopf. Jagdbarer Bock! Die Krucke ging über das Normalmaß nicht hinaus, blieb in der Höhe eher darunter, etwas breit gespreizt, aber ohne Schwung auseinanderstrebend, dabei nicht übermäßig stark. Ihre Jahrringe weisen bestimmt das Alter der Reife auf. Einen Augenblick kommt mir der Gedanke, es könnte einer sein, hinter dem ich schon seit drei Jahren her war. Beschwören kann ich es jedoch nicht.

Rucksack auf den Weidebuckel vor mir, Loden darauf ... Repetierer ... lautlos den Sicherungsflügel gedreht, gestochen ... Noch ein paar Herzschläge, dann tippt der Finger ans leicht gestellte Züngel. Aber in diesem Augenblick, in dem das Punktabkommen des Fernrohrs den Todeskreis sucht, dreht der Bock, der bisher breit der Trennscheide zweier Wannen gefolgt ist, jäh nach Osten, zieht spitz von mir weg. Vielleicht hätte ich ihn anblädern und zur Rückwendung veranlassen können? Aber ehe ich diesen jägerischen Trick in die Tat umsetze, ist er in der Vertiefung der „Hinteren Wanne" verschwunden. Das ist noch nicht schlimm. Wenn ich schnell auf den nächsten Rücken eile, kann ich ihn noch abfangen, ehe er in den Wänden des „Roßkopfs" verschwindet.

Gesichert, entstochen ... da erstarren meine Hände fast in der Bewegung. Bei einem raschen Seitenblick nach unten, steil hinab gegen die langgezogenen Wandbänder, sehe ich etwas, was meinen Plan umwirft. Da steht auf bequemer Schußweite oberhalb des Wandgesimses noch ein dunkelfarbiger Gams. Den ersten, schnell wahrgenommenen Merkmalen nach, soweit sie aus der Steillage von oben erkennbar sind, offensichtlich auch ein Bock. Die einwärts gehakelte, kräftige Krucke war höher als die des Gegenstückes, das eben hinter dem Trennwulst der Mulden verschwunden ist, aber enger gestellt und nach hinten zurückgeneigt. Schon mit der wenig ansprechenden Form hätte man die Erlegung begründen können. Aber das ist mir doch zu wenig. Ich bin doch an einer wenigstens groben Altersschätzung interessiert. Die Krucke ist als verläßliche „Geburtsurkunde" erst in der Hand des Jägers gültig. Vorher sind aus ihrem Anblick am lebenden Wild zu ziehende Altersschlüsse in der Regel nur in ganz weitem Rahmen möglich. Diesmal glaube ich mit so fünf, sechs Jahren rechnen zu können.

Aber etwas anderes fällt mir bei der genauen Musterung durch die helfende Optik auf, das auffallend schwache Gebäude mit dem entsprechend geringen Wildbretgewicht. Das war ja nur ein „Böckl" gegen jenen anderen vollkräftigen, wuchtigen Klachel. Und täusche ich mich, wenn mir der Ziemer so gratig, so knochig, so viel schmäler erscheint als der breite Rükken des Erzkampels? Immer wieder nehme ich den noch unbeweglich unten stehenden Gams ins prüfende Glas. An diesem Wild gefällt mir etwas nicht, aber ich komme zu keinem endgültigen, schlüssigen Urteil. Immer wieder überkommen mich hemmende Zweifel. Sollte es eines der von Lungen- und Darmparasiten befallenen Stücke sein? Ich kann aber keine typisch schlechte Verhärung oder struppige Decke feststellen.

Oder sollte es gar einer der hochbegehrten rückgängigen, aus dem Reigen ausgeschlossenen Altböcke sein? Aber danach sieht mir die Farbe der Zügel, der ganze Grind nicht aus.

Wäre es nicht besser, diesen problematischen Bock fahrenzulassen und in aller gebotenen Eile zu versuchen, den starken, reifen, begehrenswerten in der „Hinteren Wanne" einzuholen, ehe ihn Fels und Geschröf des unzugänglichen „Roßkopfs" aufnehmen? Da fällt jäh und unwiderruflich die Entscheidung. Der Gams da unten streckt Träger und Haupt, hustet einmal, zweimal, noch einmal. Da ist die Wahl entschieden.

Aber da gibt es noch einen bösen Haken! Die „Mittlere Wanne" mündet in hochgradigem Abstieg an dieser Stelle in den trichterförmigen Engschluß einer Scharte des breiten Wandbandes ein, das den „Zwiefelgehren" von den untenliegenden Almen trennt. Und eine Schrotschußweite oberhalb des Schlundes steht das Ziel meines jägerischen Entschlusses auf einer rippenartigen Aufwölbung, unmittelbar oberhalb der den Almboden etwas überragenden Felsmauer.

Blitzschnell schaltete die Erinnerung zurück. Schon im Vorjahr war mir da ein hochjagdbarer braunschwarzer Pelznickel auf wadentiefem Pulverschnee trotz guter Kugel noch weitertorkelnd nach kurzer Flucht zusammengebrochen, aus der „Mittleren Wanne" herabwalkend ins Rutschen gekommen, unhaltbar, immer schneller werdend auf die Engstelle zugeschossen und dann in weitem Bogenflug über die Wand hinabgestürzt. Zähe, federnde Äste der dicht bekronten Bergfichten und der tiefe, in der Windstille der Wandkulisse aufgehäufte Schnee hatten den Aufprall nicht nur gemildert, hatten ihn so aufgefangen, daß kein Schaden entstand. Als ich nach weitem Umweg unten an der Wand ankam, sah ich nach einigem Suchen nur mehr einen Hinterlauf aus dem weichen weißen Bett herausragen. Nichts war passiert, weder an der Krucke des Zwölfjährigen noch am Wildbret.

Aber jetzt ist die Lage anders. Unter der Einstrahlung der noch nicht ganz abgeschwächten Sonne und unter dem Einfluß der Föhnwärme ist die schwache Schneedecke an den Südhängen weitgehend geschmolzen und in den noch offenen Boden versickert. Die Rutschgefahr ist dadurch wohl etwas vermindert, aber beileibe nicht behoben. Würden, falls auch dieser Gams – schlimmstenfalls – den Weg seines Vorläufers nahm, die biegsamen, zähen Fichtenäste den zerschmetternden Aufprall auf der wüsten Geröllhalde am Wandfuß abbremsen, so fehlt diesmal doch das weiche Auffangpolster aus tiefem Schnee. Und weiß ich auch aus Erfahrung, daß der turnerisch muskulöse Körper des Gams solchen Sturz und Aufprall weit besser, ja sogar ungefährdeter übersteht als ein Stück Rotwild, so bleibt doch ein Risiko.

Auf der Ostseite des Geländerückens, die der etwa nicht im Feuer bleibende Bock ja schließlich auch mit einigen Todesfluchten annehmen könnte, besteht wegen der Bodengestaltung keine solche Gefahr. Aber ob er es tut?

In fieberhafter Eile fliegen diese abwägenden Überlegungen durch meinen Kopf. Ich mußte es wagen. Rucksack, Lodenmantel liegen schon bereit, ich brauch mich zum Schuß nur noch nach unten zu drehen. Ich richte mich auf der weichen Unterlage ein. Ich ziele, zirkele genau, ich bohre mich förmlich ins Ziel hinein. Ich muß aus der extremen Steillage dem Gams fast zwischen die Schulterblätter halten. Ich kann damit rechnen, daß das Wild nach jägerischem Ermessen im tödlichen Strahl bleibt... und schieße. Jener da unten sinkt in sich zusammen wie eine vom Sturm ausgelöschte Kerzenflamme. Und er liegt still und unbeweglich. Doch da – noch einmal eine leichte Reflexbewegung, ein leichtes Ausschlagen eines Hinterlaufes, noch einmal ein verzuckender Schneller... dann kommt der Gams ins Rutschen, immer schneller auf die offene Wandeinkerbung zu. Beim hinterhältigen Samiel! Hat dieser verruchte, verfluchte Geselle wieder einmal seine tückische Hand im Spiel, höhnisch grinsend! Ihr Schutzheiligen, helft, haltet ihn! Und sie erhören meine Bitte. Nach ein paar Gamslängen stoppt der Körper an einem überragenden Steinbrocken, verfängt sich die Krucke in einer kleinen, struppigen Jungfichte.

Noch aber habe ich meine Beute nicht geborgen, noch nicht heraufgeholt zu ungefährdeter, zu sicherer Versorgung und Bringung. Ich überlege. Ich wies schon bei der Beschreibung des „Riedgehren" im ersten Abschnitt dieses Buches auf die Gefahren der steilen Allgäuer Grashänge hin. Der Eingeborene weiß Bescheid und richtet sich darnach ein.

Wenn ich mich vorsichtig, jeden Tritt sichernd, auf dem kirchendachsteilen Hang der Wand entlang hinabtaste, besteht keine Gefahr. Ins Rutschen darf ich nicht kommen, sonst können mich auch die mir so wohlgesinnten Schutzheiligen vom unbremsbaren Sturz über die Wand nicht aufhalten. Aber auf die scharfen Griffe meiner Bergschuhe kann ich mich verlassen. Außerdem habe ich aufgrund meiner Erfahrungen schon einige Jahre lang vorsorglich immer ein schlankes, griffiges Hanfseil bei mir. Das kann ich auch diesmal brauchen. Ich werde mich, unter allen Sicherungen, auf die Länge eines Bergstockes dem verendeten Wild nähern, diesem eine vorbereitete, lassoähnliche Schlinge über den emporragenden Vorderlauf schieben, ruckartig anziehen, so daß sich das anschmiegsame Seil rutschfest um Decke, Muskeln und Knochen des Laufes schließt. Dann kann ich die Beute langsam hochziehen.

Genau so führe ich das Vorhaben auch aus. Und es gelingt. Als ich den Gamsbock vorsichtig zu mir geschafft habe, lege ich ihm die Schlinge um den Träger und schleife ihn dann in Etappen, nach jeweils gesichertem Stand, aus dem Bereich der Gefahrenstelle hinaus. Alles weitere ist einfach.

Ich bin froh und erleichtert, als ich meine die Erlegung veranlassende Beobachtung und Vermutung bestätigt finde. Schon oben, bei Hund und Berggepäck angelangt, taste ich den Wildkörper ab. Er ist zwar nicht abgekommen, aber das Untergewicht gegenüber dem Normalstand, besonders gegenüber jenem erzschweren, dem Tod entronnenen Hauptbock, ist augenfällig. Um diese Zeit, zwei Tage vor Sankt Elisabeths Fest, muß ein gesunder, vollkräftiger Gamsbock auf Ziemer und Wänden eine schon mit den Fingern von außen greifbare Feistschicht tragen. Die Nieren müssen in ein Fettpolster eingebettet, der Pansen von einem dichten weißen Netz überzogen sein. Das alles fehlt, als ich ihn später unten in der „Melk" aufbreche und den schon ungeduldig rufenden Kolkraben ihren Zehent gebe.

Die in der Lunge feststellbaren Wurmknoten bestätigen den angenommenen, wenn auch noch schwachen Befall. Das Alter ist richtig geschätzt: sechs Jahre.

Aber auch heute kann ich diese durchaus achtbare Krucke ohne alle Gewissensbisse, ja mit waidmännischer Genugtuung in die Hand nehmen und betrachten. Und auch die kritischen Herrn Wildbiologen müßten ein wohlwollendes „placet" erteilen.

Zuerst schmauche ich noch ein duftendes blauwolkig rauchendes balkanisches Stäbchen, ehe ich den zwar nicht langen, aber brombeerschwarzen Bart rupfe und versorge, damit er nicht bei der Bringung Schaden erleide. Er ist eine schöne Zierde für einen jägerischen Damenhut. Der Transport des Wildes in die ,,Melk" hinab bereitet keine Schwierigkeiten. Das Schleifen durch den breiten, von der ,,Mittleren Wanne" talwärts führenden Schlupf geht leicht und schnell vor sich. Streckenweise kann ich den Gams auf dem Grasboden abrutschen lassen. Nahe dem zur Roßberghütte hinüberführenden Jägerpfad mache ich halt und verrichte die rote Arbeit.

Die Spätherbst- bzw. Frühwintersonne, beides ist richtig, steht im letzten Viertel ihrer jahreszeitlich flachen Bogenbahn, als ich das ,,Böckl" über die Schulter nehme. Gegenüber grobschweren Vorläufern spüre ich doch deutlich den entlastenden Unterschied. Daheim wurde ein Wildbretgewicht von nur 20 Kilogramm festgestellt. Ein gesunder Allgäuer Gamsbock muß, besonders bei den guten Äsungsverhältnissen im Grüntengebiet, mindestens einen halben Zentner auf die Waage bringen. In seiner Broschüre ,,Gams in Not" hat Gruschwitz auf die höheren Gewichte des Gamswildes westlich des Lechs ausdrücklich hingewiesen.

Bedächtig, Steh- und Sitzpausen einlegend, steige ich über die Weidegründe von ,,Kreuzwirts Melk" zur benachbarten Roßbergalpe hinüber. Als ich den die beiden Almen trennenden, nur auf schmalem, rauhem Jägersteig zu überquerenden, von der Quelle des Zwinkbaches erst durchrieselten, dann durchrauschten, von lichtem Hochlagenwald bestockten Steiltobel hinter mir gelassen habe, vor und über mir die sich breitrückig vorwölbende Roßbergalpe ausgebreitet sehe, lasse ich mich zu ausgedehnter Rast vor letztem schweißtreibendem Steilanstieg zur Hütte nieder. Da vermag ich eine hochinteressante, wichtige, gerade für den praktischen Jagdbetrieb einschlägige, beim Kahlwildabschuß beherzigenswerte Beobachtung anzustellen.

Früher Abend, Stunde des Übergangs. Der föhnige Blauhimmel hat sich inzwischen mit strähnigem, aus Nordwesten heranziehendem Stratozirrusgewölk überzogen. Der nur noch matt durchscheinende Sonnenball steht knapp über der das Illertal begrenzenden Hörnerkette. Ich mag etwa eine halbe Stunde gesessen haben, da tritt aus den Verjüngungen des ,,Plattenholzes" ein einzelnes, starkes Alttier aus und äst gegen die Mulde herein, in der das Alpgelände gegen den Tobel des ,,Zwinkbaches" abfällt. Ihm folgt gleich darauf ein starkes Kalb. Langsam äsen die beiden gegen den Weideboden auf mich zu. Erst nach geraumer Weile tritt ein weiteres Stück Kahlwild aus, schwächer als das zuerst erschienene Alttier. Ich halte es für das zugehörige Schmaltier. Das weitere Verhalten bestärkt mich in dieser Ansicht. Der Abstand zwischen ihm und den beiden anderen vergrößert sich immer mehr.

Ich habe nicht die Absicht, heute zur Unterstützung des Verminderungsabschusses beizutragen. Ich will mit meinem Gamsbock noch vor Einbruch der Dämmerung auf der Hütte sein. Aber ich stelle mir die Frage, wie ich mich bei ernsthaften Absichten verhalten würde. Ich will es offen bekennen, ich hätte unter den gegebenen Umständen einen verzeihlichen, aber doch schmerzlichen Fehlgriff getan. Bei aller Anerkennung der Notwendigkeit eines verstärkten Kahlwildabschusses wäre es mir schwergefallen, auch ein starkes Kalb oder ein Schmaltier zu erlegen. Aber ich hätte mich dazu durchgerungen. Und ich hätte mich zu Lasten des Schmaltieres entschieden. Das wäre falsch, gründlich falsch gewesen. Ich wurde überraschenderweise eines Besseren belehrt.

Plötzlich hört das Kalb zu äsen auf, hebt das Haupt, trollt, einige Kapriolen einlegend, zu dem vermeintlichen Schmaltier zurück, drängt ans Gesäuge und labt sich unter den bekannten, gewohnten Kopfstößen an dem mütterlichen Quell. Dann ziehen beide, eins hinter dem anderen, dem inzwischen in der nächsten Mulde verschwundenen, nicht – oder nicht mehr führenden Alttier nach.

Da habe ich's! Ich siebenmalgescheiter, vermeintlich so erfahrener Jäger!

Was ich gesehen und beobachtet habe, das beschäftigt mich sehr. Immer schon ein entschiedener Gegner des Abschusses führender Stücke, nehme ich mir nach dieser Mahnung vor, künftig noch vorsichtiger zu sein als bisher. Wie leicht wäre mir diesmal, bei ernster Absicht, ein das jagdliche Gewissen belastender Fehler unterlaufen! Und wie vielen anderen Jägern! Man muß es immer und immer wieder laut und deutlich betonen, daß das der Führung, der Fürsorge und Betreuung der Mutter entrissene Jungwild ein armseliges, körperlich kümmerndes, trauriges Geschöpf ist und ein beklagenswertes Dasein führt. Die waidmännischen, tierschützerischen und menschlichen Folgerungen aus dieser Tatsache sind ebenso klar wie gebieterisch.

Aus den Tälern heben sich bereits die blauen Schatten. Die Dämmerung beginnt ihr düsteres Garn um so rascher zu spinnen, als sich der Himmelsbezug zu schwarzgrauem Stratusgewölk verdichtet.

Ich erhebe mich mit meiner Beute. „Auf, Senta, zum Endspurt!" Zur behaglich bergenden Hütte, zum Nachtmahl für uns beide und dann zur stillen Stunde des nacherlebenden, nachzeichnenden, nachkostenden, nachdenklichen Abends. Zuerst wird für dich das schmackhafte Gamsmilzsüppchen mit Bruchreis auf dem Küchenherd brodeln. Zum Schluß des eigenen Menüs wird auf der zweifarbigen, stilgerechten Tischdecke neben dem unerläßlichen, nach den Kräutern der Heimat duftenden Nachtisch des Bergkäses, eine der braunen, schlankhalsigen, richtig abgekühlten Flaschen mit einem goldklaren, spritzigen, erdhaft riechenden Riesling aus den Forster Gewannen am Ostrand des großen Waldgebirges stehen. Für mich darf es nur Riesling sein, der König unter den Weinen! Für solch seltene Stunde und Stimmung ist das Beste gerade gut genug.

Nichts gegen das durstlöschende, besonders dem Südbayern als Standard- und Nationalgetränk ebenso unentbehrliche wie fast geheiligte Bier! Aber solch feierlich festlicher, beglückender Stunde der Einkehr ist das eigenwillige Gottes- und Naturgeschenk der Traube doch weit angemessener als ein breit ausströmendes Massenprodukt. Man muß nur ein bißchen davon verstehen, um es dann um so höher zu schätzen.

Und in diesem Punkte hatte ich allen Anlaß, einer auch das einzelne Menschenschicksal bestimmenden, begleitenden, wohlwollenden höheren Ordnung dankbar zu sein. Ehe ich, gegen Wunsch und Willen, eben im Rahmen der unerforschlichen, nicht immer durchsichtigen Entschlüsse der Bürokratie, in dieses große Wald- und Weinland versetzt wurde, hatte ich nur eine vage Vorstellung vom Wein, aber keine engere Beziehung zu ihm.

Mein Vater war in den Anfangsjahren seiner dienstlichen Laufbahn als Kgl. Forstamtsassistent – heute durch eine weit ansehnlicher klingende Amtsbezeichnung ersetzt – in dem damals noch bayerischen Regierungsbezirk Pfalz, und zwar am Forstamt Kirkel-Neuhäusel, heute zum Saargebiet gehörend, tätig. Zu Saujagden kam er öfter in den nahen Pfälzer Wald und lernte dabei das göttliche Geschenk des Weines kennen und schätzen. Diese auf Sohn und Enkel übergegangene, maßvoll gepflegte Vorliebe behielt er auch als Vorstand des Forstamtes Burgberg im Allgäuer Hochgebirge bei. Im tiefen, verließartigen, kühlen Keller des alten, massiv gebauten Forstamtsgebäudes lagerte immer ein Vorrat an Pfälzer Weinen.

Ich sehe meinen Vater noch heute, wie der große, breitschultrige, schwere Mann kurz vor Mittag die steile Kellertreppe hinabstieg, seine Flasche heraufholte, sich ins gemütliche Eßzimmer, „Fuchsbau" genannt, zurückzog, in seinem bequemen, heute von mir benützten Breitsessel sitzend, den goldklaren Trunk in einen alten Zinnbecher gluckern ließ, ein Salzspitzel essend, aber nie dazu rauchend. Aus jener Zeit waren mir auch die Namen verschiedener Weinsorten geläufig, wie Riesling, Silvaner, Gewürztraminer...

Manchmal nippte ich auch davon oder schenkte mir ein kleines Gläschen ein, aber ohne den vollen zugehörigen Genuß und ohne Verständnis für diese edle Gabe, die mir später in diesem westrheinischen Weinland zuwuchsen.

Auch solche kurze Exkursion ins weinkundliche Gebiet darf ein in der Grundfarbe jagdlich getöntes Buch unternehmen, schon allein deshalb, um dem weithin gegen „Jagdbücher" erhobenen Vorwurf der geistigen Enge, beklemmenden Einseitigkeit und Eintönigkeit zu entgehen und zu begegnen.

Schon während ich in stiller Vorfreude auf die bevorstehende Vesperandacht den kräfteheischenden Almbuckel in eng gewundenen Serpentinen genommen habe, ist es rasch düster geworden. Kurze Zeit darauf faucht kalter West-Nordwest über das Hüttendach. Und als der nächste Morgen heraufwächst, liegt wieder eine schwache, flaumige Schneedecke. Weißer November!

Die folgenden Tage widme ich dem Hoch-Engkruckigen, der am „Windeck" mit seinem kleinen Rudel meinen Pirschweg gekreuzt hat und im Alpwald um die markant aufragende Stuhlwand verschwunden ist. Aber es geht mir wie schon bei einigen Böcken, an deren Fährte ich mich geheftet habe und die ich doch nie mehr sah.

Abwechselnd wähle ich die kürzeste Route über die Almen an der Südseite des Grünten, dann wieder den am ersten Tag dieser Brunft eingeschlagenen, weiten, aber immer jägerisch bewegten Umweg über die Ostseite des Berges. Dort sehe ich fast regelmäßig den schon vorgestellten, beschriebenen, als fünfjährig angesprochenen Mittelbock irgendwo im „Sparwännele" und seiner Umgebung umherstehen. Der aber nötigt mir eines Frühvormittags die schon angedeutete schwere jägerische Entscheidung ab. Ich bin mehrere Tage nicht dort gewesen. Als ich nun wieder durch die von Gräben geschrammte Steilhalde zum Ostgipfel emporsteige, steht er in der keilförmig zulaufenden Spitze der Alpmulde. Steht, steht unbeweglich, tut sich nieder, wird wieder hoch, zieht, nein, humpelt, lahmt, einen Vorderlauf stark schonend, mehr noch, überhaupt nicht gebrauchend, einen Schrotschuß weiter. Das wiederholt sich. Ich beobachte, betrachte ihn im Glas sehr lange und genau, immer wieder. Ich überzeuge mich gründlich. Der Vorderlauf ist steif. Er muß eine noch zu klärende schwere Verletzung erlitten haben. Was ist da in der Zwischenzeit passiert?

Manchmal artet das in der Brunft zur Schau getragene, meist harmlos verlaufende Imponiergehabe der Gamsböcke doch in eine handfeste Rauferei, ja in tödlichen Kampf aus. Die Gamskrucke ist eine gefährliche Waffe. Auch für den Schweißhund! Sollte hier so eine ,,Messerstecherei" stattgefunden haben? Wahrscheinlich schien mir das nicht. Ein Fünfjähriger stellt sich wohl kaum oder doch nur ganz selten zu solchem Zweikampf.

Es gibt da nicht mehr viel zu überlegen, so schwer mir der unabwendbare Entschluß auch fällt. Ein vorderlaufkranker Gams, der seine Äsung im Schnee nicht freischlagen kann, ist verloren, wird das sichere Opfer des Winters, auch eines normalen.

Ich weiß wohl, daß auch Baumflechten einen namhaften Teil der Gamsäsung ausmachen. Aber diese sind hier nicht in ausreichendem Maß vorhanden.

Ich pirsche, gedeckt in einer der Grabenrinnen, hinauf. Als ich vorsichtig den Kopf über den Rand hebe, steht der Blessierte wannenbreit über mir, in bequemer Schußweite. Was weiter folgt, ist denkbar einfach. Die gewohnten Griffe und Vorbereitungen zum tödlichen Finale. Rucksack auf die Grabenbrüstung, Repetierer darauf, Zielpunkt des sechsfachen Zeissfernrohres in den handflächengroßen Kreis der schwarzen Decke, Stecherknips, Ruck und Zuck der Entladung. Jener aber, aller Schmerzen und Wintersorgen mit einem Schlag enthoben, bricht, vom Feuerschlag getroffen, blitzartig zusammen, rollt ein Stück den Steilhang herab. Ich lasse mir Zeit, als ich zu ihm hinübersteige. Meine Beobachtung ist richtig gewesen: ein offenbar durch Steinschlag stark geschädigtes, hochgeschwollenes, tumorartig verdicktes und steifes Kniegelenk. So sehr ich den Zwang zum vorzeitigen, aber wohlbegründeten und berechtigten „Abschuß" des Fünfjährigen bedauere, so froh bin ich darüber, der wehrlosen Kreatur ein langsames Hinsiechen erspart zu haben.

Und meine leise, aus den Untergründen aufgetauchte Befürchtung, menschliche Hand und Gesetzesübertretung könnten im Spiel gewesen sein, die ist nun restlos beseitigt.

Lange, sehr lange sitze ich bei meiner mir geradezu aufgedrängten Beute abseits des Platzes, an dem ich die letzte jagdlich-handwerkliche, die rote Arbeit verrichtet habe, damit die schon ungeduldig kreisenden und nach ihrem Anteil rufenden Kolkraben zu ihrer Mahlzeit kommen.

Im Jahr zuvor hatte ich in den talnahen Lagen am „Weinberg einen Jagdbaren mit sehr schlecht gehakelter Krucke gestreckt. Er war mit Kammerschuß noch etwa hundertfünfzig Meter weit über den gewölbten

Grat geflüchtet und unseren Blicken entschwunden, ehe er verendet zusammenbrach. Als wir, Freund Albert und ich, nach etwa einer halben Stunde langsam und gemächlich den Hang hinaufstiegen und dann – die Schweißfährte ausgehend – bei dem Beutebock anlangten, hatten die Kolkraben schon ein Licht ausgehackt.

Länger als sonst behalte ich diesen meinen Platz mit dem weiten Ausblick nach Osten und Süden. Ich habe heute ja keine andere jägerische Tätigkeit mehr vor mir, als den Gefällten zur Roßberghütte hinabzubuckeln.

Immer wieder betrachte ich das schöne, vor mir liegende Wild mit der beruhigenden Gewißheit, es vor einem schleichenden Tod bewahrt zu haben. An der ansehnlichen Krucke kann sich jeder Jäger freuen, mag sie auch ein paar Millimeter hinter dem angestrebten und normalerweise zu erwartenden Höhenmaß zurückbleiben. Bei der Bewertung der Gamskrucke gelten ohnehin besondere, unwägbare, umweltbedingte Maßstäbe! Wie viele Jäger würden sich im Jahre 1978 dankbar und glücklich schätzen, wenn sie eine solche in Händen halten dürften!

Das im jagdbehördlich genehmigten Abschußplan festgesetzte Kontingent an Gamsböcken ist nun zahlenmäßig erfüllt. Durch die beiden vordringlichen „Hegeabschüsse“ bin ich nun um einen Jagdbaren gekommen. Aber das genügt mir vollauf. Allerdings würde ich nicht zögern, einen sichtlich parasitenbefallenen, kranken Gamsbock außerhalb des Limits, selbstverständlich aber unter entsprechender Meldung, zur Strecke zu bringen. Im übrigen beschränken sich meine jagdlichen Pläne und Absichten auf eine abschließende „Durchforstung“ des Geißenbestandes.

Vor einigen Jahren – daran erinnere ich mich gerade jetzt wieder – hatte ich im Buch eines großen, bekannten Jägers die kurze, knappe, fast kalt wirkende Feststellung gelesen, er habe an einem Tag neun Bartböcke geschossen. Das klang so selbstverständlich, wie man die Hasen auf der knatternden Kesseljagd rädert. Solch jagdliches Über- und Unmaß „ging mir wider die Natur“. Ich klappte damals das Buch zu, stellte es in eine Ecke des Regals, ohne es je wieder zu öffnen. Und bei allen anderen jagdlichen Büchern, die sich in Abschußziffern und Rekordmaßen erschöpfen, halte ich es geradeso.

Dabei kann man jenem Autor und ähnlich denkenden und handelnden Jägern früherer Zeiten keinen Vorwurf machen. Sie konnten noch unbedenklich aus dem vollen schöpfen, sie taten es, sie wußten es gar nicht anders.

Aber die weit überwiegende Zahl der maßvoller, bescheidener gewordenen Jäger einer beengten und bedrängten Epoche kann solch jagdliche Völlerei nicht mehr ansprechen. Was bliebe da noch von der durch die Jägerdichter angestrebten, gepredigten Veredelung und Verfeinerung des Waidwerks? Was bliebe noch von Gagerns unnachahmlich gestalteter und geforderter Vergeistigung und der von ihm in seinen späteren Jahren vorgelebten Verinnerlichung der Jagd?

Jahrelang stand ich mit diesem Großen, diesem Größten, in freundschaftlichem Briefwechsel. Und gerade damals, an jenem weißen Novembertag, nahe dem Jahrestag seines Todes, angesichts des vor mir liegenden Beuteopfers droben im „Sparwännele" im heimatlichen Hochgebirge, wurde mir ein Satz im letzten, kurz vor seinem Tode geschriebenen, sein letztes Werk „Grüne Chronik" ankündigenden Briefe besonders eindringlich bewußt: „Um Erlegungsrausch und Trophäenkult kann es ja nicht mehr gehen. Das, worauf es ankommt, ist das dankbar bescheidene innere Erlebnis." Ja, das war es. Das hatte zu gelten. Und an dieses Vermächtnis wollte ich mich halten!

Die Blicke schweifen, die Gedanken wandern. Die Erinnerung wächst aus einer reichbeglückten Vergangenheit herauf, und sie beherrscht mich lange Zeit. Manche Bilder, die damals vor der inneren Netzhaut vorüberzogen, geweckt und belebt durch die Sicht auf die Alpenkette, auf das Allgäuer Land, besonders aber auf den sich unter mir rundenden Starzlachtalkessel mit dem „Großen Wald", dem Urgrund, einem Hauptstück meines Jägertums und Jägerlebens, werden noch in einem späteren Kapitel dieses Buches vor dem Leser auftauchen.

Am gegenüberliegenden Hang des „Großen Waldes", etwa in gleicher Höhe mit meinem Standort im Roßberg, sehe ich unterm Breitbuckel des „Tiefenbacher Roßkopfes" aus dem Fichtendunkel eine verschneite kleine Freifläche herausleuchten. Mit dem Glas kann ich klar und deutlich die Umrisse der im tiefen Frieden der Schöpfung eingebetteten Stuhlbachhütte, meines Lebens Herzmittelpunkt, erkennen.

Bei ihrem Anblick werden, angeregt durch das soeben abgelaufene blutwarme jagdliche Geschehen, Bilder eines Erlebnisses geweckt, bei dem mir in ihrer unmittelbaren Umgebung eine ganz ähnliche, drängende, gedankenschnell, fast instinktiv zu treffende Entscheidung zugeschoben wurde. Doch da muß ich weiter ausgreifen. Sie hat ihre erzählenswerte Vorgeschichte.

* * *

Dem Studienprofessor Dr. Scholl, nicht das erstemal in meinen Büchern genannt und hervorgehoben, häufiger, fast ständiger Gast in meinen Heimatrevieren, war ein Gamsbock freigegeben worden. Der herbe, eckige Bajuware mit seinem trockenen, ledernen Gesicht, seinem klobigen, rötlich kurz behaarten Schädel, mit seiner rauhen Schale, aber einem goldenen Herzen, war Neuphilologe am Humanistischen Gymnasium in Kempten, das auch ich neun Jahre lang besuchte. Er war nie mein Lehrer, aber er blieb mir bis zu seinem Tode ein verläßlicher väterlicher Freund, dem ich ein ehrendes Gedenken bewahre.

Nach dem Ersten Weltkrieg wurde er als Oberstudiendirektor in die Pfalz, nach Neustadt an der Weinstraße, versetzt. Auf seine Bitte hin wurde ich junger Jäger dank meiner Ortskenntnisse mit der Führung Dr. Scholls auf den Gamsbock betraut. Darüber war ich natürlich sehr erfreut und – verständlicherweise – auch ein wenig stolz. Dienstlicher Gründe halber kam nur die letzte Oktoberwoche in Frage.

Wir bezogen zunächst die gemütliche, uns beiden altvertraute, ausblickreiche Giggelsteinhütte. Gleich dahinter begannen die Gamseinstände am Giggelstein, dem orographisch, geologisch, dendrologisch und botanisch vielgestaltigen östlichen Ausläufer des Grüntenstockes. Auch Gamslagen an der Südseite des Grünten konnten von dort aus bejagt werden.

Es war damals ein leuchtender, schöner, schneeloser, warmer Spätherbst. Man konnte meinen, der von Silberfäden durchsponnene, golddurchwirkte Altweibersommer wollte kein Ende nehmen. Ein Tag nach dem anderen in klarer, strahlender Bläue. Die Hochberge eine scharfgeschnittene, gezackte grün-graue Mauer. Nur im schweizerischen und im vorarlbergischen Südwesten schimmerte auf den fernen Firnen der Altschnee des letzten Winters.

Weißleuchtende Silberdisteln auf Alm und Anger, da und dort die hochbuschigen Stengel des gelben Enzians, die golden strahlenden Körbe der duftenden Arnika, die letzten tiefblauen Kelche an den Rauten des Schwalbenwurzenzians, und über die Bergwiesen gaukelten, Blumenseim naschend, der gelbgrüne Zitronenfalter, der bunte kleine Fuchs, das prächtige Pfauenauge, um diese Zeit sonst längst an geschützten Stellen im beginnenden Winterschlaf erstarrt. Wie reich war die Landschaft damals noch an der zarten, schwebenden Schönheit der Schmetterlinge!

Wir ließen uns Zeit, wir übereilten nichts, hatten ja eine ganze Woche vor uns. Aber die Schutzheiligen schienen uns diesmal nicht gnädig gesinnt zu sein. Ein jagdlicher Erfolg wollte sich einfach nicht einstellen. In den erreichbaren Gamslagen auf der Südseite des Grünten bot sich nicht viel. Das

Gamswild bevorzugte bei dieser warmen Witterung die schwer zugänglichen, zu weit entfernten schattseitigen Einstände. Ich mußte auch auf die körperliche Leistungsfähigkeit meines Gastes Rücksicht nehmen. Mein guter Professor war ein schwerer, korpulenter, etwas kurzbeiniger Mann. Wenn er auch schier jedes Wochenende auf der Jagd war, so fehlte ihm doch das Training für das Steigen im Hochgebirge.

Außerdem war der Gamsbestand im Grüntenmassiv noch lange nicht so dicht wie zwei bis drei Jahrzehnte später nach Verschwinden der Schaf- und Ziegenweide, deren Einwirkung auf das Gamsvorkommen ja hinreichend bekannt und von mir schon erörtert worden ist. Die Unruhe, die Nahrungskonkurrenz, die Verschlechterung der Äsung durch den scharfen Schafmist, der viele beliebte zarte Kräuter wie etwa den Ritz (Plantago alpina) und den Madaun (Meum muttelina) zum Verschwinden bringt und eine eintönige Flora schafft und begünstigt, spielen dabei eine wichtige Rolle.

Aber auch der sonst so verläßliche Giggelstein, mit Fichten, Tannen, Bergahornen und Buchen aller Altersklassen bestockter, von einzelnen bis flächenweise verteilten Jungwuchsflächen durchsetzter, lichter bis lückiger Alpenwald, von Lahnern und Geröllhalden, Reißen und Gräben durchzogener, von einer Schrattenkalkwand gekrönter und von Felstürmen aus Gaultsandstein gegliederter, langgestreckter, steiler Südhang, ließ damals aus. So sehr wir uns umtaten, wir sahen keinen passenden Bock.

Und bot sich endlich einmal Gelegenheit zur Erfüllung des großen Wunsches, dann schob der tückische Samiel, der böse Geist, seine Finger dazwischen.

So stiegen wir eines Morgens, vom Giggelstein her kommend, über das wildwasserdurchbrauste Giggeltobel zur Roßbergalpe hinauf. Der Pfad war schmal, steil, rutschig, der Beschaffenheit des lehm- und mergelreichen Flyschbodens entsprechend schmierig, weich und nachgiebig. Der Professor ging knapp hinter mir. Als wir schon den glasklaren Bach überschritten, den Gegenhang erklommen und gerade die Hangkante erreicht hatten, hörte ich in meinem Rücken einen klirrenden, klappernden, ins Quietschen übergehenden Laut. Bei raschem Umblick sah ich, wie sich unter dem Tritt des schweren Mannes eine unterspülte Erdscholle löste und nachgab, wie er ausglitt und ins Rutschen kam. Mit zwei, drei schnellen Schritten war ich bei ihm, griff zu, packte ihn am Rucksackriemen und konnte so den Sturz, womöglich über die lange Plaike hinab, verhindern. Nichts passierte, nur der Repetierer mit seinem schweren achtkantigen Lauf war ihm von der Schulter geglitten und, während sich der Professor in drohendem Fall zur

Seite neigte, auf eine verbuschte Jungfichte an der Gefällskante gerutscht. Die biegsamen Äste fingen den Anstoß der Waffe auf, bewahrten sie vor hartem Aufschlag.

Ehe wir nach einer Verschnaufpause weiterstiegen, untersuchten wir die Waffe, konnten aber keinen Schaden an ihr entdecken. Eine sehr wichtige Kleinigkeit übersahen wir freilich. Das erfuhren wir eine Stunde später.

Wir waren noch früh genug daran, unsere Morgenpirsch bis zum „Roßgehren", dem nordwestlichen Abschlußlahner des Roßbergs, fortzusetzen. Dort standen immer Gams. Ganz gemächlich stiegen wir über die von kleinen Holzschachen, von einzelnen und truppweise über die Alpfläche verteilten Fichten jeglichen Alters besetzte Weidefläche an den damals noch besetzten Murmeltierbauen vorbei zum „Roßbergmöösle" hinauf. Schon hatten wir fast die Höhe des breitgewölbten Rückens erreicht. Schon tauchten die Häupter der Hochberge im Süden und Südwesten auf, die monumentale Löwengestalt des Widdersteins, die gezackte Kette der Schafalpköpfe, der langgestreckte Hohe Ifen, ganz im Hintergrund die weißen Gletscher der Scesaplana, da sah ich zwischen einem Horst von rauhen, tiefbeasteten Almfichten unterhalb der Schrofen des Roßkopfs, nahe dem „Roßbergmöösle", eine Bewegung. Ich verhielt im Schritt, gab meinem Gast durch einen Wink mit der Hand ein Warnzeichen. Aufmerksam spähte ich durch die Optik. Nichts ... Aber ich hatte doch deutlich gesehen, wie sich hinter dem Vorhang des tiefliegenden Geästes etwas gerührt hatte. Wir warteten. Alles blieb ruhig. Da kam uns unerwartete Hilfe in Gestalt eines Menschen, des sonst ewigen Störenfrieds.

Von dem geräumigen, breit hingelagerten Alpgebäude des Roßbergs, zwei gute Büchsenschüsse entfernt, südwestlich hinter der Krümmung des Rückens gelegen, daher für uns unsichtbar, kam ein Mannsbild herauf. Es machte sich an der nahen, auf der Ebene gelegenen Fassung der Wasserleitung zu schaffen. Vielleicht war das Sieb am Einflußrohr verstopft. Ich beleuchtete den Mann mit den Linsen und Prismen des Glases, konnte ihn über die erhebliche Distanz aber nicht erkennen. Es mochte wohl einer der Alpgenossen, etwa der Alpmeister oder der Hirte, gewesen sein. Ich hatte nicht lange Zeit, mich mit ihm zu beschäftigen. Denn als er sich dem Fichtenschopf näherte, lösten sich aus dem Dunkelgrün der zottigen Äste zwei ziegenbraune Wildkörper, schoben sich hinter den rauhborkigen Stämmen heraus: zwei Gams! Sie entpuppten sich deutlich als Böcke, erschienen auf der freien Almfläche und äugten auf den Unruhestifter hinab. Der eine davon gehörte sichtlich einem jungen Jahrgang an, vierjährig wohl, der andere, stärkere, wies eine hohe, dünne, schlecht gehakelte Krucke auf. Der wäre gerade recht!

Auch ein mittelmäßiger Schütze konnte die Entfernung unschwer überbrücken. Ich zischelte dem Professor zu: „Den zweiten, den hinteren!" Aber ehe er sich fertig machen konnte, flüchteten die beiden Vertreter des Bergwildes ohne übermäßige Eile gamsmäßig bockelnd ab. Doch nahmen sie nicht, wie ich vermutete, die Deckung des nahen Alpwaldes im „Klüseschlägle" an. Sie drehten sich unbegründet und unerklärlich, so richtig gamsböckisch-eigenwillig, hangabwärts in Richtung auf die in der flachen Mulde gelegenen Murmeltierbaue zu, gerade über den Ansatz des Giggeltobeleinschnittes zurück. In Erkenntnis der offensichtlichen Ungefährlichkeit jenes aufstörenden Zweibeiners begannen sie zu äsen.

Die Lage war für uns nicht aussichtslos geworden. Es war weit. Mit einem guten Zielfernrohr wäre es zur Not gegangen. Mein Gast führte damals, wie auch ich, kein solches. So schien mir der Schuß zu riskant. Aber wir hatten Gelegenheit, uns in der buschigen Deckung vom Weidevieh verbissener Jungfichten auf bequeme Entfernung anzupirschen. Auch der Wind war günstig. Es gelang. Die beiden Böcke waren inzwischen etwas abwärts gezogen, standen auf etwa neunzig bis hundert Schritt am Rand des Giggeltobeleinfalles. Der Professor konnte sich bequem auf einen Steinhaufen neben dem Fichtengestrüpp setzen und in aller Ruhe, am Bergstock anstreichend, hinüberleuchten. Im Geiste sah ich den Bock schon zusammenbrechen.

Mein Gast zielte und zirkelte ohne merkbare Aufregung. Da konnte nichts mehr schiefgehen. Knall und Prall in den leuchtenden Spätmorgen hinein. Der Widerhall rollte an den Hängen und Halden, den Wäldern und Wänden hoch. Aber die beiden Gams warfen nur auf, äugten verwundert umher. Der Schütze hatte so schnell repetiert, daß das metallische Geräusch durch das Echo des Schusses überdeckt wurde.

„Gefehlt!" flüsterte ich. „Nochmals schießen!"

Es hätte der Aufforderung aber gar nicht bedurft. Schon hörte ich den Stecher leise knipsen. Auch diesmal nahm der Mann genau Maß. Wieder Schuß und Schall, auf- und zurückrollende Wellen. Und wieder kein Zu-

Oben: Die Helden sind müde

Unten: Weißer November

sammenbrechen, kein zusammenruckendes, zusammenzuckendes Zeichen, keine erschrockene oder wunde Abflucht. Nur unschlüssiges Hin- und Hertreten des verwirrten, verunsicherten Wildes. Und ein drittes Mal Schmetterschlag und Stoß. Und wiederum ein sichtlicher Fehlschuß. Die Kanonade wurde den beiden Gamsen nun aber doch zu unheimlich, zu bedrohlich. Sie verschwanden im Tobel und kamen nach einer kurzen Weile am jenseitigen Hang wieder zum Vorschein, strebten, immer wieder verhoffend, dem schroffen Alpenwald unterm Turmgemäuer des „Föllenkopfes“ zu. Steine rollten, klapperten, polterten. Dann schloß sich wieder die Stille über all dem Aufruhr.

Der arme Professor, sichtlich bestürzt und schwer enttäuscht, legte seinen Repetierer beiseite, schaute mich entgeistert an, schlug in einer hilflosen Geste die Hände zusammen. Ich selbst konnte zunächst nur verständnislos fragend den Kopf schütteln. Ich wußte, mein Gast war kein Kunstschütze, aber diese Patzerei hatte er nicht verschuldet. Das war für mich sicher. Ich fand als erster die Sprache wieder.

„Da stimmt doch etwas nicht. Schießt denn die Büchse verläßlich?“

„Ich verstehe es auch nicht“, antwortete der Professor kläglich. „Ich hatte sie erst kürzlich überprüft, ehe ich hierher fuhr. Sie schoß tadellos. Ich kann mich auch nicht daran erinnern, daß sie gefallen wäre oder einen Stoß erlitten hätte. In dem weichen Lederfutteral, in dem ich sie beförderte, hätte ein solcher auch nicht geschadet.“

Aber ich war mißtrauisch geworden. Ich hatte im Schuß wohl die Gamsböcke im Glas, aber keinen Kugeleinschlag im Boden gesehen. Im Hintergrund flogen zwar Erdbrocken oder Gras, aber eindeutige Schlüsse auf die Lage des Schusses konnte ich nicht ziehen. Ich überlegte. Dann machte ich meinem Schulmann einen Vorschlag.

„Gehen Sie in die Hütte voraus! Sie kennen ja Weg und Steg, auch das Versteck des Schlüssels. Ich will ein paar Probeschüsse machen. Drunten am ‚Hirtenbichel‘, da stört das nicht. Ich komme dann auf dem üblichen Weg übers ‚Höfle‘, übers Giggeltobel und durchs ‚Filzmoos‘ zur Hütte zurück.“

Ich merkte, meinem Gast paßte der Vorschlag. Er hatte die Sechzig schon überschritten. Der weite Weg wäre ihm schwergefallen. Wir tauschten unsere Repetierer und trennten uns.

Den „Hirtenbichel", das buckelige, ausgedehnte Bergwiesengelände unter dem „Plattenholz", brauche ich wohl nicht mehr vorzustellen. In einer halben Stunde war ich bei eiligem Schrittmaß unten, suchte mir einen geeigneten Platz für das Probeschießen aus, holte aus einer der zahlreichen Heuhütten ein passendes Brett und befestigte daran ein handtellergroßes Blatt Papier. Auf hundert Gänge zirkelte ich die erste Kugel auf das Ziel. Aber sie landete nicht dort, wo sie nach dem Abkommen sitzen müßte. Sie saß stangengerade mehr als zwei kräftige Männerhandflächen überm Zielpunkt. Nun wunderte mich die Erfolglosigkeit der eben stattgefundenen Kanonade nicht mehr. Aber woher rührte diese Abweichung? Ich betrachtete die schöne, schwere Waffe aus seriöser Werkstätte nochmals genau. Die Visiereinrichtung – ja, richtig –, ich tippte mit dem Finger auf die Stirne. Heute, im Zeitalter des Autos, hat man für diese Handbewegung eine besondere Bezeichnung.

Jetzt wußte ich's! Wie konnte man das übersehen? Wir hatten immer nach Beschädigungen an dem Repetierer gesucht. Der hatte ein zusätzliches, aufklappbares Mittelvisier für Entfernungen über hundertfünfzig Meter. Und dieses stand hoch. Sicher nicht mit Absicht. Durch irgendeinen Anlaß, wahrscheinlich beim Sturz des Professors am Giggeltobel, beim Abgleiten auf die zähen Fichtenäste, hatte es sich aufgestellt. Oder war es vielleicht schon vorher, beim Reinigen und der Pflege der Büchse, aufgeklappt und die Rückführung auf den Normalstand vergessen worden? Ganz wurde ich diesen Verdacht nicht los.

Wie dem auch sei. Ich legte es zurück und setzte zwei Kugeln sauber ins Ziel eines Winterlindenblattes. Die Waffe schoß brav. Dann schob ich los. Den Weg kennt der Leser ja. Ich war vor dem Professor auf der Hütte, hatte alle notwendigen Zurüstungen schon getroffen, als er, der sich Zeit gelassen hatte, dort ankam.

Ich berichtete ihm und zeigte ihm die kleine Scheibe.

„Ich alter Esel...", schimpfte er kopfschüttelnd. Ich sprach mich selbst auch nicht ganz von Schuld frei. Warum hatte ich vorher die Waffe nicht unauffällig betrachtet? Aber ich hatte damals noch nicht die Erfahrung, über die ich später verfügte.

Die Schutzheiligen schienen sich erzürnt und erbost, enttäuscht und ungnädig ob unserer Patzerei von uns abgewandt zu haben. Trotz großer Ausdauer bei Pirsch und Ansitz bis in den späten Vormittag hinein und vom frühen Nachmittag an konnten wir in den nächsten beiden Tagen keinen Bock vor die Büchse bekommen, dessen Erlegung berechtigt gewesen wäre.

Und bei der zunehmenden Wärme, die immer mehr Gams veranlaßte, sich auf die kühlen, aber schwerer bejagbaren und für meinen Begleiter begehbaren Revierteile umzustellen, sanken die Aussichten immer mehr. Da schmiedete ich neue Pläne.

Ich schlug meinem Gast vor, auf die hochgelegene, kleinere Stuhlbachhütte umzusiedeln.

Die Jagd auf das Gamswild im geschlossenen Waldgebiet „Großer Wald" hatte ein anderes Gesicht als das im eigentlichen mehr oder minder freien „Gamsgebirge". Darauf werde ich an anderer Stelle dieses Werkes noch ausführlich zurückkommen. Gerade in ausgesprochenen Wärmeperioden, wie jetzt eine herrschte, hatte man dort begründete Aussicht, auf einen Feistgams zu Schuß zu kommen.

Der Professor war mit meinem Plan sofort einverstanden. Wir packten an Proviant und Kleidung in unsere Rucksäcke, was wir unbedingt brauchten und ohne allzu strapaziöse Belastungen tragen konnten. Ein kleines Reservedepot an Lebensmitteln lag zudem immer oben im einfachen, aber sicheren Wandschrank bereit. Ebenso stand eine kleine Kiste des von meinem Vater besonders geschätzten „Grüntengoldes" aus der Widenmayerschen Brauerei in Rettenberg im kleinen, gemauerten Bodenbehältnis.

Wenn ich aus der jagdlichen und menschlichen Höhe auf jenen Anfang und Anstieg zurückblicke, bedaure ich immer wieder, daß ich das gütige Geschenk des Weines, dieses wahrhaft königlichen Trunkes, erst viel später, hier in diesen weiten wasgischen Waldbergen unweit der Rebenhänge am Ostrand des Gebirges, näher kennenlernte. Das Tor zu manch schöner, sternüberblitzter, reicher, wertvoller, unvergeßlicher Stunde hätte sich noch weiter geöffnet.

Als ich einige Jahrzehnte später regelmäßig zur Gamsbrunft auf die Roßberghütte kam, hatte ich immer ein ausreichendes Gebinde edler Sorten dabei. Oft hob ich das Glas und grüßte hinüber zur Stuhlbachhütte, tief erfüllt von dem berauschenden, aber beständigen Glück jener Jahre, die mich zum Jäger hatten heranwachsen lassen.

Die Säufer dieser kostbaren Gabe einer dankbaren Erde kann man hingegen bestenfalls bedauern und bemitleiden. Falstaff bleibt immer eine komische Figur.

Doch zurück nach dieser erneuten kurzen Lobpreisung des Weines, nach dieser kleinen Abschweifung in bacchantische Gefilde, zurück in den fast sommerlichen Spätherbst! Wir nahmen also gleich nach Mittag den weiten, beschwerlichen Weg unter unsere Bergschuhe. Langsam, um meinen Gast nicht zu übermüden, spulten wir den bergauf- und bergablaufenden Pfad Etappe um Etappe ab. Fast hatten wir den langgezogenen Nordhang des „Unteren“, dann des „Oberen Stuhlbach“ hinter uns, schon hoben sich bei der Rückschau jenseits des gratbewehrten Grüntenausläufers die Alpflächen des Vorgeländes mit ihren Alpgebäuden ins Blickfeld. Wir hatten eben nach Durchquerung der ausgedehnten Jungholzflächen einen großen Schopf zimmerhoher Fichten durchschritten und fast den Rand des anstoßenden Hochwaldes erreicht, da sah ich am Altholzsaum, etwa am Fuß des letzten Steilanstieges gegen die Schneid zu, einen einzelnen Gams stehen, der mißtrauisch, mit schief gehaltenem Haupt auf uns herabäugte. Er stand nicht weit, höchstens neunzig Schritt. Ruckartig verhielt ich und gab dem zwei Bergstocklängen hinter mir folgenden Gast mit der Hand ein Zeichen stehenzubleiben.

Das Glas bestätigte mir das, was ich bei flüchtigem Ansprechen mit dem unbewehrten Auge zu erkennen geglaubt hatte: Bock, Mittelbock, ziemlich stark im Wildbret mit kurzer, gedrungener Krucke, wie man sie im dortigen Gebiet öfters antraf. Die Decke war schon schwarz überhaucht. Den konnte man ruhig mitnehmen.

Ich hatte beim Aufstieg trotz früher mittäglicher Stunde meinen Begleiter gebeten, seinen Repetierer zu laden, da man in diesen stillen Bergwäldern immer ein Zusammentreffen mit Gams gewärtigen konnte. Wie gut, daß ich es getan hatte! Lange durfte der Gast mit dem Schuß nicht mehr warten. Schon stampfte der Bock verdächtig mit dem Vorderlauf. Gleich würde er mit zischendem Schreck- oder Warnpfiff abspringen. Leise zurückflüsternd gab ich das Zeichen.

Das Wild hielt aus, hielt sogar das harte Knacken des in der Erregung zu hastig umgelegten Sicherungsflügels aus, das Anstreichen der Büchse am Bergstock, hielt das mir endlos dünkende Zielen des vom Steigen und der aufglühenden Passion ins Schnaufen geratenen Professors aus. Häßlich hallte der Schuß in das tiefe Schweigen des spätherbstlichen Mittags hinein. Vervielfacht gaben die Hänge des Wertacher Horns und des Tannenkopfs das Echo zurück.

Der Gams machte eine heftige Flucht nach vorne und verschwand sogleich im Fichtenaltholzstreifen, der den „Oberen Stuhlbach“ von der „Mairs Riese“ trennte. Die Kugel hatte er. Und ich meinte sogar eine gute. Der Professor glaubte, richtig abgekommen zu sein.

Ich dachte nach, wie ich es wohl anpacken sollte. Wir standen in der Grenzzone, an der geschlossener Wirtschaftswald, wenn auch von den harten Lebensbedingungen des Hochgebirges geprägt, in den lichten Hochlagenwald überging, etwa zwei Büchsenschüsse unterhalb der Stuhlbachhütte. Der Jägersteig wand sich von da an in engen Serpentinen durch das jäh ansteigende Gelände der letzten Etappe hinauf. Auf halbem Weg schaltete sich eine kleine Treppenstufe ein, kaum ein Ar groß. Von dieser fiel in plötzlichem Absturz nach Osten die langgestreckte Abplaikung des hellen, gelbgrauen, schieferigen Flyschgesteins zum Ursprung des wild brausenden Stuhlbachs hinab, die „Mairs Riese". Sie leitete dann zu dem an anderer Stelle beschriebenen, Urwaldcharakter aufweisenden Gelände von „Ödigs Gmahd" über. Einen Bleikugelschuß oberhalb der Verebnung lag auf dem nächsten und letzten Absatz, in einer kleinen Lichtung eingebettet, neben dem quellklaren, aus einer Deichelleitung – also Holzrohrleitung – bespeisten Brunnenstrahl das Ziel, die Stuhlbachhütte.

Ich überlegte also, was zu tun sei. Gleich der Wundfährte nachgehen? Das schien mir doch nicht ratsam. Wenn der Gams wider Erwarten noch nicht verendet sein sollte und ich ihn aufmüdete, bestand Gefahr, daß er mir in den wilden Bereich von „Ödigs Gmahd" geriet. Dann Gnade Gott! Dann gab es eine böse Nachsuche.

Ich entschloß mich also, zunächst auf die kleine Plattform oberhalb von „Mairs Riese" hochzusteigen und mich dann mit gutem Wind unter größter Vorsicht an die Hangkante vorzuschieben. Vor dort hatte ich Einblick in das Steilgelände der großen Reiße und in den lichten Alpenwaldstreifen, den das kranke Wild bei seiner Abflucht angenommen hatte. So konnte ich nichts verderben, konnte das beschossene Stück, falls es noch leben sollte, allenfalls dort stehen oder im Wundbett sitzen sehen und so ihm ein schnelles Ende bereiten.

Aber es kam alles anders, ganz anders. Ich tröstete den guten Professor, der den Kopf tief hängen ließ, hieß ihn an Ort und Stelle warten, legte mein Berggepäck bei ihm ab, nahm nur Repetierer, Bergstock und Glas und schraubte mich auf dem Begangsteig hoch. Bald hatte ich die Stufe erreicht. Ich pirschte lautlos, tastete mich förmlich, katzenhaft geduckt, an den Ostrand vor. Schon sah ich das helle Gestein der langen, dachsteilen, fast senkrecht abfallenden Riese und die zottigen, tief- und grobastigen Bergfichten des beiderseits säumenden Alpwaldes. Da rappelte und rumpelte es schon unter mir weg. Steinbrocken polterten, Schieferplatten klapperten. Über die Riese flüchtete ein starker Gams mit rußig überstaubter Decke und einem schlenkernden Hinterlauf. Was sollte das? Hinterlaufschuß . . .?

Aber nur eines schnellen Gedankensprungs Weile hemmten mich Überraschung und Zweifel. Dann machte ich mich rasch fertig. In diesem Augenblick war keine Zeit, langen Überlegungen nachzuhängen, ich mußte sehen, wie ich auf das laufkranke Wild zu Schuß kam, ehe es in das gefürchtete Gelände von „Ödigs Gmahd" geriet.

Schon hatte es die Riese überquert. Da tat es mir den Gefallen, an deren Südrand zu verhalten. Nun galt es. Dreiviertelspitz von hinten, das war nicht schön, aber jetzt spielte das keine Rolle. Jetzt hieß es, so rasch wie möglich ein Ende zu machen. Entsichert... Büchse an den Bergstock geschmiegt... in flirrender Eile Kimme und Korn auf das zwar nur sechzig Gänge entfernte, aber ungünstig stehende und daher schmale Ziel zusammengereimt... trockener, harter Knall, donnernder Widerhall in der Schlucht des Stuhlbachs und verebbendes Echo an den Hängen von Ödigs Gmahd. Den Gams riß es zusammen, polternd, prasselnd walkte, nein stürzte er die jähe Plaikenfläche hinab, verfing sich an ihrem zu einem Graben verengten Auslauf, wollte noch einmal hochwerden, sank im Strahl des nächsten Schusses verendet zusammen.

Ich atmete auf. Bei allen versöhnlichen Allgäuer Berggeistern! Das war noch einmal gutgegangen! Aber ich ahnte nicht, welche Überraschungen mir noch bevorstanden.

Um zu dem in der Tiefe von „Mairs Riese" liegenden Gams zu gelangen, mußte ich einen großen Umweg einschlagen, mußte ich auf dem Jägerpfad bis zu meinem, mit schmerzlicher Ungeduld wartenden Professor zurückkehren und dann am Rande des „Oberen Stuhlbachs" in die Schlucht hinabsteigen.

Voll gespannter Erwartung sah mir der Gast entgegen. Er war erleichtert und erfreut, als ich ihm vom glücklichen Ausgang der Nachsuche berichtete. Als ich ihm aber den Sitz des Schusses andeutete, da schüttelte er ungläubig seinen Kopf.

„Hinterlaufschuß? Nein! Das versteh' ich nicht. Ich kam gut, vielleicht etwas hinterm Blatt, ab. Und der Repetierer schießt doch tadellos. Sie haben ihn ja selbst überprüft. Nein! Das kann ich mir nicht erklären."

Meine schon beim Hochwerden und der Abflucht des laufkranken Gams aus dem Untergrund aufgetauchten, dann aber wieder beschwichtigten, zweiflerischen Gedanken waren schon auf dem Rückweg wiedergekehrt. Sie verstärkten sich nun. Die Wildbretstärke, die Deckenfarbe, ja, die zeigten Übereinstimmung! Aber die Figur, der Träger zumal? Und die Krucke? Der von meinem Gast beschossene Gams hatte doch eine kräftige, aber niedrige Krucke. Bei dem Gams in der Riese aber glaubte ich im raschen Blickwurf bei all dem brandeiligen Ablauf eine hohe, enggestellte wahrgenommen zu haben. Schwören konnte ich bei dieser überraschenden Abwicklung der Geschehnisse freilich nicht. Man konnte sich da täuschen. Man würde ja sehen!

Der Abstieg zu dem gestreckten Gams war nicht allzu schwierig. Auch der Professor konnte mitmachen. Als wir beide am Fuß der in einen Graben auslaufenden Riese angelangt waren, in dem das Wild lag, blieb ich einige Schritt davor stehen, starrte es an. Meine heimlichen Bedenken und Zweifel erhoben sich wieder, wuchsen zur handgreiflichen hörnernen Gewißheit. Der Gams da sollte der vom Professor beschossene sein? Diese verhältnismäßig eng beieinander liegenden, weit höheren Schläuche ...! Gehörten die nicht zu einer Geißkrucke...? Mir wurde bänglich zumute. Freilich, bei Krucken gab es Varianten und Übergänge, mehr oder minder ausgeprägte Geißkrucken bei Böcken und umgekehrt.

Ich machte ein paar rasche Schritte auf das gestreckte Wild zu, alle Zweifel schnell zu klären, hob einen Hinterlauf – natürlich war es eine Geiß! Aber gleichzeitig erleichterte sich mein Herz. Sie führte nicht.

Mit dem nächsten Griff löste sich ein anderes Rätsel. Ich hatte den schlenkernden Hinterlauf in der Hand und erkannte sofort, daß es sich um keine Schußverletzung handelte. Der Lauf war im Sprunggelenk abgesprengt. Zwei Handbreiten weit ragte der blanke Röhrenknochen aus der aufgeschlitzten Decke heraus. Steinschlag, noch keine Woche alt.

„Das ist nicht Ihr Gams“, bedeutete ich meinem Gast, der fassungslos wie versteinert hinter mir stand.

„Aber wo ist der meine?“ stellte er die kleinlaute, beklommene Gegenfrage. Ich zuckte mit den Achseln. Etwas anderes konnte ich vorerst nicht tun.

Die Schutzheiligen der Jagd halten es mit den Jungen, wenn einer nicht ein widerliches Scheusal, ein ganz abseitiger, unbeherrschter Wüterich ist. Das stellte ich oft und immer wieder fest. Diesmal schlossen sie den Freund der Jugend mit ein. Sie führten auch diesen heiklen, verzwickten Fall einem schnellen und erfreulichen Ausgang zu, ersparten uns bedrückende Fragen, Kummer und Sorgen um die leidende Kreatur, beschwerliche Wege und viele Schweißtropfen.

Wie ich, mich zu ruhiger Überlegung zwingend, eine Pausen- und Beruhigungszigarette entzündete, den Rest des Streichholzes, um die unverdorbene Landschaft nicht zu entweihen, wie immer bei aperem Boden in die

Erde steckte und im Aufschauen die Grabensohle entlangblickte, da gab es mir wieder einen inneren, vielleicht sogar äußerlich merkbaren Ruck. Was war denn das dort unten im engen, steinplattigen Grabenschluß? Was war das für ein schwärzlich-graugelber, zusammengeballter Klumpen? Hastig hob ich das Glas an die Augen. Und während ich es wieder auf die Brust sinken ließ, tat mein Herz einen freudigen Hopser. Das war ja der verendete Gamsbock!

Der Professor sah und merkte meine wachsende Erregung.

„Was ist?“ fragte er, aufmerksam geworden.

„Die Antwort auf Ihre vorherige Frage“, gab ich zurück.

Mit ein paar Sprüngen war ich unten. Ja, er war's. Da lag er, so wie ich ihn angesprochen hatte, ein Fünfjähriger zwar nur, mit einer zu kurzen, aber gedrungenen Krucke. In der nüchternen Sprache der jagdlichen Bürokratie würde man sie heute ohne lange Überlegung mit dem Signum IIb bezeichnen.

Mit dem richtig angesagten, etwas hinter den Blättern sitzenden Schuß war der Gams noch ein paar Männerlängen in den schmalen Streifen des Hochlagenwaldes hineingeflüchtet, war dort verendet zusammengebrochen, durch den steilen Bergwald hinabgerollt, bis ihn an dessen Untergrenze das Grabenbett auffing. Mein guter Professor kam, die Lage erkennend, etwas schwerfällig und unsicher nachgekraxelt. Seine Miene strahlte. Wohl eine volle Spätnachmittagsstunde saßen wir bei unserer Beute, der erstrebten und der ungewollten. Wir sprachen nicht viel. Jeder gab sich seinen Gedanken hin, wie es zu solch stillem, feierlichem Zeremoniell gehörte.

Was aber, trat die Frage an mich heran, wenn es sich bei dem laufkranken Gams augenscheinlich um eine führende Geiß gehandelt hätte? Ich hätte keinen Augenblick gezögert und notfalls alles darangesetzt, beide, Geiß und Kitz, zu strecken, so oder so, wie es die Umstände ergeben hätten, so schwer mir das auch gefallen wäre. Zu der Frage des plangemäßen und durch die Umstände geforderten Gamskitzabschusses werde ich später noch Stellung nehmen.

Rauchkraut glühte, Blaugewölk duftete. Minute um Minute vertropfte und verrann in der unlotbaren Tiefe der Ewigkeit. Wasserrauschen im Tobelgrund. Windgesäusel im Geäst. Der Tannhäher im „Ödigs Gmahd“. Die beredte Stille paradiesischer Landschaft. Schauerkühle aus der Klamm des Stuhlbachs. An den schwarzgrünen, ernsten Fichten des Wertacher Horns stieg rötlich der Abendschein hoch.

Der Professor war ein Zigarrenraucher. Als er den Rest seiner sandbraunen Havanna säuberlich im Boden vergraben hatte, erhoben wir uns. Es stand uns noch einiges bevor. Meinem Gast konnte ich die Last eines Wildtransportes, besonders unter den örtlichen Verhältnissen, nicht zumuten. Mir, in der Vollkraft der Jugend stehend, machte das nichts aus. Ich hatte allein und mit den Jägern bei der Bringung von Wild, besonders Rotwild und Gams, schon Schlimmeres mitgemacht. So stopfte ich dem Schulmann einen Teil meines Berggepäckes in den Rucksack. Ich nahm den Rest, dazu über die Schulter gelegt einen der beiden Gams. Wir brauchten keine dreiviertel Stunde, dann standen wir, wenn auch schweißtriefend, vor der grauverwitterten Hüttentür. Ich gab dem Gast schnell die nötigen Unterweisungen über Wasser, Holz und all die notwendigen Vorbereitungen für den Hüttenabend. Auf der Stuhlbachhütte kannte er sich ja noch nicht aus. Dann machte ich mich eiligst auf den Weg, den zweiten Gams zu holen. Es war noch heller Tag, da hingen beide Beutestücke friedlich nebeneinander an der tiefliegenden hölzernen Dachrinne.

Für manchen Jagdscheininhaber, für solchen, dem es nur um Schuß, Erlegung und Trophäe ging, wäre nun die Angelegenheit erledigt gewesen. Die Beute gefallen, die Trophäe gesichert. Sie harrte, Respekt und Bewunderung heischend, neuer Auferstehung an der Wand der Schau. Also nichts wie fort von hier aus dieser dünnen Höhenluft und kargen Sphäre, hinab in die stinkenden und stickigen Täler mit Glitzerglanz und Talmigold!

Wir beide dachten anders, ganz anders! Und wir täten es heute noch, ja heute erst recht. Wir freuten uns, hier zu sein. Der Goldschein der Lampe glühte. Das Herdfeuer knisterte und knackte. Draußen vor der hochgelegenen Hütte ruhten die dunklen Schattenrisse der Berge unterm flimmernden, funkelnden Zelt der Herbststerne, der Vorboten des Winters.

Im Norden, in der weiten Ebene, zuckte und funkelte das Feuerwerk der unruhigen, ewig unzufriedenen Menschheit. Wir aber, fernab von ihren brodelnden Dämpfen, ihren Sorgen, Süchten und Seuchen, im Reich einer beglückenden Freiheit, im harmonischen menschlichen Gespräch verbunden, wir fühlten, dachten und sagten es, wo die wahren, die goldträchtigen Werte der Menschheit ihr letztes Refugium haben: in der Stille. Hier sind Werte, die alle Inflationen dieser Welt überstehen.

Jener Abend haftet mir besonders lebhaft im Gedächtnis. Ein Hauch leiser Wehmut schwebt darüber. Es war damals mehr als ein Abschied vom Jahr. Es war der letzte jagdliche Feiertag, den ich mit dem guten Professor gemeinsam verbrachte. Die Berufe und Bereiche trennten uns. Ihn hatten sie schon ein paar Jahre zuvor in eine Landschaft geführt, die mir zu jener

Zeit weit entfernt vom bayerischen Mutterboden schien. Damals ahnte ich noch nicht, daß die seinem Dienstsitz in Neustadt a. d. Weinstraße nahen großen, stillen Waldberge jenseits des deutschen Schicksalsstromes mir selbst später zu einer vertrauten Heimstätte werden sollten. Freilich nur zur wohnlichen, lebens- und liebenswerten Heimstätte, nicht zur Heimat. Eine solche gibt es nur einmal.

Bald darauf lösten sich die Jagdreviere meiner Jugend auf, die einen gingen in andere Hände, die anderen übernahm die bayerische Staatsforstverwaltung in eigener Regie. Mich verschlug mein Beruf in neue Regionen.

Auch jene Geißkrucke von damals hängt hier in meinem Alterssitz – wohl beabsichtigt – so an der Wand meines Arbeitszimmers über den Stangen des den Lesern schon vorgestellten Allgäuer Althirsches plaziert, daß ich sie bei jeder Aufschau sofort in meinem Blick habe. Nicht allein der erregenden Umstände wegen, die ihre Erringung begleiteten. Noch eindringlicher als Andenken an den menschlich mir so eng verbundenen, wertvollen Gast. Seine Eigenschaften schätzte ich um so höher, als ich wußte und in bitteren Enttäuschungen am eigenen Leib erfahren und erleben mußte, welcher Mißbrauch mit dem Namen, dem hohen Begriff und dem edlen Inhalt der „Freundschaft“ getrieben wird. Auch von Jägern! Die Jagd birgt ja viel menschlichen Zündstoff in sich. Keiner hat das dichterisch so treffend ausgedrückt wie der schon vorhin zitierte unvergleichliche Scanzoni:

„Denn der Gesittung Firnis springt
Fast stets, so Leidenschaft uns zwingt.“

Aber dafür ist die Jagd ein klares Scheidewasser, eine untrügliche Sonde der charakterlichen Diagnose.

Auch als Vorstand eines Forstamtes und Leiter einer großen, bedeutsamen Staatsjagd kann man seine guten und bösen Erfahrungen und Eindrücke sammeln. Ich schätze mich glücklich, sagen zu können, daß die erfreulichen überwiegen.

* * *

Nach einer ausgedehnten Rückpirsch kehre ich wieder in die Gegenwart des weißen November, zum Gamsbock im Sparwännele, zurück. Meine Ausflüge in die Vergangenheit, diese Rückblendungen aus gegebenem Anlaß, durch die Örtlichkeit geweckt und angeregt, sind ja keine Eigentümlichkeit dieses Werkes. Sie durchziehen auch mein Buch „Pirsch am

Abend". Und dort fanden sie das offensichtliche Gefallen des Lesers.

Stunde um Stunde war verronnen, ohne daß ich es merkte. – Als ich endlich, aus der vielfarbigen Rückschau erwachend, auf die Uhr schaue, geht es bereits auf die Mitte des Nachmittags zu.

„Auf, Senta, auf! Es ist Zeit! Auf mit unserer ‚unprogrammäßigen', unerwarteten, nun aber doch freudig getragenen Last im gemächlichen Abstieg zur Roßberghütte! Dann werde ich dir aus dem Aufbruch unserer Beute wieder ein festliches Menü kochen, aber auch mir aus gebratener Gamsleber einen köstlichen Schmaus bereiten."

Die Gourmets verschiedener Geschmacksrichtungen mögen diese Ankündigung mißtrauisch, vielleicht verächtlich, ablehnend und mit der Nase rümpfend zur Kenntnis nehmen. Die allerwenigsten kennen aber das Rezept!

Man kann aus einer frischen Gamsleber ohne all die lukullischen Übertreibungen und Finessen ein delikates Mahl bereiten, das mir tausendmal lieber ist als die ausgesuchten, ausgefuchsten Spitzfindigkeiten teurer Schlemmerlokale. Es kommt entscheidend auf die Zutaten an, die ich vorsorglich mitgebracht hatte, die den etwas „starken" Geschmack des Gamswildbrets überdecken, mildern, veredeln.

Ich schaute meiner Frau, meiner Mutter und deren gelehriger Schülerin, dem literarisch gewordenen guten Hausgeist, unserer alten Käthe, oft über die Schulter und luchste dabei auf diesem Gebiete vieles ab, lernte auch aus der Küchenpraxis unserer französischen Nachbarn manches dazu. Man kann auch hier oben abendländische Kultur pflegen!

„Morgen, Senta, werden wir in der Frühe ins Tal zu den Menschenwechseln absteigen, zur unerläßlichen gründlichen Toilette für den Herrn, zur Ergänzung einiger Vorräte. Aber schon um die zeitige Mittagsstunde werden wir wieder die göttliche Stille und Ruhe der Einschicht aufsuchen, zu sorgfältig auswählender Nachlese im weißen November."

* * *

Als ich am nächsten Tage mit meiner Schweißhündin den liebvertrauten Bergweg zur Roßberghütte hinaufsteige, hat sich wieder eine ähnliche Wetterlage herausgebildet, wie sie schon vor ein paar Tagen geherrscht hatte. Von West-Nordwest schob eine heranrückende Depression zunächst milde ozeanische Luftmassen vor sich her. Beim Näherkommen des Tiefs entwikkelte sich wieder eine intensive Föhnlage. Sie ließ im Verein mit spätherbstlicher Sonneneinstrahlung die spärliche Schneeschicht schmelzen.

Im Hintergrund freilich, auf der Rückseite des Tiefdruckgebietes, lauert schon ein gestauter Schwall polarer Luftmassen, zum Nachstoß bereit. Würden sie wohl den endgültigen Wintereinbruch bringen? Der amtliche Wetterbericht hat das bestätigt, was ich mir aufgrund meteorologischer Kenntnisse zusammenreime, was ich als naturverbundener Jäger sehe, fühle, spüre. Der aufkommende, sich in weißem Wolkenwulst über dem Gebirgskamm aufblähende Föhn sagt schon genug. Die Frage ist nur, wann das Sturmtief den Alpenrand erreicht haben wird. Diesen Zeitablauf können auch heute noch die Fachleute nicht präzise voraussagen. Die Kritik des unbedarften Laien über Fehlprognosen des Wetterdienstes geht von falschen Voraussetzungen aus.

Ich habe noch Zeit genug, habe eine ganze Woche vor mir, bis mein Urlaub abläuft. Erst nach Sankt Katharinas Fest werde ich endgültig zu Tal steigen.

Als ich das „Ried" erreiche, füllen die Mittagsglocken mit Sang und Schwang den Talgrund. An den schroffen Grashängen des „Riedgehren" treten gerade ein paar Stück Rotwild aus. In den aufsteilenden sonnigen Bergwiesen, die in den wilden, wüsten „Roten Gehren" hineinstoßen, äst um diese frühe Zeit schon ein kleines Rudel Rotwild. Eine Viertelstunde später erreiche ich eine weitere Wegstufe, die „Riese". Da lege ich zu kurzem Verweilen eine Pause ein. Auch dort steht schon ober mir an den Hängen der Schwandalpe Kahlwild in der Sonne. Und hinten im Osten, unter dem „Plattenholz", sehe ich auf den feingrasigen Bergwiesen des „Hirtenbichels" wieder ein paar Stück Rotwild.

Das Phänomen des vor einem meist mit Schneefall verbundenen Wetterumschlag im Herbst und Winter zu ungewohnt früher Zeit zur Äsung austretenden Rotwildes ist mir schon von Jugend an vertraut. Wenn man es auf den verschiedenen Süd-, Südwest- und Westhängen schon am frühen Nachmittag erscheinen sieht, dann kann man einen bevorstehenden Wettersturz mit Schneefall als sicher annehmen. Mein alter Freund Liese Zeller, den Lesern schon aus meinen früheren Büchern bekannt, kennzeichnete einmal die sich in solcher Erscheinung ausdrückende Wetterlage mit ein paar vielsagenden Worten: „Es kut a Söu – Es kommt ein Sauwetter."

Inwieweit die Wetterfühligkeit sensibler Menschen, so auch die Beeinflussung durch Föhn, mit diesen vorausgreifenden Reaktionen des unverdorbenen Wildtieres zusammenhängt, mögen die Ärzte beurteilen.

So besonders deutlich und auffallend wie bei diesem Anstieg zur Roßberghütte begegnete mir diese Erscheinung vor ein paar Jahren. Die damalige Beobachtung behielt ich wegen eines damit verbundenen erfreulichen jagdlichen Erlebnisses in recht lebendiger, nachhaltiger Erinnerung.

Es war kurz nach Wiedererlangung der Jagdhoheit anfangs der fünfziger Jahre. Der Rotwildbestand im Allgäu, im deutschen Alpenraum überhaupt, hatte sich, nicht zuletzt dank des selbstlosen, sich aufopfernden, aber nicht erfolglosen Einsatzes des damaligen bayerischen Jagdreferenten Wolfgang von Beck, dank der daraus resultierenden, immerhin eine gewisse Ordnung sichernden, wenn auch örtlich verschieden gehandhabten jagdlichen Regelung der amerikanischen Besatzungsmacht, aber auch dank der bremsenden, regulierenden Mitwirkung von Berufsjägern verhältnismäßig gut gehalten. Er war sogar wegen des durch Personalmangel bedingten Rückganges der Abschußziffern in den letzten Kriegsjahren gegendweise, so auch im Grüntengebiet, überhöht.

Ich führte damals einen hochgeschätzten Jagdgast, einen ebenso untadeligen Jäger wie seriösen Unternehmer, meinen Freund Daniel Theysohn aus Pirmasens, auf seinen ersten Hirsch. Die Jagdhütte auf der Nordseite des Grüntenmassivs war unser günstigster Standort. Ich überlegte lange, welchen aussichtsreichen Ansitzplatz ich auswählen sollte. Zwischen dem an der Schattseite des Berges hochgelegenen Teil der „Viehgrüntenalm" und dem jähen Steilabsturz des Geländes bei der „Kammereck" im Westen waren zahlreiche Waldpartien verschiedener Größe und verschiedenen Alters eingeschoben. Von diesen Tageseinständen aus zog das Rotwild gegen Abend auf die talnahen Wiesen und Viehweiden der Rettenberger Annexe Kranzegg hinab. Ich entschied mich für eine kleine Alpe vor einem tief in die spättertiären Molasseschichten eingeschnittenen Tobel. Über diese führte ein Hauptwechsel zu den üppigen Äsungen am Bergfuß.

Die Wetterlage glich der heutigen. Ein vorerst leicht föhniger Nachmittag ließ den verbrennenden Herbst nochmals all seine prachtvolle Schönheit entfalten: die hellgelben Dukaten der Bergahorne, der Rost der rotglühenden Buchen, das Dunkel der Fichten, eingebettet in das Braungrün der Alpflächen und darüber der langgezogene, mehrsattelige Grat des Berges aller Heimatberge, des Grünten, unterm tiefblauen Himmel. Von den Talwiesen her kam das vertraute melodische Herdenglockengeläut. Der Kolkrabe oben in der Kammereck machte lautstark auf sich aufmerksam. Stimmen und Stimmung des Herbstes in Ton und Farbe.

Wir waren sehr zeitig dran. Ich hatte das untrügliche jägerische Gefühl, wir könnten, auch wenn sich noch kein großes Konzert einspielte, so doch auf baldigen und zahlreichen Anblick hoffen. Mir war schon beim Aufstieg von Rettenberg während der Mittagsstunden aufgefallen, daß auf der Kalköferalpe unter den Trutzmauern der „Schäferwände“ ein kleines Rotwildrudel stand.

Wir saßen noch gar nicht lange, da tat sich auf der Alpfläche zwischen den Waldparzellen schon allerhand, weit mehr als zu so früher Stunde üblich. Hier mehrere Stück Kahlwild, dort ein paar geringe Hirsche. Dann wieder ein kleines Rudel ohne achtbare männliche Bewachung. Die Brunft war ja erst im Anlaufen.

Mit einem Mal aber änderte sich die Lage. Auf einem breiten Weidestreifen am unteren Rande der Viehgrüntenalpe traten ein paar Stück Kahlwild aus: Alttier, Kalb, Schmaltier, ihnen folgte ein starker fahlgelber Hirsch. Schon der erste Blick durchs Hensoldt weckte höchstes Interesse. Das war ja gerade das, was wir suchten, der Erztyp des Hirsches der Klasse Ib, also eines jagdbaren, „abschußnotwendigen“, besser gesagt „abschußwürdigen“ Geweihten. Weit ausgelegte, endenarme Stangen, beiderseits in breiten Gabeln auslaufend. Konnte Achter, konnte Eissprossenzehner sein. Die Entfernung war noch zu groß, um dies einwandfrei feststellen zu können.

Langsam, aber stetig, zog das kleine Rudel talwärts. Kein Schrei, nur ein kurzes Knören. Wenn nicht alles täuschte, mußte es auf gute Schußweite kommen. Schon verschwand es in einem dazwischenliegenden Waldstreifen. Ich bat meinen Gast, sich bereitzumachen. Wenn es aus dem deckenden Bestand trat und die Alpfläche überquerte, mußte die Kugel den Lauf verlassen. Daniel Theysohn war ein ausgezeichneter, verläßlicher Schütze, nebenbei ein interessierter, sachkundiger Ballistiker. Da brauchte man normalerweise keine Sorge zu haben. Es mochten fünf Minutenzeigerrunden abgelaufen sein, da tauchte mit spielenden Lauschern am unteren Rande des großen, langgezogenen Waldstückes der trockene Kopf des Alttieres auf. Die Spannung stieg. Ohne langes Verweilen trat es aus, wechselte rasch über den einspringenden Zipfel der Alm, Kalb folgte, Schmaltier kam nach... Schon waren sie wieder im unten anschließenden Tobelwald verschwunden, da erschien der Hirsch, zog ungesäumt dem Kahlwild nach. Ich hatte meinen Schnecken (Muschel) schon griffbereit. Als der Geweihte die Mitte des kleinen Geviertes erreicht hatte, schrie ich ihn heftig an. Ruckartig verhielt er, äugte zu uns her, um ein paar Herzschläge später im harten Knall des Schusses zusammenzubrechen. Ich hieß meinen Gast, sich bereitzuhalten und sofort den Fangschuß anzutragen, falls der Gefällte versuchte, noch einmal hochzuwerden. Bei Brunfthirschen, Sau und Fuchs ist da ja besondere Wachsamkeit geboten! Aber jener rührte sich nicht mehr, kein

Lauf zuckte oder schnellte. Als wir trotzdem eilig zum Hirsch hinüberstrebten, weilte er längst in den immergrünen, gefahrlosen ewigen Jagdgründen. Der Schuß saß hochblatt. Das schwere 8millimetrige Geschoß hatte die Hauptblutgefäße zerrissen. Der Tod war schlagartig eingetreten.

Ein starker Allgäuer Hirsch lag da vor uns, schwer im Wildbret. Der Brunftfleck war noch sehr klein. Der große Reigen hatte ja eben erst begonnen. Ein Eissprossenzehner im obersten Drittel der Mittelklasse. Wir hatten ihn richtig angesprochen. Auch ein kritischer Jagdpapst hätte hier nichts zu beanstanden gehabt, weder an der Beurteilung nach den damals bestimmenden Abschußrichtlinien noch nach den allgemein gültigen Grundsätzen eines auswählenden „Abschußvollzuges" „Sit venia verbo" beim Vergleich des nüchternen, trockenen, bürokratischen Begriffes mit dem leuchtenden Allgäuer Herbstabend!

Helle Farbe und langausschwingende, fast kahl wirkende Stangen erinnerten mich stark an den in diesem Buch schon angesprochenen Einschlag ungarischer Provenienz.

Ich freute mich immer, wenn ein von mir geschätzter Gast einwandfreien jägerischen Typs und menschlich umgänglichen Formats zu Schuß und Beute kam, so, als hätte ich das Wild selbst gestreckt. In diesem Falle aber war meine Freude durch freundschaftliche Gefühle besonders gehoben.

Der Föhn verzögerte damals, wie so oft, den nahenden Wettersturz. Wir verließen am nächsten Tag die Hütte auf der Nordseite des Grünten und stiegen zur südhängig gelegenen Roßberghütte hinüber. Schon in der darauffolgenden Nacht erreichte das Schlechtwettergebiet den Alpenrand. Und es schneite, was die Wolken hergaben. In Kenntnis der Verhältnisse mußte ich dem Gast zum Abstieg raten.

Unter solch erfreulichen Rückblicken quere ich nun die „Kehralpe". Auch diesmal wird der Wetterumschlag nicht lange auf sich warten lassen. Ich hoffe aber auf die bremsende Wirkung des Föhns, die ich zu nutzen gedenke! In erster Linie will ich mich jener beim Abstieg vom „Windeck" abseits des Rudels beobachteten Altgeiß auf der „Lache" westlich der Zwiefelgehrenhütte widmen. Ich will es gleich vorausschicken: Diese Erwartungen erfüllten sich nicht. Ich schoß diese Geiß erst drei Jahre später auf der „Oberen Lache". Es war der älteste Gams, den ich in meinem Leben streckte, wohl auch einer der bejahrtesten, die je am Grünten erlegt wurden, die Alt- und Urmutter der damaligen Gamsgeneration – und eine der wenigen altersbedingten „echten" Geltgeißen. Die letzten winzig kleinen, eng geschichteten Jahrringe konnte ich nur mit Hilfe einer Lupe einwandfrei zählen. Dabei ist es durchaus möglich, daß eine der letzten Jahrringproduktionen, die über zwei Jahrzehnte hinausgingen, überhaupt übersprungen wurde.

In gemächlichem Anstieg erreiche ich schon zu früher Vesperstunde die Roßberghütte. Ich wechsle das naßgeschwitzte Hemd, setze den vorgeschichteten Brennholzstoß im backofenartigen Kachelgehäuse in Brand, damit mich bei der Rückkehr behagliche Zimmertemperatur empfängt. Dann mache ich mich auf den Weg zu den oberhalb der Roßbergalpe sich hinziehenden Gamseinständen.

Eine Viertelstunde später, als ich die Ebene des Alpgeländes auf dem „Roßbergmöösle“ erreicht habe, sehe ich schon im Roßgehren, dem langen, breiten Lahnerstreifen unterhalb der durchziehenden hellgrauen, kreidezeitlichen Kalkwandpartien des Roßkopfs, ein Gamsrudel stehen. Es mögen an die zwanzig Gams sein. Die Brunft ist ziemlich vorüber, sie hat heuer früh eingesetzt.

In der Deckung eines großen Schopfes tief beasteter, locker stehender Bergfichten arbeite ich mich bedächtig auf die richtige Schußweite an das Rudel heran. Hinter einem Felsbrocken lege ich mich bereit. Nach und nach erheben sich alle Stücke aus der mittäglichen Ruhepause und fangen an, vertraut zu äsen. Der Wind steht gut. Ich kann sie in aller Ruhe genau beobachten. Ein Stück nach dem anderen wandert durch die kritisch und scharf prüfenden Linsen und Prismen. Altgeißen, Kitze, Jährlinge, Zwei- bis Vierjährige. Auch ein Bock steht noch dabei. Ich werde nicht recht klug aus ihm, rechne ihn zu den Mittelböcken der unteren Ebene, vielleicht ist er gar nur ein Vierjähriger. Er interessiert mich nicht. Kein Gams ist dabei, der ernsthaften Zugriff verdient und rechtfertigt. Alle scheinen in guter Verfassung zu sein.

Plötzlich erblicke ich abseits des Rudels eine einzelne gelbgraue, also sichtlich schlecht verhärte Geiß. Ihre Deckenfarbe hebt sich auffallend von dem Pechschwarz der vollkräftigen Kitzgeißen ab. Je öfter ich sie prüfend mit dem erstklassigen Hensoldt abtaste, desto mehr wächst in mir die Gewißheit, daß das die richtige wäre. Weit und breit kein Kitz in der Nähe. Aber ich will ganz sichergehen. Ich warte, ich passe, ich lauere, ob nicht eines irgendwo auftaucht. Aber sie halten sich alle im Rudelverband bei ihren deutlich erkennbaren Müttern.

Aufbruch zur Talfahrt

Ich lasse mir also lange Zeit, ehe ich mich zum Schuß entschließe. Das Weitere ist wirklich keine Kunst. Nach den üblichen, in aller Ruhe getroffenen Vorbereitungen ein paar Herzschläge lang im Zielkreis verharrender Schwarzpunkt des Abkommens, Stoß und die Hänge hinaufrollender Schall.

Durch den Schuß und das durch das Geschröf herabpolternde verendete Stück wird das Rudel roglig, flüchtet erst, zieht dann, sich wieder beruhigend, nach Osten und verschwindet langsam hinter einem die Sicht verwehrenden Rücken. Aber ehe die letzten Gams dahinter untergetaucht sind, packt der Schrecken mein Herz mit scharfen Krallen. Hinter einem etwa zimmergroßen Schüppel buschiger Jungfichten, etwa auf halbem Weg zwischen dem ursprünglichen Äsungsplatz des Rudels und dem Standort der erlegten Geiß, taucht ein einzelnes Kitz auf, das dort, meinem Blick entzogen, geäst beziehungsweise sich niedergetan hat, strebt in unschlüssigen, zögernden Fluchten dem verschwindenden Gros nach. Nun ist es doch passiert! Trotz meiner Vorsicht! Das ist mein erster, schockierender Gedanke. Der erfahrene Jäger wird meine Gefühle verstehen. Doch gleich mengen sich Zweifel, mischen sich Hoffnungsstrahlen zwischen die Schatten des Schreckens. Sollte das Kitz wirklich zu der eben gestreckten Geiß gehören? Eilig erhebe ich mich und steige in gehetzten Schritten zu meiner an einer Schrofenklippe hängengebliebenen Beute hoch. Schweißtriefend lange ich dort an. Zuallererst greife ich hastig nach einem Hinterlauf, ein Stein fällt mir vom Herzen. Alles ist in bester Ordnung. Die dreizehnjährige Geiß, wie die Zählung der Jahresringe ergibt, hat in jenem Jahr nicht geführt. Eine „Geltgeiß" ist sie deshalb wohl noch nicht. Vielleicht hat sie ihr Kitz frühzeitig verloren. Sichtbare Krankheitserscheinungen kann ich später beim Aufbrechen auf dem „Roßbergmöösle" nicht feststellen. Sie ist auch nicht abgekommen. Nur die schlechte Verhärung und das geringe Wildbretgewicht fallen mir auf. Mein jägerisches Gemüt ist entlastet, ich kann mich der Beute ohne Beeinträchtigung freuen.

Während ich nun bei meiner ersten blauwölkenden mazedonischen Opfergabe unterm Roßgehren neben meinem Gams sitze, denke ich darüber nach, warum wohl dieses einzelne Kitz sich so abseits des Rudels gehalten

Oben: Scharwild

Unten: Ruhiger Einstand

hat. Ein vorausgegangener Fehlabschuß scheidet aus, ein frevlerischer Eingriff eines Schwarzjägers ist so gut wie ausgeschlossen. Meist, wenn auch nicht immer, halten sich die Kitze doch in der Nähe ihrer Mütter auf. Trotzdem bin ich davon überzeugt, daß dieses Kitz zu einer der führenden Geißen des Rudels gehörte. Es fragt sich nur, ob diese zu dem gegenwärtigen Zeitpunkt bei der Gemeinschaft stand, ob sie sich nicht etwa auf der Suche nach einem männlichen Partner befand und das Kitz abgelegt hat. Solches Verhalten ist einwandfrei erwiesen, auch bei einem Bestand mit normaler Geschlechterverteilung wie bei anderen Wildarten, besonders deutlich beim Rehwild.

Diesen Vorgang hatte ich ein paar Jahre zuvor selbst eindeutig und überzeugend beobachtet. An einem schneelosen Tage gegen Ende der Brunft saß ich mit Freund Albert oben auf einem Gratrücken im „Zwiefelgehren". Im Kessel der „Hinteren Wanne", vor der trennenden Schneid gegen das auf der Ostseite liegende „Sparwännele" zu, äste ruhig ein starkes Rudel. Es ging auf die frühe Vesperstunde zu. Da löste sich aus dem Wald weit im Nordwesten unterm Hahnenbalzplatz des „Windecks" ein pechschwarzer Gams, wechselte stetig und zügig unter der langgestreckten Wandkulisse nach Osten auf das Rudel zu. Wir hatten Zeit genug, ihn mit unseren guten Gläsern zu beobachten und prüfend zu betrachten. Albert meinte: fünf- bis sechsjähriger Mittelbock. Ich mußte ihm beipflichten. Die Krucke hoch, nicht stark, aber normal gehakelt. Auch das äußere Erscheinungsbild des Gebäudes ließ bei uns keinen Zweifel aufkommen. Aber die Natur kennt kein Schema und keine Schablone. Es gibt ja auch Mannweiber! Einen Pinsel, der sich ja erst bei den höheren Semestern und bei Schneelage besonders deutlich abhebt, konnten wir bei der großen Entfernung nicht erkennen.

Ohne Verzug näherte sich der Gams dem Rudel. Zwei Schrotschußweiten mochten ihn noch von diesem trennen, da löste sich aus dem Verband plötzlich ein Kitz, stürzte geradezu dem Neuankömmling entgegen, drängte sich unübersehbar mit stoßendem Köpfchen an die nährende und stärkende Spinne der Mutter.

Wir beide schauten uns überrascht an, kopfschüttelnd ob unseres Irrtums. Wir waren um eine wertvolle Beobachtung und Erfahrung reicher geworden!

Die rote Arbeit an dem nun doch „gerecht" gestreckten Gams ist rasch getan. Der Aufbruch wird nicht lange liegenbleiben; bis zum Abend ist bestimmt nicht mehr viel übrig. Schon kreisen, wie immer ungeduldig rufend, die Göttervögel über mir. Den Rest wird sich der Bergfuchs holen. Aber auch diesmal müssen sich die Kolkraben noch eine halbe Stunde gedulden.

Der Leser wird nach all dem, was er von mir weiß, verzeihend verstehen, wenn ich auch jetzt, vor dem Aufbruch zur Hütte, noch nachdenklich verweilend dem um- und rückschauenden Blick auf den vor und unter mir weitmuldig ausgebreiteten „Großen Wald" eine kurze Spanne Zeit widme.

Wehmut, nein Trauer übermannt mich angesichts der zivilisatorischen, zum Teil freilich unabänderlichen, unabwendbaren Veränderungen, die diese mir noch als ursprünglich in Erinnerung stehenden Bergwälder erfahren haben.

Daß die Staatsforstverwaltung die unteren Lagen im Zeitalter der technisierten Bringung und ihrer zwangsläufig daraus resultierenden Holzverwertungspraxis durch autobefahrbare Wege erschließt, mag man bedauern, man kann es aber nicht beanstanden. Sie ist ja schließlich nicht nur eine Hoheits-, sondern auch eine Wirtschaftsverwaltung und hat ihren Betrieb nach entsprechenden Grundsätzen auszurichten. Eher könnte man am Übermaß und der Art der aus den Mitteln des „Grünen Planes" gebauten, das umliegende Alpgebiet durchziehenden Wirtschaftswegen Anstoß nehmen. Und als ich gar an dem im Grunde des Starzlachtalkessels verlaufenden, straßenmäßig ausgebauten Weg, weitab von der nächsten Ortschaft, einen Kinderspielplatz mit all seinem Zubehör, dem Lärm und der Unruhe, dem Massengewimmel und dem zugehörigen Zivilisationsmüll entdecke, da erschrecke ich doch zutiefst. Muß man sich da nicht ernsthaft fragen, ob hier nicht einem modischen Trend und dem Geschäft, dem sogenannten Tourismus, zu große Konzessionen zu Lasten der ohnehin geschundenen Natur, der mißbrauchten Umwelt und der geschändeten Landschaft gemacht wurden? Was sagen die Naturfreunde dazu, die wahre Erholung in der Stille und Ruhe suchen?

Ehrlich betrübt ob dieser bedrückenden Veränderung des Landschaftsbildes, besinne ich mich auf meinen nächsten Umkreis. „Auf, Senta! Wir wollen uns wieder der Gegenwart und der allernächsten, freundlichen Zukunft zuwenden!"

Die „Bringung" der erlegten Gamsgeiß ist diesmal einfach und mühelos. Ich brauche sie nicht zu tragen, nehme sie an der Krucke und schleife sie über den Grasboden des Alpgeländes hinab zur nahen Roßberghütte. Dort hänge ich sie an den Nagel neben der Eingangstür wie all die vorangegangenen Artgenossen. So kann sie auch gründlich ausschweißen und schön auskühlen.

Ich habe mit meinem Freund Albert, der staatlicher Berufsjäger in der benachbarten Selbstverwaltungsjagd des Forstamtes Sonthofen ist, aber dem für das Grüntengebiet zuständigen Jäger, seinem Sohn Robert, beim Kahlwildabschuß, bei der Winterfütterung und gelegentlich bei der Führung aushilft, vereinbart, daß wir uns abends auf der Roßberghütte treffen wollen. Darüber hinaus haben wir ausgemacht, daß wir uns beide am nächsten Tage gemeinsam gründlich am Grünten umsehen wollen. Er hat mir nämlich berichtet, er wüßte eine ganz alte, nichtführende, einkruckige Gamsgeiß. Die müßte ich vor meiner Abreise unbedingt noch schießen. Er ließ nicht locker, mir diesen Plan schmackhaft zu machen. Ehrlich gesagt, die zustimmende Entscheidung fiel mir nicht schwer.

Heute abend erwarte ich ihn also. Hund und Herr haben ihr schmackhaftes Abendmahl beendet. Eine der braunen Flaschen mit einem rassigen Riesling aus den Lagen der Mittleren Weinstraße harrt, entsprechend gekühlt, der Eröffnung. Wohlige Wärme durchströmt den gemütlichen, fichtenholzgetäfelten Raum. Gebälk knackt. Das ruhelose Pendel der Uhr tickt. Meine Schweißhündin schläft müde und gesättigt am Kachelofen auf der aus den Waldbergen mitgebrachten Sauschwarte.

Ich sitze am Hüttentisch vor dem von einem ebenso sympathischen wie verläßlichen Freund und Jagdgast für die Roßbachhütte gestifteten Hüttenbuch. Später übernahm ich es in die dem Leser nicht unbekannte, mitten im weiten westlichen Wäldermeer gelegene Weißenberghütte. Dort wurde es weitergeführt.

Über das Thema ,,Hüttenbücher" ließe sich ein langes, buntes, inhaltsschweres Kapitel, ja mehr noch, ein ansprechendes, gehaltvolles, vielfarbiges Werk schreiben. Baron Cramer Klett hatte den gleichgerichteten Gedanken und setzte ihn in treffender Wertung dieses jagdlichen Kernstückes in die Tat um, hielt ihn in einem Abschnitt eines seiner schönen Werke literarisch fest.

Ab und zu stehe ich, meine Aufzeichnungen überlegend, von Buch und Tisch auf, schreite nachdenklich im Zimmer auf und ab, im Takt des Pendelschlages der Uhr, die das Maß der Zeit auf ihrem Weg in die Ewigkeit nimmt, dazu die aus geheimen musikalischen Sphären rhythmisch heranschreitende zugehörige Musik weckt: die beschwingten Eingangstakte aus dem 2. Satz von Joseph Haydns heiterer, sonniger Sinfonie Nr. 101. Und rings um mich die grandiose göttliche Stille der Urzeit. Dann setze ich mich wieder frohgemut an meine beglückende Arbeit.

Ich schaue auf den Zeiger. So allmählich wird es Zeit. Aber Albert hat von der ,,Kottersch" auf der anderen Talseite, wo er sich in der Staatsjagd auf Kahlwild ansetzen wollte, einen weiten Anstieg. Da erhebt sich Senta von ihrem schwarzborstigen, dank der dicken Unterwolle warmen Lager und lauscht mit gestellten Behängen. In der Einsamkeit des Hochgebirges dringt jeder Laut leichter ins Gehör, vornehmlich in das feine Hundeohr. Gleich darauf vernehme ich den über den Vorplatz knirschenden Schritt.

Ich freue mich jedesmal, wenn Albert einen Abend mit mir hier oben verbringt. Wir sind als volksschulpflichtige Jungen auf den gleichen Bänken der Burgberger Dorfschule unterm alten Oberlehrer Bullinger gesessen. Wir gehören dem gleichen Volksstamm an und reden in seiner ursprünglichen Sprache. Wir verstehen einander sehr gut. Unsere jagdlichen Anschauungen und Erfahrungen decken sich. Einer kann vom anderen noch etwas lernen. Und, was mich besonders freut, er konnte hier im Herzen der Schwarzwildreviere des Pfälzer Waldes ebenso wie sein Sohn Robert ein paar Schwarzkittel, ein dem Hochgebirgsjäger fremdes Wild, erlegen.

Und noch eine besonders geartete Genugtuung ist mit den beiden hochgebirgsjägerischen Besuchen in den weiten westlichen Waldbergen verbunden. Einmal begleitete den Robert ein anderer Allgäuer Bergjäger, nämlich Hans Stich, Mitpächter meines von mir hochgeschätzten Freundes und Jagdnachbarn Wilhelm Mauthe. Heute ist er Inhaber eines soliden Sägewerkes, eines angesehenen Familienbetriebes. Auch ihm gelang es, einen Schwarzkittel zu strecken. Mit seinem jagdlichen Erlebnis konnte er ein von mir angeregtes Geschäft verbinden. Dies hatte für mich, den eingefleischten Allgäuer, eine besondere Note. Ich hatte seinem Vater einen Posten für seine Zwecke geeigneten, namentlich für den Treppenbau verwendbaren Eichenstammholzes aus dem Einschlag des Forstamtes Merzalben angeboten. Er griff sofort zu. Beide Partner waren zufrieden. Der Sohn übernahm das Material an Ort und Stelle.

Welch vielsagende, hintergründige Beziehung verband sich hier mit einer nüchternen Aktion! Welch seltsame lebendige Brücke wurde da von den Eichenhallen dieser Bergwälder zu den Herzen und Höhen der Heimat geschlagen!

Jeder, dem es vergönnt ist, mit den Berufsjägern des Hochgebirges, dieser jägerischen Elite, zu waidwerken oder gar mit ihnen den Jagdbetrieb zu planen, zu ordnen, zu lenken, wird verstehen, welch wertvolles Geschenk für mich ein solcher Abend bedeutet. Und so empfinde ich es als tief schmerzenden, immer noch nachwirkenden Verlust und als empfindliche Lücke, daß dieser urwüchsige Jäger vor ein paar Jahren viel zu früh in die ewigen Jagdgründe abberufen wurde.

Zur Aufmunterung fülle ich dem Albert gleich nach der Begrüßung das Cognacglas. Mit Behagen läßt er den feurigen Trunk langsam und genüßlich auf der Zunge zergehen und durch die Kehle rinnen. Es ist ja schließlich kein Stilbruch, wenn man im gegebenen Falle den goldbraunen Geist der Traube dem klaren, bitterherben Enzian, dem Produkt des Allgäuer Bergbodens, vorzieht.

Nachdem sich der Albert mit einheimischen Erzeugnissen, auch aus der eigenen Landwirtschaft, gestärkt hat, fragt er gleich mit listigem Augenzwinkern, welche Flasche er denn aus dem Keller holen solle. Er hatte ebenfalls Geschmack an der Gottesgabe des Weines gefunden.

„Albert, sie ist schon kühl gestellt, draußen in der Küche!"

Nur eines kann er wider besseres Wissen nicht lassen: Er ist und bleibt ein starker Raucher. Er läßt sich auch von mir, einem mäßigen, nie inhalierenden, vorwiegend nur in jagdlichem Zusammenhang Duft und Gewölk mazedonischer, virginischer Zigaretten, einer würzigen Brasil oder eines mattbraunen Sandblattes genießenden Tabakfreund, nicht beeindrucken. Belehrungen nützen hier nichts. Zum Wein will er eine gute Zigarre rauchen. Weil er allen Einwänden mit der Erwiderung begegnet, der Wein schmecke ihm auch so oder gar noch besser, liegt immer mein wohlgefülltes Lederetui für ihn bereit.

Wir trinken die köstliche Gabe der pfälzischen Weinberge langsam und bedächtig. Der Allgäuer hat längst gelernt, daß man diesen Trank nicht wie das profane Bier durch die Gurgel laufen lassen darf. Als sich der Inhalt der Flasche dem letzten Viertel nähert, schaue ich bedeutungsvoll auf mein Glas, dann beziehungsvoll auf die Flasche und schließlich fragend auf den Albert. Der nickt und grinst verständnisvoll.

„Albert, geh gleich in den Keller! Hol eine Flasche 1953er ‚Ruppertsberger Kieselberg', Riesling. Sie liegen rechts im großen Karton. Stell die ‚Gutter' (= allgäuisch für Flasche) noch vor die Tür! Dann hat der Wein das richtige Klima, bis wir mit der ersten Flasche fertig sind. Und dann schenk ein den Wein, den holden!"

Die Zeit vergeht wie im Flug. Aber nichts von dem, was wir zwei gleichgesinnten Jäger da oben in der Einschicht der Roßberghütte besprechen, nichts geht verloren.

Doch als der kleine Uhrzeiger auf die Vormitternachtsstunde zurückt, ziehen wir uns beide, rechtschaffen müde, aufs Matratzenlager und in die weichen Wolldecken zurück.

Auch am nächsten Tag hat die Föhnlage den Einbruch der Tiefdruckzone zurückgehalten. Aber am späten Morgen, als wir ohne alle Eile den breiten Rücken der Roßbergalpe hochsteigen, hat sich der tiefblaue Föhnhimmel überm Alpenraum und seinem Vorland bis auf einen schmalen Spalt geschlossen. Ein Gespinst faseriger Stratozirruswolken schob sich darüber.

Das Rudel, dem ich gestern die nichtführende Altgeiß entnommen habe, steht wieder an den Steilhängen und Lawinenstreifen des Roßgehren. An dessen Fuß, am Anschluß des flachen „Roßbergmöösle", sehen wir unterhalb des Verbandes hinter einer Bodenwelle einen einzelnen Gams im Bett sitzen. Nur Haupt, Träger und ein zwei Spannen breites Stück des Rückens sind sichtbar.

Wir nehmen ihn in unsere Gläser. Bock – das ist auf den ersten Blick klar. Kurze, starke, kräftig gehakelte Krucken. Unsere beiderseitige überschlägige Altersschätzung, soweit diese nach der Krucke allgemein möglich ist, und aus dem, was wir sonst noch sehen, ergänzt wird, deckt sich. Normalerweise dreijährig, kann vierjährig sein, allerhöchstens fünfjährig.

Aber je länger ich den Gams unter die Prüfung der helfenden Optik, schließlich sogar des Ausziehspektivs nehme, desto stärker fällt mir etwas auf: die Färbung des Haupthaares. Diese kaum abgesetzten Zügel, diese verschwommene Mischung der mehr grau bis grauweißen als schwarzen Streifen im maisgelben Backengrund! Ist das nicht ein typisches Altershaupt? Die Höhe der Krucken, ein variabler Maßstab, ist nicht entscheidend. Ich habe da schon allerhand Erfahrungen gesammelt und kann zu Hause Belegstücke vorweisen!

Der „Abschuß" an Gamsböcken ist bereits erfüllt. Wir würden nur noch einen sichtlich und nachweisbar Kümmernden und Kranken, diesen allerdings unbedenklich, mitnehmen. In diesem Augenblick haben wir jedenfalls keine ernsten Absichten.

Ich flüstere dem Albert meine Beobachtung zu. Er zuckt nur unschlüssig mit den Schultern. Ein vor uns liegender Felsblock bietet uns die Möglichkeit, mit gutem Wind auf mittelmäßige Bleikugelschußweite heranzukommen. Wir beide sind daran interessiert, die ungefähre Altersstufe festzustellen. Wir kommen ohne Schwierigkeiten an unseren gedeckten Beobachtungsplatz heran. Gut eine halbe Stunde studieren wir das Wild nach all seinen sichtbaren Merkmalen. Wir werden nicht klug, kommen zu keinem schlüssigen Ergebnis. Da hilft nur eins, wir müssen den Pinsel sehen, wohl den verläßlichsten aller Anhaltspunkte. Ich blädere den Gams an. Er dreht uns nur das Haupt zu, bleibt aber ruhig in seinem Lager. Da muß man halt deutlicher werden! Der Albert stößt mit der Spitze seines Bergstockes an den Stein. Das klirrt vernehmlich. Endlich wird das Objekt unserer Aufmerksamkeit ohne alle Hast hoch, verhält aber noch eine Weile, ehe es ohne Eile abflüchtet und uns Gelegenheit zu einem endgültigen Urteil gibt. Dieses dünne, auf dem Hintergrund des aperen Bodens kaum sichtbare Pinselzöpfchen! Ein normaler Drei-, höchstens Vierjähriger ist es! Und mag auch in der Deckenfarbe das Gelb-Braun noch mehr überwiegen als das übliche Schwarz, so macht der Bock einen durchaus gesunden, vollkräftigen Eindruck.

Für uns ist es wieder eine durch Anschauung untermauerte Beobachtung und Lehre, wie schwierig ein verantwortungsbewußtes Ansprechen des Gamswildes ist, wie problematisch manche der als Altersmerkmale vorgegebenen Anhaltspunkte, besonders aber die Farbe der Zügel, sind. Die Natur durchbricht immer wieder die von menschlichem Drang nach systematischer und schematischer Einordnung geschaffenen Grenzen. Und daraus ergibt sich die jägerische Konsequenz, die Forderung nach größter Sorgfalt beim Ansprechen.

Als wir nach langem, gemächlichem, in jeder Hinsicht herzerfreuendem Pirschgang durch die Haupteinstände der Gams, unterbrochen von Verschnaufpausen des Umblicks, des Austausches von Meinungen und einer ausgedehnten Mittagspause oben beim ehrfurchterheischenden Jägerdenkmal, zuletzt im „Zwiefelgehren“ landen, hat sich eine geschlossene Grauwolkendecke gebildet, die einen baldigen Einbruch des Schlechtwettergebietes anzeigt.

Wir überqueren gerade auf wildwechselartigem Jäger- und Hirtenpfad die Mulde der „Vorderen Wanne“, steigen langsam den nächsten Trennrücken hoch und nehmen vorsichtig Einblick in den Kessel der „Mittleren Wanne“, da sinken wir buchstäblich in uns zusammen. Über uns äst ein mittelstarkes Rudel, so an die zwanzig Gams.

Kaum halten wir unsere Gläser an die Augen, da zischelt mir Albert zu: „Dort oben, links, unter dem hellen Felsbrocken!“

Ich erkenne sie sofort. Wenn der Albert solch eine präzise, dabei drängende Feststellung trifft, brauche ich nicht nachzuprüfen. Ich verlasse mich auf ihre Richtigkeit. Behutsam mache ich mich, Rucksack und Loden vor mir aufbettend, schußbereit. Das Weitere verlangt keine hohe Kunstfertigkeit. Die Entfernung wäre auch für einen „Neujäger“ überbrückbar. (Diesen übrigens sehr treffenden Ersatzbegriff für „Jungjäger“ fand ich in einem der jüngsten jagdlichen Werke des Leopold Stocker Verlages, Graz.) Die Einkruckige nimmt Knall und Prall der Entladung nicht mehr wahr. Ihre spitzen Luser sind schon ertaubt, als der Herz und Lunge durchsprengende Schlag sie trifft. Erloschen fällt sie in sich zusammen. Kein Lauf rührt sich mehr.

Das Rudel wirft unterm abschwellenden Widerhall des Schusses nur auf, äst dann aber nach Überwindung der Schrecksekunden und der warnenden Störung vertraut wieder weiter. Wieder ein Beweis dafür, wie wenig Beunruhigung unter dem Wildbestand ein auf Einzeljagd ausgerichteter, geordneter, anständiger Jagdbetrieb verursacht und wie unsinnig gegenteilige Behauptungen jagdunkundiger, aber siebenmalgescheiter Zoologen sind. Wir warten eine halbe Stunde, bis sich der Verband nach und nach gegen Osten verzogen hat und wir unsere Beute gedeckt holen können.

Da liegt sie nun, die im wahrsten Sinne des Wortes „Ergraute", mit einer merkwürdig silberhell übertünchten graugelben Decke. Sie ist zwar nicht abgekommen, macht auch keinen kümmernden Eindruck und zeigt auch keine ins Auge fallenden Krankheitserscheinungen. Aber das Wildbretgewicht ist sehr gering. Und von Feist ist keine Spur zu sehen. Ich zweifle daher daran, ob sie einen weiteren Winter überstanden hätte. Die eine Krucke war offenbar durch Steinschlag abgebrochen.

Auch sie hängt in meinem Alterssitz, die Sechzehnjährige, rechts von meinem Schreibtisch, nahe jener noch weit höher betagten Altmutter der Grüntengams. Und ich möchte sie nicht gegen eine noch so hochpunktige, prunkende Trophäe aus heimatfernen, herzensfremden Jagdgebieten eintauschen.

Ich sage es noch einmal: Die Liebe zur Trophäe und das Gefallen an ihr ist und bleibt wesentliches gesundes Zubehör des Jagens. Das hat mit Trophäenkult und Trophäensucht nichts zu tun. Solch kritische Bezeichnung verdient jene Überbetonung, Überbewertung, Anbetung und Vergötzung der Trophäe, die ihre Erbeutung zum einzigen und ausschließlichen Ziel und Inhalt der Jagd machen, ihre Erhebung zum Statussymbol, zum Gegenstand der Selbstbestätigung, schlimmer noch, des aufdringlichen, abstoßenden Protzentums. Leider liefert unsere Zeit für diese ungesunde, schädliche Entartung des Waidwerks betrübliche Beweise!

Die schlichte, unscheinbare Gamskrucke eignet sich freilich zur Befriedigung solch angeberischer Gelüste am allerwenigsten. Für diese entwürdigende Rolle sind in erster Linie die repräsentativen Beutestücke aller Kontinente prädestiniert und ausersehen.

Der Albert steigt zu Tal und nimmt die leichte Last gleich mit. Ich selbst pirsche langsam auf gewohntem Jägerpfad unter einem sich verdüsternden

Himmel zur Hütte zurück. Über die Almen pfeift und faucht schon ein eiskalter Wind aus Westnordwest heran. Als ich abends, vor dem „Zunachten", vor die Tür trete, um nach dem Wetter zu schauen, wirbeln die ersten Flocken herab. Das ist wohl der endgültige Wintereinbruch. Da entschließe ich mich, am nächsten Tage meinen Hüttenaufenthalt zu beenden. Es gibt ja im Tal vor meiner endgültigen Rückfahrt noch verschiedenes zu regeln.

Abends beim gemütlichen Knistern des Feuers im Kachelofen, während ich in kleinen Schlucken feierlich die letzte Flasche einer Riesling-Spätlese schlürfe, halte ich freudig bewegtes Erntedankfest über diese erlebnisreichen Gamsbrunfttage im weißen November, den heutigen Tag des guten Abschlusses natürlich lebhaft einbezogen.

Klingt da nicht der Schall des Schusses, der die Steilhänge des „Zwiefelgehren" heute emporrollte, unbewußt, aber doch in den sensiblen Strängen des Jägers fühlbar nach – klingt er nicht wie ein Abschiedssalut? Ein Abschied freilich nur für Monate, nach menschlichem Ermessen, wenn es die Fügung eines gnädigen Gottes so zuläßt. Im Mai, wenn das Tiefblau der Enziankelche sich mit dem Hellgold der duftenden Bergprimeln mischt, wenn sich im Talgrund die frischgrünen Wiesen mit den gelb leuchtenden Löwenzahnteppichen überziehen, silberner Grillenschliff über die Hänge rieselt, da will ich wieder hier oben sein. Einen von den Kleinen Hahnen möchte ich mir noch holen, am „Windeck" oben oder in seiner Umgebung. Einen einzigen noch – den letzten meines Lebens. Dann ist's genug!

Aber es ist doch ein Abschied von der Erde, in der man geboren, geworden, gewachsen war, von der Landschaft, deren Bild man unauslöschbar im Herzen trägt und bewahrt. Und aller Abschied ist schwer, ist schmerzlich. Dies fühle ich, als ich letztmals nachdenklich das Zimmer durchwandere. Diesmal begleiten nicht die heiteren, froh im Uhrtakt mitschwingenden Töne des Haydnischen Werkes meine Schritte und meine Gedanken. Sie sind einem ernsten, fast schwermütigen Thema gewichen, dem 2. Satz aus Franz Schuberts d-Moll-Streichquartett. Und doch leuchtet aus dem Sang der Violine über der dunklen Klage des Cellos ein versöhnliches Licht, ein tröstlicher Schein: die Hoffnung auf Wiederkehr.

Ich habe wirklich allen Anlaß zur Feier eines Erntedankfestes. Jeder Jäger, der in der Heimat jagen kann, wird mich verstehen, wird mir beipflichten: Es ist das schönste Geschenk eines gütigen Gottes!

Mit meiner Schweißhündin, die, als hätte sie meine Gedanken erfühlt, leise zu mir kommt und ihren Kopf an mein Knie schmiegt, führe ich ein einverständliches Zwiegespräch.

„Morgen, meine Kleine, geht es wieder hinab zu den Zweibeinern, zu ihrer so vielgepriesenen Zivilisation mit allem guten und schlechten Zubehör! Und in ein paar Tagen werden wir auf diesen gräßlichen, kalten Asphalt- und Betonwechseln einer wild gewordenen, verrückten Menschheit zurückkehren in die schönen, ausgedehnten, stillen, Gott sei Dank noch so wenig berührten Waldberge westlich des Rheinstromes. Und dann gibt es für deine feine Nase wieder andere Wittrungen als die so ansprechende des Wildes der Hochberge, die des Rotwildes und die starke, strenge der Sauen. Und dann werden wir, wenn der Schnee über das weite Waldgebirge gefallen ist, an sonnigen Tagen den Rotbeuter mit der Hasenklage betören und überlisten!

Aber die Ernte dieses weißen Novembers wird hinten unterm Rückfenster des so notwendigen, unentbehrlichen, aber so unpersönlichen Gehilfen dieses Zeitalters liegen, um sie bei der Abschiedsfahrt immer im Blickfeld zu haben.

Und ein wenig später werde ich sie in meinem Arbeitszimmer, von meinem Schreibtisch aufblickend, dankbar betrachten, sie weit höher als das greifbare Ergebnis jägerischer Bemühung und Erbeutung einschätzend. Sie würden mir immer wieder im Herzen das unversiegbare Erlebnis wecken, das unzerstörbare Geschenk der buntfarbigen, vielgestaltigen, gebefreudigen, tausendäugigen Jagd."

Gerechte Buße

Der Jäger des technischen Zeitalters hat es bei der Jagdausübung, besonders aber beim Ab- und Heimtransport, also der „Bringung“ des erlegten Wildes, weitaus leichter als vorausgegangene Generationen. Motor und Auto, die seelenlosen Götzen einer weitgehend entseelten Gegenwart, überbrücken für den Menschen mühelos die Entfernung vom Wohnort zum Revier, sie tragen ihn in der Regel ohne außergewöhnliche Inanspruchnahme der naturgegebenen Gehwerkzeuge, seiner Läufe, sogar in die Nähe des Ansitzortes, des Hochsitzes, der Kanzel. Selbst im Hochgebirge dringen technische Neuerungen geländegängiger Fahrzeuge an Stelle des Pferdes, des sympathischen Haflingers sowie des Mulis weit ins schwierige Gelände vor.

Und liegt die Beute auf der Strecke, so braucht sie oft genug nur in herangesteuerte Gefährte verschiedener Art verladen zu werden.

Körperliche Anstrengung, Schweiß, Knochen- und Muskelarbeit, Zeitaufwand bleiben dem Jäger vielfach erspart. Schon die Schnelligkeit der An- und Rückfahrt, damit die Flüchtigkeit der Eindrücke, enthält dem jägerischen Auge und Ohr manch interessante Beobachtung vor. Beim mehr oder minder mühelosen Heimtransport des Wildes ohne die enge, körpernahe Berührung mit der Beute, ohne die schweißtreibende, muskel- und sehnenspannende, das jagdliche Erlebnis unterstreichende und sich besonders nachhaltig einprägende Anstrengung geht dem Jäger viel, geht ihm vielleicht das Beste verloren. Man kann, wenn man sich einen Rest der heute in Worten so vielgepriesenen und dabei in der Tat so selten geübten Tugend der Toleranz bewahrt hat, darüber denken, wie man will. Mancher Jäger unseres weithin seelenlosen Zeitalters wird solchen Überlegungen eine andere, positiv erscheinende, kalte und nüchterne Kalkulation entgegenstellen, wird vielleicht überlegen und mitleidig lächelnd meine ,,romantische“ Aufrechnung abtun.

Aber ich kann mir nicht helfen, ich empfand und empfinde bei der Bringung immer so etwas wie ein entlastendes Gefühl für meinen Eingriff in das Leben der Kreatur, wie eine gerechte Buße für meinen groben Einschnitt in die Schöpfung, so etwas wie die Begleichung einer Schuld für die Befriedigung der jägerischen Lust. Nicht einen dieser beutebelasteten Abstiege, Heimwege mit ihren rück-, um- und vorschauenden Pausen möchte ich missen. Welch kümmerlichen, welch kläglichen Eindruck machen jene Jagdscheininhaber, deren jägerische Tätigkeit darin besteht, zum Ansitzplatz, zur Wohnkanzel hingefahren, hingeführt, hingeschleppt, hingeritten zu werden, nach erfolgreicher Tötung, womöglich im Gatter oder im Schaugehege, nach kurzem begutachtendem Blick auf die Beute das Scheckbuch zu zücken oder die Scheine hinzublättern? Wie sehr schadet dieses vom Begriff „Jagd“ weit entfernte, protzige, von gewissen jagdfeindlichen Massenmedien aber weidlich und geschickt ausgeschlachtete Gehabe dem Ansehen des Waidwerks! Man kann diesen Mißbrauch der Jagd nicht oft und scharf genug anprangern! Schade, daß man daraus nicht ernsthafte und fühlbare Konsequenzen ziehen kann. Im jüngsten Werk Heribert Hornecks „Der rote Punkt“ (Stocker-Verlag, Graz) sind die Schwächen unseres jagdlichen Zeitalters fein und treffend glossiert.

Vom alten Burgberger Forstamtsgebäude, meinem Elternhaus, braucht man bei gewohntem berglerischem Paßgang gute zwei Stunden, bis man die bergahornbeschattete Giggelsteinhütte erreicht. Der anstrengende Abschnitt war das letzte Viertel. Aus dem südhängigen hellen, freundlichen Bergwiesenkomplex, dem „Höfle“, mündet der fast eben verlaufende Bergweg an zahlreichen damals noch vom Sommer bis zum Winter mit duftendem Bergheu gefüllten Hütten vorbei in eine beiderseits von Fichtenkulturen, einer kleinen Lärchenfläche und angehenden dichten Stangenhölzern gesäumte, ob des hohen Lehmgehaltes selbst im trockenen Sommer anmoorige und überprügelte Strecke ein. In langgezogener Ostkurve führte diese auf sich verschmälerndem Steig über dachsteile, mergelig-schieferige Abplaikungen hinweg ins wildbachdurchbrauste Giggeltobel hinab. In Windungen und Wendungen zog sich der Pfad dann durchs südseitige, urtümlich bestockte Filzmoos zur Giggelsteinhütte hinauf. Hatte man von dort einen vollkräftigen Rehbock oder gar einen schwergewichtigen Gamsbock zu Tal zu tragen, so war man heilfroh, wenn man diesen Abschnitt hinter sich gebracht hatte und das Bergwiesengelände hell vor sich aufleuchten sah.

Eine kurze Strecke ging es vom Filzmoos noch über das Alpgelände der „Kölle“, dann öffnete sich neben dem kaltsprudelnden Brunnen das kleine Gatter der Umzäunung und dann unter knarrendem, knirschendem Laut des Schlosses die fichtenbohlene, dunkelbraun gebeizte Tür, schlug mir vertrauter Geruch von Holz und Harz entgegen, öffnete sich eine Welt der Stille und Geborgenheit, die bis in die heutigen Tage des Herbstes hereinwirkend ihren Zauber behalten hat.

Von der Giggelsteinhütte aus hatte man einen prachtvollen Überblick über den ganzen Starzlachtalkessel mit dem Mittelpunkt des ernsten, bis zum Gipfel bewaldeten Wertacher Horns mit seinen Seitenflügeln vom westlichen Steilabsturz der ,,Sange" bis zu der im Osten fichtendunkel und almengrün abschließenden ,,Reutter Wanne" und dem Edelsberg.

Wenn man nach Sankt Cyprian abends auf der rauhen, grauverwitterten Bank an der Südseite der Hütte saß und in den hereindämmernden Abend oder in die herbstlich düster lastende Nacht hinaushorchte, dann schlugen von Ost, Süd und West aus dem starzlachdurchrauschten Becken und den einschließenden Hängen die Schallwellen des großen Hirschkonzerts an das Ohr, die abgrundtiefen Bässe, die samtwarmen Baritone, die hellen Tenöre. Plötzlich brandete es in voller Stärke auf, um sich wieder in Solostimmen fortzusetzen.

Eine gute Stunde länger mußte man sein Berggepäck tragen, wenn man auf den üblichen, also den meist benützten Jägerwechseln zur kleineren, aber nicht weniger heimeligen, in die Stille der Hochlagenwaldungen unterm ,,Tiefenbacher Roßkopf" gebetteten Stuhlbachhütte hinaufstieg. Ich liebte sie noch mehr als ihre Schwester, die Giggelsteinhütte, die man von dort über den Starzlachgrund hinweg am Südrande des Giggelsteins liegen sah. Nach Norden gab sie den Blick frei über den wie ein Riegel nach Osten vorstoßenden Grüntenausläufer und über sein Ende, den gratigen Sattelrücken, über die anschließenden Wertacher und Kranzegger Alpen, die Höhenzüge und Hügel des Alpenvorlandes hinweg auf die grüne Weite der schwäbisch-bayerischen Hochebene bis zu den verblauenden Jurahöhen hinterm Nibelungenstrom. Schaute man nachts durch die Nordfenster oder trat man vor die Türe, so funkelte einem zwischen den einzeln flimmernden Leuchten der allgäuerisch verstreuten Einzelhöfe, der eingenisteten Weiler und aufgelockerten Dörfer das geschlossene Lichtermeer der alten Römerstadt Kempten entgegen. Noch weiter nördlich konnte man deutlich das Strahlenkreuz der Kronburg bei Memmingen ausmachen und bei entsprechender Witterung die Lichtkuppe der schwäbischen Metropole Augsburg.

Nach Westen gestattete ein schmaler Aufhieb in die zur Hütte herandrängende Kulisse des ,,Höflerwaldes" einen beschränkten Ausblick ins Illertal und in das dahinterliegende Gunzesrieder Tal mit den gerippten, scharfgratigen Nagelfluhbergen und der sich nach Süden hinziehenden gerundeten Hörnerkette. Man sah die weiße Dampfwolke des Immenstädter-Sonthofener-Oberstdorfer-Zügles und hörte es bei Westwind dumpf über die Illerbrücke rollen.

In den an den Ersten Weltkrieg anschließenden Jahren und der damaligen Inflationszeit hatte auch ein junger Mensch im unbedenklichen, aufbrausenden Lebensalter seine belastenden Sorgen, die unsere in der heutigen Wohlstandsgesellschaft aufwachsende Jugend nicht oder doch nicht unmittelbar kennt. Da war die verworrene, von Unruhe und Aufruhr durchpulste, schon vom ersten Wetterleuchten einer noch weit größeren Weltkatastrophe durchzuckte allgemeine Lage, der erschreckende Schwund und die totale Entwertung des nicht in Grundstücken angelegten elterlichen Vermögens. An der Universität ein rücksichtsloser Konkurrenzkampf auf dem angestrebten Berufsgebiet. Man mußte sich unter diesen erschwerten Umständen schon ganz fest dranhalten, um in den traditionell vorgegebenen Beruf einsteigen zu können. Dieses Ziel lag mir sehr am Herzen.

Wenn sich aber hinter der schweren, grau verwitterten Fichtentüre der Stuhlbachhütte diese kleine und doch so weite Welt beseligender Einschicht öffnete, dann lösten sich alle beengenden Bande, dann fielen die bedrückenden Bürden, dann wichen die düsteren Schatten einer freundlichen, stillen Welt und ihrer beglückenden Schau.

Bis zum Jahre 1904 bestand die Stuhlbachhütte nur aus einem einzigen Raum, dem heutigen Schlafzimmer. Das sehr ansprechende, gemütliche, fichtengetäfelte, von drei Fenstern erhellte Wohnzimmer im Norden sowie die Holzremise im Süden ließ erst mein Großvater in jenem Jahr durch unseren Nachbarn, den Zimmermeister Steiner, anbauen. Kurz nach dem Ersten Weltkrieg wurde durch einen Sonthofener Hafnermeister ein außerordentlich praktischer, viel bewährter Sesselofen, eine Kombination von Herd und Ofen, aufgestellt.

Etwa bis zur Jahrhundertwende hauste im ursprünglichen Grundstock des Gebäudes der kgl. Jagdgehilfe Mair, im Volksmunde nur der „Springmair" genannt. Die unterhalb der Hütte steil in den Stuhlbachursprung abfallenden Abplaikungen werden auch heute noch als „Mairs Riese" bezeichnet. Doch darüber an anderer Stelle mehr!

Von der Stuhlbachhütte aus bejagte man in erster Linie die vom bewaldeten Wertacher Horn westlich streichenden Ausläufer, vom steilen „Hörnleswald" über den licht bestockten „Tannenkopf" und das urwaldähnliche „Ödigs Gmahd" mit seinen Reißen und Freiflächen, dem sich von der Hütte südwärts aufwölbenden „Tiefenbacher Roßkopf" und seinen wildverwachsenen Bruder, den plaikenreichen, schwer zugänglichen und bejagbaren „Krottenbichel" und dem nach Westen auslaufenden scharfgratigen „Tiefenbacher Eck".

Aber auch die tieferen, gegen den Starzlachtalkessel abfallenden Lagen, im Westen bis zu den Dickungen, Schlägen und Althölzern der ,,Kottersch“ und dem rundkuppigen ,,Bläßleskopf“, Domäne heimlicher Bergböcke, wurden je nach Jahreszeit und Windverhältnissen in die auf der Stuhlbachhütte geschmiedeten jagdlichen Pläne einbezogen. Es war ein weites Feld jägerischer Wünsche und Verheißungen.

Vom Illertal führte über die Sonthofener Annexen, die kleinen Weiler Oberried und Breiten auf der Südseite des Flyschbergzuges zwischen dem Osterach- und dem Starzlachtal damals ein gerade noch mit dem ,,Grotten“, dem typischen Berg-Pferdefuhrwerk, zu befahrender Zubringer zum ,,Bildstöckle“, dem kreuzgeschmückten Sattelpunkt auf der abfallenden Schneid des Kammes und dann entlang der Nordflanke zur Stuhlbachhütte. So war diese geradezu ein ,,Stützpunkt“, nicht allein für die Jagdausübung, vielmehr auch Sammelpunkt für die Bringung und den Abtransport erlegten Wildes, in erster Linie des Rotwildes. Gams und Rehbock mußten den Weg zu Tal meist auf dem Jägerrücken antreten.

Da lagen in ihrem jagdlichen Einzugsbereich Revierteile, deren Geländeverhältnisse die Bejagung des Rotwildes sehr erschwerten, wenn nicht gar unmöglich machten. Man sparte sie in der Regel aus.

Ich hielt es bisher immer für richtig, den Inhalt meiner Erzählungen nicht mit ausschließlicher Schilderung des jagdlichen Geschehens zu füllen. Vielmehr sollte der Leser in der Lage sein, aus der mehr oder minder eingehenden Beschreibung der Örtlichkeit sich ein anschauliches Bild zu machen, so wie die Vorstellung eines Menschen und das Gespräch mit ihm seinen Namen aus der unpersönlichen Anonymität hervorheben. Viele Leser bestätigten mir in Wort und Brief, wie berechtigt, ja wie notwendig diese Art der Gestaltung ist. Ich will sie daher auch in diesem Werk beibehalten. Rein jagdliches Erleben kommt nicht zu kurz.

Die abschüssigen, bis zum Gipfel fichtenbestockten Westhänge des Wertacher Horns schließen im Süden mit einem tief eingeschnittenen, steilflankigen, von einem zum Stuhlbach hinabstürzenden Bach durchrauschten Tobel, dem Hörnlesbach, ab. Hier wendet sich das Gelände zum abgerundeten Kessel nach Westen und geht an den Nordhängen des licht und lückig bewaldeten, von zwei großen, weithin sichtbaren Reißen, der ,,Langen“ und der „Weißen Riese“ durchzogenen Tannenkopf vorbei in die urtümliche Welt von „Ödigs Gmahd“ über. Dessen geheimnisvoller Bereich endet am flach-rundkuppigen, ehemals zur Tiefenbacher Alpe gehörigen „Tiefenbacher Roßkopf“. Das „Ödigs Gmahd“, von altbayerischen Landvermessern vor 150 Jahren, irrtümlicher Sprachauslegung folgend, als „Ödes Gemach" bezeichnet, hatte es in sich. Das Gelände zwischen der Stuhlbachhütte und dem sich im Westen des Wertacher Horns vom „Stehles Höfle" hochziehenden unbestockten „Hörnlesstrich" war jagdlich nur durch zwei sogenannte „Triften", schmale, rauhe, steinige, bald ausgewaschene Jägersteige, erschlossen, die „Untere Trift" und die „Obere Trift". Im übrigen aber war das „Ödigs Gmahd" mehr oder minder der Bewirtschaftung entzogene Wildnis. Früher wurde dort, wie es der Name andeutet, auf unbestockten Flächen Bergheu, zum mindesten Streu – allgäuerisch „Stroibe" – gewonnen, auf Tristen (kegelförmige Schober) gesetzt und im Winter mit Schlitten zu Tal gebracht und in der damals noch betriebenen Tiefenbacher Alpe verwendet. Diese waldfreien Teile hatte nach dem Verkauf der Alpe an die Bayerische Staatsforstverwaltung nach und nach wieder der Baum, in diesem Falle die Fichte, erobert und weithin mit Naturanflug bestockt. Es blieben aber immer noch genug holzfreie Grünflächen, besonders in Gräben und nassen Mulden, meist mit halbmannshoher Pestwurz bedeckt. Was man dort in den höheren Lagen an Rotwild erlegte, konnte wenigstens, wenn auch mit erheblicher Mühe, zur Stuhlbachhütte oder doch an den Zufahrtsweg geschafft werden. Die übrigen Teile von „Ödigs Gmahd", besonders in den unteren Lagen, boten ein anderes Bild. In dem schroff zum tosenden, brausenden, stark eingeengten Stuhlbach abstürzenden Gelände reihte sich im Quellgebiet des Wildwassers unterhalb der Hütte ein Graben, ein von Suhlen durchsetzter Schmalrücken an den anderen, durch schmierige, rutschige Reißen getrennt, bis zu einer am Fuß des Hörnlesbaches in ebenes Gelände übergehende Freifläche, dem „Mange Höfle".

Bereitete schon die Bringung eines Feistgams, die in dieser Oase ungestörter Ruhe gerne ihren Einstand wählten, große Sehnen und Muskeln spannende Mühe, so bereitete der Transport eines Stückes Rotwild aus diesem Gebiet – überwiegend ins Stuhlbachtal hinab – und dann auf einem oft genug vom hochgehenden Wildwasser auf- und abgerissenen, dem Bachlauf entlangführenden Ziehweg zur Dreiangelhütte unsägliche Strapazen. Tunlichst ließ man in diesem Gelände den Finger vom Drücker. Und von einem solchen Fall möchte ich gleich hier erzählen. Der Leser wird dann die Berechtigung der ausführlichen Geländeschilderung besser verstehen.

Es war so um Sankt Remigius herum. Ich war mit dem Prinzen Franz sehr früh morgens, mit kernigen Münchner Sprüchen des Hüttenvaters und Hüttenkochs h.c. Heubisch verabschiedet, zum „Stehles Höfle" aufgestiegen, wo am Vorabend einige Hirschhälse zu hören waren.

Vor Büchsenlicht saßen wir schon oben unter einer der tiefbeasteten Randfichten. Wir hatten von dort Überblick über die fast ebene, bergwiesenartige Fläche und weit hinauf in den ein- bis zwei Schrotschußweiten breiten holzfreien Hörnlesstrich.

Der Himmel war dicht bewölkt. Ein stoßweiser, fast lauer Westwind raunte in den zottigen Fichtenästen. Weit und breit kein Hirschschrei. Totenstille. Ein einzelner, langstangiger Spießer äste kurz am Anlauf des Hörnlesstrichs, ehe er im Hochlagenwald verschwand. Wir dachten schon an allmählichen Aufbruch, da zog weit oben ein sichtlich starker Hirsch, mit tiefem Haupt suchend, ziemlich eilig von der Wertacher Alpe und dem „Brenntewingschlag" (Branntweinschlag) her über den Hörnlesstrich in den Hörnleswald ein. Wir konnten bei seinem raschen Durchwechseln, noch dazu an einer engen Stelle des lahneartigen Streifens, nur erkennen, daß es ein starker „Horner" war. Das Geweih war in der gedrängten Zeitspanne nicht anzusprechen.

Wir warteten noch eine gute Viertelstunde. Plötzlich hatten wir Anlaß, einander überrascht anzuschauen. Drüben am Tannenkopf, so um den Hörnlesbach herum, grollte eine tiefe, grobe Hirschstimme auf. Gleich darauf noch einmal. Und noch einmal. Nach dem dritten Schrei antwortete ein rauh aufgrölender Baß, etwa zwischen der „Langen Riese" und der „Weißen Riese". Bald darauf war ein hitziger Disput im Gange. In diesen schaltete sich eine dritte, hellere Stimme ein. Der Hirsch stand tiefer, in jenem bösen, wüsten, von mir beschriebenen Gelände westlich von „Mange Höfle".

Der Prinz blickte mich fragend an. „Wollen wir's anpacken?" Ich nickte, aber mir war nicht recht wohl zumute. Ich kannte mich dort aus, ahnte, was uns bevorstand. So rasch es die gebotene Vorsicht erlaubte, pirschten, nein hasteten wir auf der wildwechselartigen „Unteren Trift" durch fast geschlossenes Fichtenbaumholz des Hörnleswaldes gegen den Hörnlesbach zu. Jeden Augenblick konnten wir mit Wild zusammenrumpeln. Und dann war es wohl aus. Ab und zu verhielten wir und horchten auf den Stimmenlärm. Der drüben im „Ödigs Gmahd" bei den beiden Riesen stehende Geweihte hatte Kahlwild bei sich, war also wohl der Platzhirsch. Er hatte die ausgesprochene Stimme in der Klaviatur des Althirsches. Dazwischen hörte man ab und zu ein schwarzes, böses Murren. Der andere dagegen, der uns näher stehende, zog wild röhrend im Hörnleswald hin und her. Den dritten, der unten am „Mangle Höfle" stand und ab und zu mit blecherner Stimme meldete, ließen wir allein schon wegen seines Standortes aus unseren Überlegungen.

Inzwischen hatten wir den Hörnlesbach erreicht. An einer etwas breiteren Stelle des Jägersteiges unter lichterer Bestockung verhielten wir, nebeneinander stehend, und schauten in dem schluchtartigen Steilgraben hinauf. Da merkten wir deutlich, daß sich der lautstarke, aufgeregte Hauptschreier, unzweifelhaft ein Beihirsch, dem Graben näherte. Der Prinz nahm vorsorglich seinen Repetierer von der Schulter, setzte sich auf die Hangböschung, steckte seinen Bergstock zum Anstreichen vor sich in den Boden. Für alle Fälle! Und nicht unbegründet. Noch keine zwanzig Pulsschläge später schob sich sehr steil über uns auf einem unterspülten Vorsprung des Tobelrandes ein Hirschkörper aus dem Hochlagenwald heraus, verhoffte, breit stehend, keine hundert Schritt entfernt, röhrte in den Graben herein, daß der Schluchtraum und die anschließenden Bergwälder nur so widerhallten. Fast körperlich fühlte ich die Vibration der Schallwellen. Als ich den Geweihten ins Glas nahm, war ich enttäuscht. Im Wildbret ein starker Hirsch. Das Geweih, das war jedoch wirklich nichts Aufregendes. Langstangig zwar, graugelb, wohl auch vom Suhlenlehm überklebt, aber kahl wirkend, auf der einen Stange nur eine kümmerliche Krone, auf der anderen eine weit auszinkende Gabel. Nach heutigen Begriffen und dem Regulativ der deutschen Abschußrichtlinien wäre er in die zweitrangige Kategorie der ,,Abschußhirsche", nüchtern und häßlich, aber kurz und prägnant kennzeichnend, einzureihen.

Es wäre dem Prinzen nicht schwergefallen, dem Hirsch eine gute Kugel anzutragen. Aber er hatte, ich ahnte es nur, dieselben Bedenken wie ich. Er schaute mich mit seitlichem Schnellblick über die Schulter zweifelnd an. Ich schüttelte den Kopf, zischelte: ,,Nicht schießen!" Wäre der Geweihte im Feuer geblieben, so wäre er fast senkrecht über die Grabenwände hinabgestürzt, in das felsige, geröllige Bachbett hineingeschmettert und dann in diesem schroff nach unten weitergepoltert. Die Trümmer des Geweihes hätte man zusammensuchen müssen. Und vom Wildbret wäre nur das übrig geblieben, was der Allgäuer Dialekt eine ,,Pflutter" nennt, ein Klumpen unverwertbaren Fleisches. Ein Stück Rotwild ist kein Gams, der schlimmere Stürze schadlos übersteht.

Wäre die Kugel aber nicht so gesessen – der passionierte Jäger wird ja noch von anderen Strömen durchpulst als der eiskalte Schütze –, so hätte es in diesem Gelände eine mehr als schwierige Nachsuche gegeben.

Der Hirsch tat uns einen Gefallen. Mit jähem Ruck wandte er sich ab und verschwand im steilhaldigen Alpenwald des Tannenkopfes. Dort rumorte er weiter.

Ich will im Interesse des Lesers den Gang der Erzählung über die sich bald darauf spannend zuspitzende Entwicklung nicht unterbrechen, aber nach deren Abschluß doch noch kritisch zu einem Problem, das sich uns eben aufgedrängt hat, dem des bewußten Wundschießens von Wild, Stellung nehmen.

Die günstige Gelegenheit benützten wir, um so rasch wie möglich, aber doch unter Wahrung der gebotenen Vorsicht, den deckungslosen Tobel des Hörnlesbaches hinter uns zu bringen und wieder in den anschließenden Bergwald zu gelangen. Das ging natürlich nicht ganz lautlos. Damals kannte man die heute gängigen, im Gebrauch befindlichen Pirsch-Profilsohlen aus Kunststoff noch nicht. Und so ließ sich das knirschende Geräusch von Nagel und Griff auf Grus und Stein nicht ganz vermeiden. Aber das Rauschen des Tobelbaches überdeckte doch verdächtige Laute. Im übrigen zog ich jene benagelten, begrifften Bergschuhe auch später noch, selbst im hiesigen Mittelgebirge, bei vereistem Boden auch den grobstolligen, aber doch leicht ausgleitenden Profilsohlen vor. Sie sind trittsicherer und damit verläßlicher. Ein Sturz im höheren Lebensalter birgt seine besonderen Gefahren in sich. Manchmal ist das verachtete, verspöttelte, verdammte Alte doch noch das Bessere, das Beste.

Es gelang. Wir kamen ohne störenden Lärm über den engen Tiefgraben hinweg und tauchten in den schütteren Hochlagenwald ein. Vorsichtig schoben wir uns auf dem schmalen Steig vorwärts. Aber wir kamen nicht weit. Da spitzte sich die Situation fast dramatisch zu und schien auf ein zwar nicht tragisches, aber jägerisch erfolgloses Ende loszusteuern. Die trenzende, knörende, ab und zu rostig grölende Stimme des Platzhirsches bei der „Weißen Riese“ klang schon bedeutend näher. Da zog mit einem Mal, laut röhrend, unser Freund vom Hörnlesbach von oben herab. Gleichzeitig näherte sich der an sich uninteressante Ruf des unten beim „Mange Höfle“ umherziehenden Nebenbuhlers. Die Stimme allein kann freilich täuschen! So schnell es die Umstände gestatteten, pirschten wir vorwärts nach Westen, um die beiden Beihirsche hinter uns zu bringen. Schon sahen wir das helle Flyschgestein der „Weißen Riese“ durch das Dunkel der Fichten schimmern. Der vermutlich starke Platzhirsch schien noch weiter als einen guten Büchsenschuß entfernt zu stehen. Da passierte es. Hinter einem dichten Schopf unterständiger, verbuschter, bis zum Boden beasteter Fichten rumpelte, rauschte es, entwickelte es sich graubraun. Ein starkes Alttier, gefolgt von einem Kalb, flüchtete hangabwärts dem „Mange Höfle“ zu. Äste krachten, Steine polterten, Schieferplatten rappelten. Ich wartete nur noch auf den laut dröhnenden altmütterlichen rauhen Schreckruf, den alarmierenden Trompetenstoß der Empörung und Warnung. Merkwürdigerweise blieb er aus. Doch der Krach der Abflucht genügte für die scharfhörigen Lauscher des Rotwildes als unmißverständliches Signal. Unter uns hörte man es noch knacken, steineln, knistern. Dann erstarrte der Bergwald in Stille. Die Alte hatte die beiden Beihirsche mitgenommen. War alles aus und vorbei? Wir schauten beide ziemlich enttäuscht drein.

Aber der von den Seuchen und Süchten der Zivilisation noch unverdorbene jägerische Instinkt hat oft seine unwägbaren, untrüglichen Eingebungen. Immer wieder erlebte ich es, daß eine innere, unerklärliche Stimme mich mit magischer Gewalt zu bestimmter Zeit an einen bestimmten Ort zog. Und sie trog nicht.

So auch diesmal. Ich gab noch nicht alles verloren. Dazu hatte ich diesmal sogar einen handfesten Grund. Offensichtlich gehörte das lärmschlagende Alttier mit seinem Kalb nicht zum Rudel des Platzhirsches. Sie hatten abseits gestanden. Die aufmerksamen Häupter hatten den alarmierenden Lärm vernommen. Ich zweifelte aber daran, daß das Rudel flüchtig zum Tiefenbacher Roßkopf und dem sicheren Krottenbichel hinauf oder in den dunklen Tiefenbacher Wald hinunter abgegangen war. Zweimal hatte der Althirsch noch, wenn auch weit im Westen, gemeldet. Vielleicht hatte er sich mit seinem Kahlwild in einer der geschlossenen Waldpartien des „Ödigs Gmahd“ eingestellt.

Langsam, in üblicher Weise von Horch- und Stehpausen unterbrochen, pirschten wir auf der ,,Unteren Trift“ nach Westen. Wo der Steig am Ursprung des Stuhlbaches in einen zur Hütte hinaufführenden Ziehweg einmündet, verließen wir diesen und tasteten uns ganz allmählich nach oben ins „Ödigs Gmahd“ hinein, gegen dessen von Lichtungen und größeren Blößen durchsetzten Teil zu. Am Rande einer ausgedehnten Freifläche ließen wir uns unter einer Schirmfichte nieder. Wir planten zunächst einen langen Ansitz. Es war völlig still geworden, nirgendwo ein Schrei aus einer Hirschdrossel, kein Brummer, kein Trenzer. Es ging inzwischen auf Mittag zu. Der gute Oberinspektor hatte mir fürsorglich wieder einen eisernen Vorrat in den Rucksack gesteckt, der uns, wie schon öfters, auch einen ganzen Tag auszuhalten gestattete.

Das Wetter hatte sich gebessert, der Himmel sich aufgehellt. Von unserem Ansitzplatz aus sah man, eine gute Viertelstunde entfernt, die Stuhlbachhütte, dahinter und vor dem von roten Buchenbränden und gelben Lärchenwimpeln aufleuchtenden Rücken des Giggelsteins die bergahornbehütete Giggelsteinhütte liegen. Unser guter „Butler“ mochte sich wohl zur Mittagsruhe niedergelegt haben. Dahinter breitete sich das grüne Alpenvorland aus, ein herzbewegendes, eindrucksvolles Bild.

Stille, Ruhe. Der Prinz hatte sich – nach der einfachen, doch wohlschmeckenden Stärkung – gerade eine duftende Havannazigarre entzündet, da riß es mich buchstäblich vom Sitz. Gut zwei fernrohrgelenkte Büchsenschüsse weit entfernt, kam über den teils bewaldeten, teils baumfreien Rükken, der sich von der Stuhlbachhütte zum Tiefenbacher Roßkopf hinaufzog, ein Hirsch vom nordwestlich gelegenen Tiefenbacher Wald herüber und zog gegen die Mulde von „Ödigs Gmahd“ herein. Ein Trumm von einem Hirsch mit vorgewölbtem Vorschlag und starker Mähne, gelb vom Wedel bis zum Äser einschließlich des Geweihes, offenbar eben einer lehmigen Suhle entstiegen. Das Geweih langstangig, nicht gerade stark; auf der einen Seite eine vorne offene, auch auf diese Entfernung deutlich sichtbare, breite, langendige, auf der anderen Stange eine, so meinte ich, schlecht ausgebildete Gabel. Ob das Geweih Eissprossen aufwies, konnte man noch nicht erkennen. Auch heutzutage, bei schärferen Anforderungen wie damals, würde die Entscheidung nicht schwergefallen sein. Der Prinz teilte meine Ansicht. Ich wußte, wo der Hirsch mit einer an Sicherheit grenzenden Wahrscheinlichkeit ins „Ödigs Gmahd“ einwechseln würde. Ein paar Jahre zuvor hatte ich dort einen im Wildbret sehr starken, im Geweih mäßigen Feisthirsch, einen Achter mit herrlichen tabakbraunen Grandeln, der schönsten, die ich je in den Händen hatte, geschossen. Wir brauchten uns nur noch etwa hundert Gänge westwärts und nach oben zu schieben, dann hatten wir eine breite, mit üppiger Pestwurz bewachsene Mulde vor uns, die der Geweihte wohl auf bester Schußentfernung überqueren würde. Und genau so kam es. Ganz langsam, immer wieder verhoffend, ab und zu mit gesenktem Haupt Wind nehmend, zog der Hirsch in die Einsenkung herein. Immer wieder verschwand er hinter Fichtengruppen. Schließlich aber stand er verhaltend dort, wo ich ihn erwartet hatte. Der Prinz saß zwei Schritte über mir, er hatte sich schon fertiggemacht, den gestochenen Repetierer am Bergstock angestrichen. Fast dumpf dröhnte der Schuß in die kesselartige Mulde hinein. Aber beim Samiel und all seinen verfluchten Tücken! Was war denn das? Der Hirsch stand, rührte sich nicht. Wie war es denn bei allen jägerischen Unwägbarkeiten möglich, einen solchen Kasten auf diese Distanz zu fehlen? Das war mein erster täuschender Gedanke. Der Prinz hatte schon repetiert, wollte gerade den zweiten Schuß antragen, da hatte man den Eindruck, dem Hirsch knickten die Läufe unterm Körper ein. Haltlos fiel er in sich zusammen. Wie sich hernach herausstellte, saß die Kugel tadellos, etwas hinterm Blatt. Brunfthirsche, Sauen und Füchse...! Der Hirsch war noch älter, als ich angenommen hatte, ein ungerader Eisspros-senzehner. Umwerfend war das Geweih nicht. Mancher der punktgierigen „Neujäger" von heute würde enttäuscht die Nase rümpfen. Es war „unschön". Oh, Verzeihung! Es war glatt, mittelstark, hatte einen fingerlangen Eissproß. Die Enden waren graugelb ohne die blitzende Kerzenfarbe. Das Geweihgewicht erreichte die derzeit in Deutschland festgelegte Grenze zum jagdbaren Hirsch nicht ganz. Auf jeder Trophäenschau würde es heute in die Klasse IIb eingereiht. Und selbst der härteste notorische Kritiker hätte nichts zu mäkeln.

Ein Grandl fehlte, das andere hatte ein Loch. Merkwürdig! Wiederum eine Duplizität der Fälle! Zwei Büchsenschüsse weiter oben, am Tiefenbacher Roßkopf, hatte ich – ein paar Jahre zuvor – einen ungeraden Kronenzehner, einen gewichtigen Feisthirsch mit mäßigem Geweih erlegt, der nur ein Grandl hatte, das ebenfalls an derselben Stelle ein Loch aufwies, wie es beim Menschen der Zahnarzt raschestens mit einer Plombe abdichtet. Das andere, allerdings sehr schöne Grandl war unversehrt.

Der gestreckte Geweihte lag in diesem schwierigen Gelände goldrichtig. Wir brauchten ihn nach dem Aufbrechen mit vereinten Kräften nur noch ein paar Schritte gegen den Rand jener Mulde zu ziehen und zu verblenden. Hier konnte ihn das Pferd auf demselben Weg, den seinerzeit die beiden Feisthirsche, der Achter und der Kronenzehner, genommen hatten, zu dem dort wartenden Grotten schleifen. Wie froh war ich, daß er nicht hinten im wüsten Gelände des östlichen „Ödigs Gmahd" gefallen war!

Im Hochgebirge kommt es immer wieder vor, daß Wild eine Zeitlang im Freien lagern muß, ehe es abgeholt werden kann. Das Jagdpersonal hatte in jenen Jagden damals zum Schutz vor Schmeißfliegen immer große, ganz leichte, luftige, dünne Tuchsäcke bei sich, auf einer Seite aufknüpfbar. Heute würde man einen Reißverschluß anbringen. Den Oberteil konnte man mit einer Schnur zusammenziehen, bei einem Hirsch geschah das eben am Träger hinterm Haupt. Das Wildbret konnte atmen, langsam ausdünsten ohne zu verhitzen. Gegen Fliegenzutritt – und gegen Anschneiden durch Füchse – war es absolut gesichert. Ich fand diese sehr praktische Methode sonst nirgendwo.

Unser Rückweg zur Giggelsteinhütte führte an der Stuhlbachhütte vorbei. Ich braute für uns noch einen aufwärmenden, aufmunternden Tee. Ich hatte dort ja immer einen eisernen Bestand an Lebensmitteln.

Gelockert und aufgeschlossen saß der Prinz neben mir in der gemütlichen, hell fichtenholzgetäfelten Stube, ein Bauer im besten Sinne des Wortes, ein wahrer Kavalier unter Menschen, ein Jäger unter Jägern, ein untadeliger Jagdherr, alles andere als ein Schießer, schlürfte mit Behagen den goldbraunen Trunk aus ostasiatischen Gefilden, rauchte sein sauberes Sandblatt dazu. Ich werde es bis an mein Lebensende nicht vergessen, wie er mir anerkennend auf die Schulter klopfte und mir, einem blutjungen Jäger, sein Lob aussprach: ,,Das haben Sie aber gut gemacht!" – Wenn ich da heute so meine Vergleiche ziehe...!

Nachdem das Feuer im Herdofen erloschen und neues Holz für den folgenden Hüttenbesucher hergerichtet war, stiegen wir in aller Gemächlichkeit zur Giggelsteinhütte hinunter und hinüber. Bei der alten Dreiangelhütte trafen wir glücklicherweise unseren alten Burgberger Nachbarn, den Rottmeister Andreas Spieß. Der veranlaßte nach seiner abendlichen Heimkehr die Abholung des Hirsches. Am nächsten Mittag hing er schon im Zerwirkraum des angesehenen Stammkäufers, des seriösen Wildbrethändlers Köberle, in Sonthofen.

Das Wetter verschlechterte sich rasch. Am folgenden Tag fing es frühzeitig zu regnen an. Das Wasser verwandelte sich in Schlackerschnee. Dann flockte es Tag und Nacht weiß vom Himmel herab, wie mitten im Winter. Der Prinz reiste zufrieden, weil kein unersättlicher Trophäenjäger, ab. Als er in Sonthofen den Zug bestieg, lag auch im Tal knöcheltiefer Schnee.

Nun will ich ganz kurz auf eine angesichts der erregenden Vorstellung im Hörnlesbach angedeutete Frage zurückkommen, nämlich auf die des absichtlichen Krankschießens von Wild, um sein sofortiges Verenden an gefährlichen Absturzstellen in unzugänglichem Gelände zu verhindern oder um auf solche Weise ,,Anschüsse" und Schweißfährten für Hundesuchen und -prüfungen zu schaffen. Solche Gedankengänge spukten auch noch nach dem Zweiten Weltkrieg in den Köpfen mancher allzu einseitig eingestellter Hundemänner herum. Ich würde dies nicht behaupten, wäre ich nicht selbst unfreiwilliger Augen- und Ohrenzeuge solcher Absichten und Handlungen gewesen.

Seitdem ist es dank des berechtigten harten Widerstandes und der scharfen Kritik um solche Ideen und Ansichten doch sehr still geworden. Sind sie ganz verschwunden und getilgt?

Ich will es kurz und bündig sagen, was ich davon halte. Es ist eine jagdliche Barbarei, die zudem dem Ansehen des Waidwerkes in der Öffentlichkeit schwer schadet.

Auch beim heutigen Stand der Jagdwaffenentwicklung gibt es im praktischen Jagdbetrieb noch Gelegenheit genug für die Ausbildung und laufende Beschäftigung von Hunden auf der Schweißfährte. Auch bei den Spezialisten, den Schweißhunden. Man muß sie nur unter den geänderten Verhältnissen richtig nutzen.

Aus der vorangegangenen Schilderung konnte, ja mußte sich der Leser ein plastisches Bild machen und Verständnis dafür gewinnen, daß die Erlegung eines Stückes Rotwild, eines starken Hirsches zumal, im unaufgeschlossenen, wüsten östlichen und unteren Teil von „Ödigs Gmahd“ beim geländekundigen Jäger unbehagliche Gefühle weckte.

Die jungjägerische, heißblütige, unbedenkliche Überwindung dieser Hemmschwelle hatte ich mehrmals mit harter Fron zu büßen. Vor Sankt Mang war ich wieder einmal mit dem Jäger Liese für ein paar Tage auf der geliebten Stuhlbachhütte. Der Liese war nach Westen zum ,,Bläßleskopf“ gepirscht. Es ging schon in den hellen Frühherbstmorgen hinein, als ich den Hörnlesbach überquerte, den Bereich von „Ödigs Gmahd“ erreichte und über mir die grün bewangte Leite der ,,Langen Riese“ sich auflichten sah. Da krachte und rumpelte es. In gemächlichem Troll, vermutlich durch einen verdächtigen, küsselnden Windstoß im Alpwald roglig gemacht, überquerten drei Stück Kahlwild in schönster Schußentfernung den Engschluß der Abplaikung. Alttier, Kalb, Schmaltier... Nichts kam mehr nach, nichts hörte man in der Richtung, aus der sie kamen. Also einwandfreies Schmaltier! Natürlich, ich brennheißer, noch nicht einmal zwanzigjähriger Jäger überwand alle Hemmungen und Bedenken ob örtlicher Schwierigkeiten der Bringung. Doppelbüchse von der Schulter – fertiggemacht, mitgefahren, im hart ruckenden Stoß der Entladung warf es das beschossene Stück um. Ich hatte sofort das Gefühl, etwas hoch abgekommen zu sein. Und wirklich, das Wild stemmte sich mit den Vorderläufen hoch, kam aber, da das Rückgrat zerschmettert war, nicht weiter. Schnell den tödlichen Fangschuß auf den Trägeransatz nachgeblitzt. Verendet sank das vermeintliche Schmaltier zusammen, kam ins Rollen und Rutschen. Heiliger Hubertus und Eustach! Haltet ein, ehe es mir über den Gefällsbruch hinabgleitet und in die steilen Riesen hinabstürzt! Haltet ein! Das unausgesprochene Stoßgebet half. Die alte Protektion! Auch diesmal! Am nächsten Grabenvorsprung endete die Talfahrt, dort blieb das Stück hängen. Wie sich dann beim Hinzutreten und der Untersuchung herausstellte, war die Beute gar kein Schmaltier, sondern ein schwaches, aus irgendeinem besonderen Grund nicht führendes Alttier. Unter großer Anstrengung und unter Schweißverlust zog ich es von der

Grabensohle hinauf an den Steig, die „Untere Trift". Dort brach ich es auf, versorgte es vorläufig und setzte nach einer Verschnaufpause den Rückweg zur Hütte fort. Der Liese war schon da, mit blankem Lauf und ohne bewegenden Anblick zurückgekommen.

Nur mit Bergstock und einer Axt ausgerüstet, brachen wir zum „Tatort" auf. Dort hieb der Liese eine geeignete Fichtenstange zurecht. Die Läufe des Stückes geschränkt, die Tragstange durchgeschoben, die schwere Last hochgehoben – ich wußte, was mir bevorstand!

Einen Monat später hatten wir beide nochmals die gleiche Ochsentour mitzumachen, als ich oben in den Streuplätzen von „Ödigs Gmahd" einen schwachen Spießhirsch erlegte. Nur war der Trageweg etwas kürzer, da wir ihn unter unsäglichen Mühen durch Gräben und Naßstellen auf eine der Hütte näher gelegene Stelle herabziehen konnten.

Ein paar Wochen zuvor hatte ich in der „Unteren Metzg", einen am Nordfuß des Wertacher Horns hochsteigenden Bergwaldkomplex, ein Schmaltier geschossen. Wir beide hatten es auf dem groben, ausgewaschenen Ziehweg durchs wildbachdurchrauschte Metzgtobel an das Sträßchen geliefert, das von Wertach her über die Wasserscheide durch den Grund des Starzlachtalkessels an der Dreiangelhütte vorbei ins Illertal führt.

Diesmal aber war der gerechte Bußgang noch weit härter, die Anstrengung größer. Der enge Jägersteig war noch rauher, noch ausgeflözter, zum Teil von Naßgallen durchsetzt. Manche Wasserrinnen und Gräben waren mit Prügeln schmal überbrückt. Außerdem ging es bergauf und bergab. Holz drückte, Last schwankte, Schweiß rann und tropfte. Immer wieder mußten wir Pausen einschalten, die tragende Schulter wechseln. Wir waren beide froh, als das Stück Kahlwild wohlversorgt in der Remise der Stuhlbachhütte hing.

Der alte Friedrich Zeller erzählte mir einmal, er habe ein Schmaltier vom Hörnlesstrich bis nach Burgberg getragen. Wenn er auch kräftiger und trainierter war als ich junger Jäger mit meinen neunzehn Jahren, so konnte ich diese Leistung sehr wohl würdigen. Man muß alles mitgemacht haben. Dann erst kann man mitreden! Wer von der Pike der Praxis auf dient, hat allen Theoretikern, mögen sie noch so gescheit sein, sehr viel voraus!

Wenn ich heute aus der abgeklärten Höhe auf die beglückenden Jahre des jägerischen Aufbruches, die hohe Zeit der aufglühenden, schwelgerisch genossenen, jugendlich unbeschwerten Anfänge, auf den durch einen geordneten, geregelten, vorbildlichen Jagdbetrieb gezähmten und einen von überragender Anleitung gelenkten jägerischen Ein- und Aufgang zurückblicke, dann kann ich über das unverdiente Geschenk meines Jägertums nur tiefe Freude empfinden. Und wie gut, daß auch sich immer wieder einstellende, freilich durch neue Beutungen rasch überbrückte Mißerfolge den jungjägerischen Baum nicht in den Himmel wachsen ließen und die allzu üppig aufschießende Passion gründlich dämpften. Und wie lehrreich, daß alles Jagen mit dem Preis und der Gegenleistung körperlich anstrengender Buße bezahlt werden mußte. Das war noch wirkliche Jagd im gesunden, ursprünglichen Sinn.

Tiefe Dankbarkeit erfüllt mich aber auch, daß ein gütiger Gott mich rechtzeitig jenes goldene Maß hat finden lassen, das jedes jagdliche Geschehen in der Zusammenschau mit allen Vorder- und Hintergründen erst zum wertbeständigen Erlebnis erhebt.

Und noch etwas! Wenn ich heute im Zeichen krankhaft satten Wohlstandes nicht ohne Sorgen sehe, welch seltsame, gesellschaftlich unerfreuliche Typen die Jägerschaft bevölkern, welch bedenkliche Auswüchse menschlicher Schwäche sich im Bereich des Waidwerks einnisten und breitmachen, wie schamlos unter rücksichtsloser Ausnützung der Technik die Chancen der schwächeren Kreatur gemindert werden, dann preise ich um so lauter jene Jahre beschwerlichen Jagens.

Und noch ein drittes und letztes. Schon seit Beginn dieses Jahrhunderts ließ der „Fortschritt" auf den verschiedensten Gebieten immer deutlicher und dringlicher die Forderung nach einer Anpassung der Jagdgesetze und ihres Vollzuges an die veränderte Umwelt lautwerden. Diese unerläßliche Umgestaltung des Jagdwesens leitete erst das hervorragende Reichsjagdgesetz ein, dem sich ein, wenn auch nicht alle Wünsche der Jäger erfüllendes, im ganzen aber doch gutes Bundesjagdgesetz anschloß.

In ihrem Gefolge geriet aber auch eine Lawine jagdlicher Thesen und Theorien, Rezepte, Veränderungs- und Verbesserungsvorschläge in Bewegung, die in ihrer sich überstürzenden und überschlagenden Fülle die Jäger überschwemmten und überhäuften, sie damit aber vielfach verunsicherten. Gewiß, auch auf dem Gebiete der Jagd kann es keinen Stillstand geben. Die Verbindung der Praxis mit der Theorie und mit der Wissenschaft ist unerläßlich. Auch Kritik darf und muß sein.

Aber all diese oft zu Dogmen erhobenen Lehr- und Leitsätze unterliegen dem Gesetz der Abnützung, des Verschleißes. Ihr Zweck und ihre Aufgabe kann es in der Hauptsache nur sein, „Denkanstöße", um wieder ein modisches Wort zu gebrauchen, zu geben, Anregung zur Überlegung, zur Prüfung möglicher Verbesserungen. Mehr nicht! Aber sie sind deshalb nicht wertlos!

Solche kann nur die harmonische Zusammenarbeit von Theorie und Praxis bewirken. Man kann dies nicht oft genug betonen!

In der auf jene Gewaltkur im „Ödigs Gmahd“ folgenden Nacht schlief ich tief, fest und traumlos auf dem bergheuduftenden „Bugrat“, das damals noch die Lagerstätte in der Stuhlbachhütte bildete. Während meiner späteren dienstlichen Tätigkeit beim Forstamt Sonthofen wurde es durch ein schönes, sauberes Matratzenlager ersetzt.

Diese Art der „Schlafstätte“ ist dem „Bugrat“ vorzuziehen. Das Bergheu muß aus Gründen der Sauberkeit alle paar Jahre ersetzt werden. Außerdem bietet es leider den Mäusen Gelegenheit, sich dort einzunisten. Auf den Dienst- und Jagdhütten, nicht nur im Hochgebirge, die ausschließlich aus Holz oder doch mit einem hohen Anteil an diesem Naturstoff erbaut sind, ist es fast unmöglich, das Eindringen von Mäusen, Haselmäusen und Siebenschläfern (Bilchen) zu verhindern. Natürlich sind auch ungeschützte Matratzen und Wolldecken nicht vor Fraß geschützt. Doch kann man dem vorbeugen.

In der Giggelsteinhütte wurde das Heubugrat schon vor dem Ersten Weltkrieg durch stramme Roßhaarmatratzen abgelöst, in der Hauptsache in der Form von Schrankbetten. Außerhalb der Zeit der Benützung wurden sie in mäusesichere Kastenschränke geklappt. Das schützte auch vor Staub und sparte Platz. Heute sind ähnliche Möbelstücke bei der zwangsläufigen Enge der Wohnräume gang und gäbe. Damals wurde diese Einrichtung von allen Jagdgästen bestaunt und belobt, sogar in der jagdlichen Literatur hervorgehoben.

Im Südteil des Starzlachtalkessels, in den West-, Nord- und Ostlagen des „Großen Waldes“, standen von Schneeabgang bis zum Wintereinbruch immer Gams in wechselnder Zahl. Feistböcke vor allem wählten die kellerkühlen Einstände gerne als Sommeraufenthalt. Im Winter, sofern er nicht ausnahmsweise schneelos war, hielt sich in diesen kalten Schattseiten kein Gamswild. Es stellte sich auf die warmen Südlagen um.

Es handelte sich bei diesem Gamswild nicht um ausgesprochene Waldgams, wie sie in verschiedenen Gebieten Österreichs, im Schwarzwald und in den Vogesen vorkommen, deren Leben sich das ganze Jahr über im Wald abspielt. Deren Bejagung ist – so war es auch im „Großen Wald“ – wesentlich anders als im Kahlgebirge, auf dem waldarmen oder bestockungslosen Freigelände der Alpen, der Hänge, der Kare, Gehren, Felspartien, der Latschenregion. Die Sicht war oft behindert, das Ansprechen schwer, die Schußmöglichkeit beengt. Man mußte sich daher manchmal rasch entschließen. Und die Wahl war gerade dann nicht immer richtig. Auch die meinige nicht!

Man konnte im „Großen Wald" auch in den tieferen Lagen, selbst im geschlossenen Altbestand mit einem der faulen Feistgamsböcke zusammengeraten. Aber in der Hauptsache hielt sich das Gamswild, besonders das Scharlwild, doch in den höheren, lichteren Lagen, den Lahnern, Reißen, Gräben und den von Freiflächen unterbrochenen Teilen, auf. Und dorthin verlagerte sich auch das Schwergewicht der Bejagung.

Abschußpläne mit Stärke- und Güteklassen gab es damals noch nicht. Die Abschußmerkmale ordneten sich nach den Begriffen jagdbar und nicht jagdbar, stark und schwach. Auch wurde, wenn auch nicht wahllos, in die Jugendklasse eingegriffen. Also ein durchaus modernes Verfahren! Das hat dem Bestand gar nicht geschadet. Ich habe selbst eine Reihe von 1- bis 4jährigen schwachen Stücken erlegt. Nur die führende Geiß und das Kitz waren absolut unantastbar. Nur dann, wenn in unglücklicher Verkettung der Umstände einmal eine führende Geiß versehentlich erlegt worden war, zögerte man nicht, auch dem Kitz die – langsames, dahinsiechendes Kümmern ersparende – Kugel anzutragen.

Die in letzter Zeit in Bewegung geratenen Abschußrichtlinien für das Gamswild kehrten in mehrfacher Hinsicht zu der Praxis zurück, wie sie in den Revieren gehandhabt wurde, in denen ich aufwuchs. Sie beziehen heute aber auch das Gamskitz in den Abschußplan ein. Dieses, dem winterlichen Ausleseprozeß vorgreifende Regulativ ist zweifellos wohlüberlegt und richtig, mag solcher Eingriff dem einzelnen Jäger auch schwerfallen, sogar seinem Empfinden zuwiderlaufen. Nur sollte man auch hier nicht ins Extrem verfallen. Dieses Eindrucks kann man sich beim Studium mancher Abschußplanziffern nicht ganz erwehren.

Simon und Juda, Tag des letzten großen Viehmarktes in Sonthofen, war schon vorüber. Es ging auf Allerheiligen zu. Da pirschte ich eines naßkalten Morgens, von der Stuhlbachhütte her kommend, auf der „Unteren Trift" gegen „Stehles Höfle" zu, stieg den schon beschriebenen Hörnlesstrich hinauf und wandte mich dann auf der „Oberen Trift" zurück zum Tannenkopf und zu den Hochlagen von „Ödigs Gmahd".

Über Nacht war nasser Schnee gefallen. Gegen Morgen hatte das Schneien aufgehört. Die Einschaltung eines Zwischenhochs beruhigte die Wetterlage. Der Himmel klärte sich auf. Aber nach lang dauernder Besserung sah es nicht aus. Dünnes weißliches Wolkengespinst schob sich von Westen in den blaßblauen Herbsthimmel herein.

Als ich gerade den noch verhältnismäßig geschlossenen, auf steilem Hang stockenden Hochlagenwald verlassen hatte und über den tiefen Einschnitt des Hörnlessbaches in den licht und lückig, mit tief beasteten, zum Teil verbuschten Fichten bestandenen Tannenkopf einbiegen wollte, glaubte ich in einer Lücke eine Bewegung wahrgenommen zu haben. Ich verhielt, spähte, luchste ... Ich hatte mich nicht getäuscht. Ich brauchte gar nicht lange zu warten, da schob sich ein starker, schwärzlicher, fast schon schwarzer Gams auf eine kleine Blöße heraus. Ich hätte der Unterstützung durch das Glas gar nicht bedurft, ihn als einen Bock anzusprechen. Die prüfende, vergrößernde, helfende Optik wies ihn als einen jagdbaren Vertreter seiner Gattung aus. Alles paßte. Es war nicht weit, knapp achtzig Schritt. Da gab es nicht viel zu überlegen. Für mich die letzte Chance dieses Jahres. Im November begann das Wintersemester an der Münchner Uni. Ich mußte einige Schritte vortreten, um mich von der Schußbehinderung durch seitlich des Pfades hereindrängende Äste freizumachen. Ich wartete, bis der Gams äsend hinter der nächsten Fichtenkulisse verschwunden war. Er konnte mir nicht auskommen. Der Wind stand talwärts. Er würde wieder auf derselben oder der nächsten Blöße erscheinen. Ich konnte mich bequem in die Hangböschung setzen und am Bergstock anstreichen. Ich machte mich fertig, wartete mit gestochenem Repetierer. Da war er wieder, stand breit. Ich maß genau. Aber ich meinte es fast schmerzhaft zu spüren, wie der Gams in dem Augenblick, in dem der Finger das Züngel berührte, einen Schritt vortrat. Ich konnte den Schuß nicht mehr halten. Mittendrauf mußte die Kugel sitzen.

Der Gams ist außerhalb der Brunftzeit ein weiches Wild. Der todwunde Gams quittierte den Schuß mit krummem Rücken, tat sich an Ort und Stelle nieder, um ein Dutzend Pulsschläge später unter dem tödlichen Schlag des Fangschusses auf den Trägeransatz zu verenden.

Aber während des in Gedankenschnelle ablaufenden jagdlichen Geschehens hatte ich in blitzschnellem Seitenblick oben eine schwarz huschende Bewegung wahrgenommen. Ein zweiter Gams mußte abgesprungen sein. War da noch einer gedeckt in der Nähe gestanden? In mir wurden ungute Gefühle wach, verstärkten sich. Hatte ich zu flüchtig angesprochen? Hatte ich gar eine führende Geiß gemordet? Und das zu ihr gehörige Kitz hatte sich in die Bergfichten verdrückt? Aber das gab es doch nicht! Ich hätte einen Eid geleistet, den Gams da oben als einen Bock, einen jagdbaren sogar, erkannt zu haben. Die Merkmale waren doch alle eindeutig! Bei allen Allgäuer Berggeistern. Waren da arglistige Täuschung und Hexerei im Spiel?

Ich schaute, daß ich die rutschige Steilhalde hinaufkam. Schnaufend und schwitzend langte ich oben bei meiner „problematischen" Beute an.

„Mir aber dampfte aus dem Mund
Der Atem, bis ich bei ihm stund." (Scanzoni)

Und sah die Bescherung. Eine Geiß war es glücklicherweise nicht. Es war ein Bock, ein im Wildbret recht starker Bock sogar. Aber es war ein falscher, ein grundfalscher. Es war nicht der, den ich zuerst gesehen und angesprochen hatte, es war nur ein Vierjähriger mit ganz normaler, dieser Altersstufe entsprechender Krucke. Während ich unten am Jägersteig meinen Standort gewechselt und vorgeschoben, den Jagdbaren eine kurze Frist aus den Augen verloren hatte, war der „andere" in den freien Hangstreifen getreten, auf dem der Starke zuerst geäst hatte. Die Rekonstruktion des Ablaufes war im Schnee nicht schwierig, sie brachte völlige Klarheit und bestätigte meine Schlüsse. Bei der Jagd auf Waldgams können solche Pannen leichter passieren als im freien Gamsgebirge, so drüben am Grünten jenseits des Starzlachtalkessels. Dort kann in erster Linie der Nebel dem Jäger einen bösen Streich spielen.

Nun, ein Unglück war es – Gott sei gedankt – noch nicht! Es war eben einer jener Irrtümer, die jedem Jäger, auch dem in harter Praxis erprobten und auch dem sich redlich um eine richtige Entscheidung bemühenden, unterlaufen können. Und müssen, um nicht in Selbstsicherheit zu erstarren – und um sich immer seiner Schwäche bewußt zu bleiben. Mögen jene selbstgerechten, sich unfehlbar Dünkenden nur den biblischen Stein auf mich werfen!

Da stand ich also nun im spätherbstlichen, fast frühwinterlichen Bergwald mit meiner vollfeisten, schwergewichtigen Beute. Das Opfer der Verwechslung mochte im Wildbret etwas schwächer sein als der zuerst „angepeilte" Jagdbare. Aber die zu Tal zu tragende Last war noch groß genug zu verdienter Abbüßung jägerischer Schuld.

Hätte ich ihn in zwei Etappen auf Rücken und Schulter zu Tal befördern können, zunächst zur Stuhlbachhütte, morgen nach Hause, so hätte sich die Schwerarbeit ausgleichend verteilt. Aber ich mußte heute noch absteigen. Ich hatte meine Rückkehr für den Nachmittag fest zugesagt. Meine gute Mutter wäre vor Sorgen vergangen. Ich konnte mir vorstellen, wie sie, von Unruhe getrieben, immer wieder zur Gartentür gegangen wäre und nach mir ausgespäht hätte, ob ich nicht endlich auf dem Bergsträßchen durchs Oberdorf herabgestiegen käme. Nein! Das durfte nicht sein!

Außerdem schien das Zwischenhoch nicht sehr beständig zu sein. Schon zeigte sich wieder zirröses Gewölk am Himmel, typischer Vorbote einer neuen Schlechtwetterfront. Über Nacht konnte es wieder zu schneien anfangen. Und man wußte nicht, wie gründlich die Wolken sich um diese Zeit entleeren würden. Als Sohn des Hochgebirges konnte ich diese Möglichkeit einigermaßen abschätzen.

So packte ich es halt an. Drunten im Nordwesten, jenseits des tiefen Grabens der Stuhlbachquelle, sah ich die Hütte liegen. Wenn ich nur dieses harte Wegstück hinter mir hätte! Der über die Schultern gelegte Gamsbock drückte verflucht schwer, als ich langsam, immer wieder absetzend, die schmale Trift entlangstieg. Es ging in dem nassen Schnee an sich schon schwer. Dem Schneefall war aber ausgiebiger Regen vorausgegangen und hatte zusätzlich den lehmreichen Flyschboden durchweicht. Dazu kam noch die glitschige Grasnarbe im Gefälle des „Ödigs Gmahd". Selbst der Griffschuh mit seinen scharfen Eisen glich das nicht aus. Der Fuß verkrampfte sich geradezu in dem festsitzenden Paßschuh bei dem Bemühen, nicht auszurutschen. Wie sicher ging es sich da drüben auf den Steilhängen des Grünten im harten Kalkgestein und in den Verwitterungsschichten der Kreideformation!

Ich brauchte mehr als eine Stunde, bis ich die Stuhlbachhütte erreichte. Ich war heilfroh, auf dieser Zwischenstation meine Last ablegen zu können.

Damals, in den feurig durchpulsten, brandheißen Jungjägerjahren, waren all diese körperlichen Anstrengungen wie das ganze jagdliche Tun und Denken weitestgehend beherrscht, überdeckt, überlagert von einer übermächtigen Passion. Später, als ich drüben am Grünten meine Gamsböcke zur Roßberghütte trug, da begleitete mich der faustische Schatten mit seiner unhörbaren, aber unüberhörbaren, hintergründigen Frage nach dem Sinn und Inhalt, Recht und Berechtigung des Jägers und des Jagens und stieß mich mitten hinein in seinen Zwiespalt.

„So sag mir doch, mein Jäger wert,
Was dir so sehr das Herz beschwert.
Du sagtest doch, das Gamsgejaid
Sei ohne all Besinnlichkeit!" (Scanzoni)

Aber nicht nur hier in den Heimatbergen, auch drüben in den schönen, weiten, stillen Waldbergen jenseits des Rheinstromes, bei der Betrachtung der dortigen Wildbeute...

Zwei Stunden ließ ich mir Zeit, zwei Stunden des körperlichen Entspannens, der Stärkung, zwei Stunden des wehmütigen, aber dankbaren Abschiednehmens für dieses Jahr. In ein paar Tagen würde ich auf dem harten Menschenwechsel im grauen Mauermeer der damals noch recht grämlich gestimmten, von den Unruhen der Nachkriegszeit geschüttelten und durchschauerten, von den ersten Blitzen kommenden Unheils durchzuckten bayerischen Metropole täglich zur Uni pilgern, von dem Bestreben geleitet, die Jahre des vorgeschriebenen Studiums pünktlich und erfolgreich hinter mich zu bringen. Auch ein junger Mensch muß sich seine Gedanken machen. Nachdenklich, fast traurig, saß ich am weißgescheuerten Fichtentisch und starrte auf den dampfenden goldbraunen Tee in der weißen Tasse. Gebälk krachte. Brand knisterte im dunkelgrün gekachelten Herdofen, Feuer brummte. Stimmen der Stille, die im Wachen und im Traum noch heute in mir nachklingen. Ab und zu stand ich auf und schaute durchs Westfenster hinab ins grüne Illertal und hinüber zu den jenseitigen Nagelfluhbergen des Gunzesrieder Seitentales. In ein paar Tagen kam der Abschied, einer von jenen schmerzlichen Abschieden, die das ganze Leben begleiten. Aber bleiben würde die Erinnerung, das Mal des inwendigen Erlebnisses, das brennende Heimweh nach diesem Stück „glückseliger Einsamkeit".

Als die Glut erloschen, die Asche erkaltet war, räumte ich die Hütte auf, schlichtete neues Feuerholz zurecht, so wie es sich gehörte, und rüstete mich zum Talabstieg. Der letzte Besucher in diesem Jahr war ich noch nicht. Der Jäger Liese würde noch heraufsteigen, ehe es endgültig zuschneite. Und wenn dann der Winter mit all seiner Gewalt eingezogen war und herrschte, mußte er auf Skiern heraufkommen, um das Hüttendach schaufelnd von seiner gewaltigen Schneelast zu befreien.

Ehe ich mit schwankender, schulterdrückender Bürde im Hochlagenwald untertauchte, schaute und grüßte ich noch einmal zurück, die tröstliche Aussicht im Herzen: Wenn die Großen Hahnen vorne in der „Oberen Kottersch" zu glöckeln beginnen...

Die Kirchenuhr des Heimatdorfes zeigte die vierte Nachmittagsstunde an, als ich meine Last auf dem Steinboden des Zerwirkraumes mehr abwarf als ablegte.

Ein anderer Gamsbock, den ich ein Jahr später, kalendermäßig eine Woche früher, vorne am steilen „Tiefenbacher Eck", dem am weitesten vorgeschobenen Eckpunkt des vom Wertacher Horn westlich streichenden Bergzuges, erlegte, der verlangte mir ob seines höheren Gewichtes und der Beschaffenheit des Heimweges noch größeren Kraftaufwand ab. Diese „Bringung“ blieb mir auch aus anderen Gründen in lebhafter Erinnerung...

Ich war am Nachmittag zuvor über den langgezogenen, in endlosen, enggeschraubten Windungen durch eine große Hiebsfläche sich aus dem wildbachdurchrauschten Höllbach hochziehenden Jägerpfad zur „Oberen Kottersch“ und zum Bläßleskopf hinaufgestiegen und hatte dann den schon eingangs erwähnten, vom „Bildstöckle“ zur Stuhlbachhütte führenden schmalen Fahrweg mit Vorbedacht gewählt. Diesen Anstieg zur Hütte liebte ich ganz besonders. Man hatte von dort eine bezaubernde Schau, ein sich von Station zu Station erweiterndes, breitgefächertes Panorama vor und unter sich. Und ständig lag mitten im Blickfeld der Nordsicht, jenseits des Starzlachtales emporwuchtend, der Klotz des Grünten, der Wächter des Allgäus, der Vater der Landschaft. Die Heimat. Selbst unsere kühl kalkulierende, nüchtern denkende, herzenskalt handelnde Zeit kann sich der Wirkung dieses Wortes, seiner Tiefe und Wärme nicht ganz entziehen.

Was waren gegen diesen überwältigenden Anblick all die geschäftstüchtig angepriesenen, hochgelobten, hochfrisierten kulturlosen „Kultstätten“ der modischen, der mondänen Welt mit ihrem degenerierten, widerlichen Snobismus; was waren die menschenwimmelnden Strand- und Rummelplätze einer nivellierten, geist-, urteils- und stillosen Massengesellschaft!

Wieviel Schönheit, wieviel bewundernswerte Werke der Natur vermochte und vermag jene Landschaft auch heute noch dem aufzuzeigen, der mit aufgeschlossenem Herzen, offenem Ohr und Auge auf diesem schmalen, holperigen Bergweg zur Stuhlbachhütte aufsteigt. Schon im aufbrausenden Lenz, wenn der Föhnsturm in den schwarzen Wäldern wühlt, aus dem Schnee die entzückende Soldanella bricht, die safrangelben Blüten des Huflattichs aufleuchten, auf den ergrünenden Halden und Hängen das Tiefblau der Enziane sich mit dem hellen Gold der duftenden Aurikeln mischt. Oder im Sommer, wenn die dicke Kumuluswolke weißgebläht über die graugrünen, nur mehr auf den Schattenseiten von Schneeresten gefleckten Hochberge hinsegelt. Knarrende Rufe des Tannenhähers... Heuschreckengeschnarr... Katzenschrei des Bussards aus dem Schwebeflug seines scharfgezeichneten Scherenschnittes... herber Duft der Pestwurz... und Pan mit seiner Flöte in der göttlichen Stille. Schließlich im Übergang des Jahres zum großen, langen Schlaf der Natur unter tiefer Schneedecke das rauschende Finale der Farben und Töne beim berauschenden Konzert der Hirschbrunft.

Am nächsten Morgen war ich zeitig auf den Läufen. Der Himmel war mit hochliegender Wolkenschicht bezogen. Es war bitter kalt. Der gefrorene

Boden knisterte unterm Tritt der Bergschuhe. Eisplatten klirrten und knirschten. Rauhreif starrte. Ich schob mich, so leise es ging, zum „Stockhof“ vor, um mich auf Kahlwild anzusetzen. Langsam nur kroch der Tag hinterm Wertacher Horn empor. Nichts tat sich bis in den hellen Morgen hinein. Über die große Riese unterm „Krottenbichel“ stieg eine Gamsgeiß mit Kitz und Jährling. Vorsichtig pirschte ich gegen den „Bläßleskopf“ im Westen. Schon sah ich das lichte Grün der Bergwiesen vor mir, da riß es mich herum. In dem schon zweimal erwähnten wild verwachsenen Verbindungsstück, zwischen dem „Krottenbichel“ und dem „Tiefenbacher Wald“, aus Fichte, Erle und Straucharten an der letzten Wegkrümmung röhrte ein Hirsch aus vollem Hals. Der letzte Ton der Hirschbrunft war schon vor zwei Wochen verhallt. Der Geweihte, für mich „unberührbar“, mußte unmittelbar neben dem Weg stehen. Ein Trenzer, dann schob sich ein schwaches Stück Kahlwild aus dem Buschwerk heraus, zog rasch über das schmale Wegplanum und verschwand im Fichtendunkel des „Tiefenbacher Waldes“. Im nächsten Augenblick stand der Hirsch auf fünfzig Gänge mitten auf dem Weg, ein grauschwarzer, sichtlich einer unteren Stufe der Mittelklasse angehöriger Geweihter. Mit hocherhobenem Haupte äugte er einige Herzschläge lang zu mir her. Da ich mich aber völlig ruhig verhielt und der Wind zu mir her stand, schöpfte er offenbar keinen Verdacht, wandte sich wieder ab und folgte dem spätbrunftigen Stück. Es ging alles zu rasch, um das Geweih genauer ansprechen zu können. Noch einmal ein Trenzer, später, schon aus dem verschwiegenenen Refugium der Fichtendickung aufmurrend, ein kurzes Brummen.

Ich setzte meinen Weg fort, hatte gleich darauf den Bergwiesenrand erreicht. Behutsam trat ich ein paar Schritte hinaus, um freien Ausblick zu bekommen. Und verhielt ruckartig. Ober mir, an den steilen Grashängen des „Tiefenbacher Ecks“, stand ein starker, schon ganz schwarzer Gams. Auch bei ihm hätte ich der optischen Hilfe nicht bedurft, um ihn als Bock anzusprechen. Allein schon das ganze Gebäude, der kurze, dicke Träger ... Der Blick durchs Glas bestätigte den flüchtigen Eindruck und ließ sofort meine Entscheidung reifen. Die Krucken waren kurz, stark und stämmig, paßten in der Höhe so gar nicht zu der ganzen Erscheinung.

Ich entschloß mich zum Schuß. Aber noch war es zu weit. Zudem verfügte ich über kein Zielfernrohr. Mein Vater, selbst ein hervorragender Kugel- und Schrotschütze, der sein Leben lang auf dieses Hilfsmittel verzichtete, war nicht zu bewegen, auf meine diesbezüglichen jungjägerischen Wünsche einzugehen. Erst später, als ich in den Dienst der bayerischen Staatsforstverwaltung eingetreten war und über ein eigenes Einkommen verfügte, konnte ich mir diese Ausgaben erlauben.

Kurz und gut, auch jetzt mußte ich mich mit der Zielvorrichtung über Kimme und Korn begnügen. Da hieß es, sich bezüglich der Entfernung entsprechend zu bescheiden. Diese zu verkürzen war gar nicht einfach. Ich mußte erst eine Strecke von gut fünfzig Metern völlig freien Bergwiesengeländes hochkriechen, ehe ich in der Deckung einer buschigen Jungfichte den Schuß wagen durfte. Auch dann war es noch sehr weit, aber das Ziel stand innerhalb einer vertretbaren Grenze. Langsam robbend, immer wieder einhaltend – sobald der äsende Gams aufwarf, mußte ich die Gefahrenzone überwunden haben –, gelang es mir mit nassen Knien und Ellenbogen schließlich. Es war auch höchste Zeit. Schon machte der Gamsbock Anstalten, in die anschließenden Grünerlen einzuziehen. Rucksack vor mich hingeschoben, Lodenmantel darüber, den langläufigen, punktgenau schießenden Repetierer darauf... und dann noch den Diopter aufgestellt! So ging es. Gestochen, Visier und Todeskreis genau zusammengereimt, scharf gezirkelt. Schmetterschlag, Rückstoß der 8millimetrigen Nitropatrone mit langem Teilmantelgeschoß. Der Gams legte sich um, wollte nochmals hochwerden. Aber ich war schon wieder schußbereit. Die zweite Kugel löschte ihn schlagartig aus.

Ich brauchte eine gute Weile, bis ich, über den abschüssigen, rutschigen Grashang hinaufsteigend, oben war. Der Bock war recht, obwohl er altersmäßig nur ein Mittelbock war. Die Höhe der Krucke lag unter dem Normalmaß. Sie war zwar kräftig gesockelt, aber bolzengerade, ohne jeden Schwung auseinandergespreizt. Auch hier spricht natürlich wieder einmal der Ästhet. Damals gab es noch keine ziffernmäßige Klassifizierung der Trophäen. Da Gams genug da waren, war man bei der Auswahl auch nicht so kritisch und legte keine so strengen Maßstäbe an, wie sie heute berechtigt sind. Unter der Gültigkeit der nach dem Zweiten Weltkrieg in Bayern maßgebenden Abschußrichtlinien hätte sie bei einer Trophäenschau Gnade gefunden.

Den schwergewichtigen Bock hatte ich bald am Weg herunten. Fast von selbst schoß er die Steilhalde hinab. Das Handwerk der roten Arbeit war rasch getan. Noch eine halbstündige Pause des nachhallenden, abklingenden Erlebnisses, eine kurze Station kräftesammelnder Ruhe, ehe der harte Büßerweg ins Tal begann.

Das Gescheide überließ ich immer grundsätzlich als Zehent den Kolkraben und dem Bergfuchs. Am nächsten Tag war, wo immer ich dies nachprüfen konnte, nie mehr etwas davon vorhanden. Es zu vergraben oder gar zu versteinen, wie es da und dort in Zeitschrift und Buch gefordert wird, bestand und besteht unter normalen Verhältnissen kein Anlaß. Nur keine Übertreibungen!

Bald lag der kuppige „Bläßleskopf" hinter mir. Der langgezogene Zickzackpfad durch die Althölzer, die Jungwüchse und Hiebsflächen der „Kottersch". In den Graben hinab zwischen dem jagdgeschichtsträchtigen „Wolfsbichel" und dem Feuchtgrund des „Rotmöösle" am Rande hoher Altfichtenhölzer. Auf einer ebenen Fläche leuchtete es mir hellgrün entgegen, das Rund einer versauerten, vernäßten, vermoosten Wiese, „Rasle Kohlplatz", vor mehr als 150 Jahren Platz der Holzkohleaufbereitung für die Erzgewinnung in den längst aufgelassenen, zerfallenen Schmelzöfen im nahen „Ofenwald". Gleichzeitig Stätte blutig rot umschauerten jagdlichen Dramas. Am Blößenrand ließ ich mich zu dringend notwendiger Ruhepause nieder. Und gleich fiel die Vergangenheit über mich her. Mancher Allgäuer, Jäger und Nichtjäger, wird es begrüßen, wenn ich, selbst noch ein letztes Stück und lebendiger Zeuge örtlicher Überlieferung und grüner Chronik dieser Landschaft, im ungeschriebenen Geschichtsband ein Jahrhundert zurückblättere und Episoden der dortigen Jagdhistorie festhalte und sie so dem Vergessen entreiße.

Ich vermerkte schon einmal, daß der „Tiefenbacher Wald" und seine Umgebung einmal eine Alpe waren, die ihrer Unrentabilität wegen aufgelassen und im Jahre 1887 von meinem Großvater mütterlicherseits, damals Vorstand des Forstamtes Burgberg, für die bayerische Staatsforstverwaltung angekauft und zum großen Teil aufgeforstet worden war.

Der Allgäuer, dem keltisch-alemannischen Stamm entsprossen, dem Schwaben, dem Elsässer, dem Schweizer, dem österreichischen Vorarlberger nahe verwandt, ist kein Wilderertyp wie der bajuwarische Lengrießer. Der Jennerwein samt seiner hochstilisierten Wildererromantik fände hier keinen günstigen Boden und keine Aussicht, zum Volkshelden erhoben und posthum noch durch eine rühmende Grabsteininschrift geehrt zu werden. Die Wilderei spielte daher im Allgäu auch in den besonders üblen Jahren nach den beiden Weltkriegen nie eine solche Rolle wie beispielsweise im oberbayrischen Gebirge.

Ausnahmen bestätigen aber bekanntlich die Regel. Und so trieben die Sennen und Hirten, von denen man heute nicht mehr weiß, woher sie stammten, auf der ehemaligen Tiefenbacher Alpe vor dem Eigentumsübergang an den Staat die Schwarzgängerei in klassischer Weise. Bis ans Wertacher Horn dehnten sie ihre Raubzüge aus. Da konnten Zusammenstöße mit dem Forst- und Jagdpersonal nicht ausbleiben. Meine Quellen sind mein unvergessener jagdlicher Mentor, der alte Friedrich, und sein Neffe, mein guter Freund Liese Zeller.

Vor der Zeit der großen Organisationsänderung der bayerischen Staatsforstverwaltung in den achtziger Jahren des vorigen Jahrhunderts, durch die das hervorragend bewährte ,,Forstamtssystem" eingeführt wurde, hatte der Revierförster Goldmayer in Burgberg seinen Wohnsitz. Bei der ,,Weißen Riese" war er einst mit einer Übermacht von Wilderern zusammengestoßen. Diese überwältigte ihn und warf ihn die Steilhalde der großen Abplaikung hinab. Er mußte schon einen sehr guten Schutzengel gehabt haben, der ihn diesen Höllensturz lebend und gar noch ohne nachhaltigen Schaden hatte überstehen lassen. Das Jagdpersonal wiederum schwor blutige Vergeltung.

Während dieser gefährlichen Periode hauste, wie in diesem Werke schon kurz angedeutet, der kgl. Jagdgehilfe Mair, der ,,Springmair", im ursprünglichen kleinen Grundstock der Stuhlbachhütte, im Volksmund daher nur als ,,Mairs Hütte" bezeichnet. Die Gagernsche Bukowina, die – allerdings vom Hochwasser ungefährdete – Gabrowitza, der Spitznik. Dem Mair stand der kgl. Jagdgehilfe Bruno Speiser, von den Leuten nur der Bruno genannt, zur Seite. Der wohnte in dem ehemaligen, inzwischen bis auf eine weißleuchtende Uhlandsche Kapelle verschwundenen Bergweiler Oberried, einer Sonthofener Annexe. Er war ein ebenso tüchtiger wie von den Schwarzjägern der Tiefenbacher Alpe gefürchteter und gehaßter Jäger.

Auch die einsame Hochweiler Breite, oberhalb von Sonthofen und Gailenberg, abseits von Hindelang, beide am Südhang des vereinigten westlichen Ausläufers von Hirschberg und Wertacher Horn, nahe dem Oberried gelegen, waren nicht ,,sauber". Noch in meinen jagdlichen Anfängen hing ihnen ein verdächtiger Geruch an.

Kurz nach jener Gewalttat an Revierförster Goldmayer brannte der Bruno einem dieser Raubschützen eine verdammt schmerzhafte Kugel auf einen besonders empfindlichen Körperteil... Die Revanche dafür entlud sich bei einem Zusammenstoß im Höllbach. Bei diesem trat der Tod nahe an den Jäger heran; es kostete ihn den linken Arm. Er heilte die Verletzung aus, blieb im Dienst, benützte in der Folge beim Schießen einen selbst konstruierten Stock.

Dieses frevlerische Gefecht im Höllbach blieb aber für den Täter nicht ohne Folgen. Einer seiner Kumpane verriet ihn. So hatte er sein Verbrechen mit langjähriger Strafe im Zuchthaus Schweinspoint zu sühnen, in dem später auch der Jeremias Randel einsaß.

Nach klassischem Vorbild muß die Untat aber fortzeugend Böses gebären. Man fand eines Tages auf dem „Rasle Kohlplatz", an dessen Rand ich nun ausruhend sitze, einen Wilderer tot vor. Man munkelte, er sei von einem Jäger aus dem Hinterhalt niedergeschossen worden. Jedenfalls mußte er ein böses, qualvolles Ende genommen haben. In seinen Schmerzen und in seinem Todeskampf hatte er Gras und Moos aus dem Boden gerissen. Seine Hände hatte er in der Erde verkrampft. Der Ablauf dieser Tragödie wurde nie klargestellt. War es die Rache eines Kumpans für begangenen Verrat? Das vermeinten auch einige Stimmen. Die Wälder hüteten das Geheimnis.

Natürlich wurde über dieses aufregende und lange bewegende Ereignis viel geredet, dies und das vermutet, hinter vorgehaltener Hand getuschelt. So geriet auch der „Springmair" ob seines sonderbaren Verhaltens in bösen Verdacht. Der Tote sei ihm „nachgegangen". Darum habe er oft, wild um sich blickend, ein Messer gezogen und dabei murmelnde Drohungen ausgestoßen. Aber es fehlte jeder handfeste Beweis.

Einen solchen „Anfall" des „Springmair" erlebte auch ein hoher Jagdgast, der Minister Lutz. Als er eines Vormittags in der Hirschbrunft, von der Frühpirsch ermüdet, auf dem Bugrat der Giggelsteinhütte schlief, sei er plötzlich aufgewacht. Der „Springmair" sei ins Zimmer gekommen, habe, mit einem Messer herumfuchtelnd und die Augen rollend, dumpf vor sich hingeredet: „I verstich di, i verstich di . . ." (Ich ersteche dich.)

Der Minister sei verständlicherweise erschrocken vom Bugrat gesprungen und im Hemd aus dem Zimmer geflüchtet, wo ihn der alte Friedrich in Empfang nahm und unter geeigneter Aufklärung beruhigte.

Noch vor dem Zweiten Weltkrieg hätte diese Historie einen prächtigen Vorwurf für einen jagdlichen Roman abgegeben. Die heutige Lesergeneration hat aber offensichtlich an solcher Art Literatur kein Interesse mehr.

Noch ein Geheimnis umgibt die Erinnerung an den „Springmair". Man munkelt, er habe seine Ersparnisse, einen großen Beutel voll schwerer Goldstücke, in der Umgebung der Stuhlbachhütte vergraben. Mär oder Wahrheit? Die Heimaterde wird, ob etwas dran ist oder nicht, auch dieses Geheimnis wahren. Wie dem auch sei, einen Schatz, gewichtiger, wertvoller als das vergrabene Gold, beherbergt die Stuhlbachhütte und ihre Umgebung, das unbezahlbare Geschenk der Einsamkeit, der menschenfernen Ruhe, der göttlichen Stille. Seine Ausstrahlung hielt sich in meinem Gedächtnis und in meinem Herzen bis heute.

Die Zeit war abgelaufen, die Vergangenheit verblaßt. Die Gegenwart stieß mich an. Auf! Zum heimischen Horst, zu den heimatlichen Penaten, hinab zur leise brausenden Starzlach, auf breiter, daher flacher Furt über den Bergfluß getürmt, durch die Erlen am jenseitigen Steilhang hinauf zum roteisenschüssigen Bergsträßchen im ,,Stollen", Anklang an die ehemaligen nahen Erzgruben. Und dann durch den westlichen Teil des Staatswaldes im ,,Schneckenschwand" nach Westen zum Heimatdorf.

Noch weit mehr als eine büßerische, beutebelastete Stunde verging, ehe der Griffschuh auf dem Hartsteinpflaster des Vorgartens und der Treppe knirschte, ehe sich knarrend die schwere Fichtentüre des Zerwirkraumes öffnete, ehe ich Beute, Büchse, Bergstock und Bergsack abstellen und ablegen konnte.

Fast genau denselben Weg hatte ich einige Monate zuvor zurückgelegt, als ich an einem brandtrockenen, taulosen, also einer sogenannten ,,Dürrnacht" folgenden späten Junimorgen westlich der ,,Oberen Kottersch" auf der Bergwiese des beziehungsreichen ,,Erzrückens" einen im Gewicht dazu passenden Rehbock schoß. Bei brutschwüler Sommerhitze stieg ich mit meiner drückenden Last zu Tal. Ich schwitzte, dampfte, kochte. Das Hemd klebte mir am Leib, als ich endlich die Rucksackriemen von meinen geschundenen Schultern lösen und den vollfeisten, überdurchschnittlich schweren Bergbock auf die Steinfliesen fallen lassen durfte.

Einen der fühlbarsten, in der Erinnerung nachhaltig haftenden Bußgang hatte ich im nächsten Jahr zurückzulegen. Auf der anderen Seite des Starzlachtalkessels, im wilden ,,Roten Gehren", schoß ich einen der stärksten Gamsböcke, die je im Grüntengebiet erlegt wurden. Ich wollte ihn in meinen übergroßen, eigens gefertigten Spezialrucksack zwängen, um ihn auf den breiten Tragriemen leichter befördern zu können, mußte diesen Versuch aber aufgeben und den wirklichen Kapitalbock wie andere auf den Schultern zu Tal buckeln. Auf der Wildwaage im Zerwirkraum wies der von Feist geradezu strotzende Bock ein Verwertungsgewicht von sage und schreibe einundachtzig Pfund auf.

Manchmal nahm mir einer der Jäger, die mich ab und zu begleiteten, die Last ab. Oder ich konnte sie wenigstens für einen Teil der Strecke einem Fuhrwerk anvertrauen. Aber bei allen einzelgängerischen Waidwerken fiel mir selbst die Aufgabe des Transportes auf Rücken und Schultern zu.

Was ich dem Leser hier berichtete, waren nur Fälle schwerster Bußübung, die mir auferlegt wurden. Überall, wo der Jäger dort und damals die Büchse sprechen ließ, hatten Muskeln und Sehnen, Schultern und Beine, hatte der ganze Jägermensch ohne technische Hilfe die voraussehbaren Folgen zu tragen.

Das war gut, recht und gerecht so! Die Buße war hart und drückend, aber nicht bedrückend. Sie gehörte dazu. Nur dem, der Lust *und* Last der Jagd mit all ihren Höhen und Tiefen, in ihrer berauschenden Freude, aber auch in ihrem Leid und ihrer rauhen Wirklichkeit am eigenen Leib erfährt, nur dem erschließt sich ihr Geheimnis voll und ganz.

Feuerbuntes Herbstlaub

Im Allgäu gilt der Kalenderspruch:

„Lorenz setzt den Herbst auf die Grenz,
Bartholomä bringt ihn he."

Wie treffend und berechtigt er ist, kann am besten der Bewohner eines Waldgebirges ermessen, dessen Landschaftsbild weitgehend vom Laubholz geprägt ist. Wenn des Erzmärtyrers Laurentius Fest gefeiert wird, dann überzieht sich das Dach der Buchenkronen mit einem gelblichen Schimmer. Der verstärkt und vertieft sich bis zu des Apostels Bartholomäus Gedenktag zu einem altgolden aufschimmernden Schleier. Läutet aber dann Sankt Mang allmählich den Herbst ein und geht das Jahr auf Zyprian zu, dann entbrennen die Waldberge in feuerbunter Pracht. Rostrot glühen und lodern die Buchen, flammengelb brennen die Bergahorne und Birken, zitronenfarben blühen die Eichen, untermalt von den Blutstropfen der Vogelbeerbäume und den orangen Korallen ihrer Früchte. Steil stehen die hell leuchtenden Wimpel der Lärchen im satten Dunkelgrün der duftströmenden Douglasien, der eingesprengten Weißtannen, der ernsten, steifstarrenden Fichten und der bronzestämmigen Kiefern.

Johannes Brahms, der musikalische Künder dieser Herbstpracht, mußte durch die feuerbunten Wälder gewandert sein, als er den ersten Satz seiner prachtvoll aufrauschenden ersten Sinfonie, den kraftvoll verklingenden, von lyrischen Partien verklärter, föhnblauer Tage untermalten vierten Satz seiner Vierten schrieb oder gar sein vielfarbig, machtvoll aufschäumendes und doch so zuchtvoll geführtes zweites Klavierkonzert komponierte.

Und die Eingangstakte des ersten Satzes! Klingen die nicht wie jagdliches Signal, wie jägerischer Anruf, wie des „Waldhorns Widerhall"?

Gerade über den ins rotgelbgrünblaue Abendlicht scharf hineingeschnittenen, achthundertjährigen, an eine große deutsche, europäische Kaiserzeit erinnernden Umrissen der gut erhaltenen Burgruine Gräfenstein, im Volksmund „Merzalber Schloß" genannt, stand der von leichtem, frühherbstlichem Dunst umwobene, hinter den Westrücken untertauchende Sonnenball auf seiner verflachenden Bahn. Ringsum verströmte die Landschaft in allen Farben das Finale des Jahres.

Von der verflachenden, eichenbestandenen Kuppe des die Ostsicht beherrschenden ,,Wartenberger Kopfes" herab unterbrach ein laut aufdröhnender, grölend verhallender Hirschschrei das herbstliche Schweigen. Aus der Tiefe der nordhängigen, eichenstangenholzreichen ,,Königshalde" kam die grobe Antwort, das Jägerohr bezauberndes Signal, Zubehör des in Ton und Farbe überreichen Ausklanges im natürlichen Ablauf der Jahreszeiten. Das empfindet nicht nur der Jäger, das fühlt jeder naturverbundene Mensch.

Ich saß auf einer kleinen, an den glattgrauschättigen Stamm einer Altbuche angelehnten Kanzel mit weitem Rundblick, am Rande der breiten, das Staatswaldgelände durchschneidenden, das Gesicht der Landschaft zwar nicht verschönenden, aber wenigstens jagdlich nützlichen, zur Anlage von Wildäsungsflächen sich anbietenden, breiten Starkstromleitungstrasse. Immerhin ein wertvoller Ausgleich für den harten Eingriff der Technik in den Wald.

Über das wichtige, weit ausgreifende, hier angesprochene, praktisch in diesem Forstamt eingehend untersuchte und mit Erfolg erprobte Kapitel der Äsungsverbesserung in verschiedener Form ließe sich ein ausgedehnter Abschnitt einschieben. Doch dies würde den Rahmen eines überwiegend erzählerischen Werkes sprengen. Es mag daher genügen, dieses Problem anzudeuten.

Nach dem kurzen, lautstarken Duo aus den Hirschhälsen senkte sich die Stille der herbstlichen Bergwälder in feinstem Pianissimo über die Landschaft. Leiser Windhauch in den buntlaubfarbigen Kronen. Erstes flatterndes Blattgeraschel. Spechtgeraspel und grell flötender Glühschrei des schwarzen, rotbekappten, helläugigen Vertreters dieser Gattung. Amselgeschacker. Schüchternes Rotkehlchengeperl.

Hellgraublau stieg Rauch aus einem der verschattenden Talgründe des welligen Waldgebirges in den verdüsterten Abendhimmel. Kartoffelfeuer auf einer der ins Wäldermeer eingebetteten Dorffluren. Vielleicht auch verglimmendes Waldarbeiterfeuer beim Verbrennen von Schlagabraum. So mochten sich, wenn auch in weit stärkerem Grad und Umfang, die Rauchwolken aus den Tälern des Pfälzer Waldgebirges über Kuppen, Köpfe und Kämme gewälzt haben, als die Schrecken des Dreißigjährigen Krieges über das Land hinwegrasten. Und wieder, als Melacs und Turennes Soldatesken sengend und brennend die Pfalz verwüsteten. „Brûlez le Palatinat!" Und nochmals, als die aufgeputschten Horden der französischen Revolution räubernd und brandschatzend dieses leidgeprüfte Grenzland überfielen. Der angeblich damals erfundene Begriff der ,,Menschenrechte" konnte sich in der Praxis nie sehr hohe Geltung verschaffen. Weit stärker war immer die

Machtgier, Ursache der daraus erwachsenden Kriege, Vater aller Grausamkeit, die fanatische Ideologie, ihre Mutter, und der Haß, das auslösende, treibende Element, beider Kind. Hat die Menschheit daraus etwas gelernt? Meditationen eines einsamen, nachdenklich um- und rückschauenden Jägers!

Jäh riß die sich rückwärts abspulende, düstere Bildfolge ab. Wie ich so gegen Westen, in Richtung auf die Kulisse der Ruine Gräfenstein, blickte, blendete und bannte meine Augen im Vordergrund das Dunkelrot einiger Wildgestalten. Auf einer an die breite Starkstromleitungsfläche angrenzenden, kniehohen Kiefernkultur traten ein paar Stück Rotwild aus, die „Dreifaltigkeit", Alttier, Kalb, Schmaltier. Sie ästen, von der schrägen Feuerglut der sinkenden Sonne übergossen, vertraut im verheideten Jungwuchs. Nichts kam nach. Ich beobachtete sie einige Zeit durchs Glas, legte dieses dann wieder auf die Sitzhölzer der bequemen Kanzel. Der Blaurauch der schwarzen, würzig duftenden Brasil – ein grober Affront zumindest gegen die schulmeisterlich ausgegebene Antiparole – trieb träg und langsam, im leichten Abendhauch zerflatternd, beharrlich nach Osten. Der Wind war also günstig.

So mochte der Minutenzeiger etwa zehn Runden abgedreht haben, da gab es mir einen geradezu körperlich fühlbaren Stoß und Ruck. Mit einem Mal stand bei dem kleinen Rudel ein Hirsch, ein im Wildbret und Geweih starker und, wie das hastig an die Augen genommene Glas untrüglich auswies, jagdbarer Hirsch: ein ungerader Zwölfer mit auffallend, fast allgäuerisch dunklen, ja pechschwarzen Stangen, eine davon in einer breit ausladenden Gabel endend.

Selbst ein wenig erfahrener Jäger wäre kaum in Zweifel geraten, hätte die so kalt, nüchtern und bürokratisch klingende, letztlich aber gerade beim Rotwild so nützliche und notwendige „Katalogisierung" in die durch das Dekret der Abschußrichtlinien festgelegte „Abschußkategorie", in diesem Falle in die Klasse I b, ohne allzulange Rekapitulation der theoretischen und praktischen Kenntnisse durchgeführt und ohne Gewissensbisse die entscheidenden Schlüsse gezogen.

Meine langjährige Erfahrung, die auch die Zeit vor dem Erlaß des Reichsjagdgesetzes und seiner ähnlich gearteten Nachfolger umschließen, lassen mich all denen nachdrücklich widersprechen, die aus irgendwelchen Gründen die Wiedereinführung der „klassenlosen" Jagd empfehlen oder gar fordern. Man braucht auch nicht vor den angeblich und vermeintlich sehr sicheren Erkenntnissen und den sich daraus ergebenden Theorien von Zoologen, Ökologen und jungen, sehr selbstsicheren und streitbaren Wildbiologen in die Knie zu sinken und die bewährten Abschußrichtlinien über Bord zu werfen. Der Umgang mit der Natur erfordert immer eine behutsame Hand.

Für mich ergaben sich in diesem „akuten", brandeilig und drängenden Fall durchaus handfeste Folgerungen. Drei Jahre zuvor hatte ich das traditionsreiche Forstamt Merzalben übernommen. Seither hatte ich zugunsten des Personals und verdienter privater Jagdgäste auf die Erlegung eines jagdbaren Hirsches verzichtet. Das will kein Selbstlob sein, vielmehr die Bestätigung einer Einstellung, die eigentlich selbstverständlich sein sollte und zumeist auch ist. Der Amtsvorstand, damit auch Leiter der Staatsjagd, sollte sich auch bei der Verteilung der „Abschußquoten" nur als „primus inter pares" fühlen. Und nicht weniger selbstverständlich sollte die Heranziehung ziviler Jäger zum Betrieb der Staatsjagden sein. Eines der gewichtigsten Argumente gegen deren Verpachtung!

Es war nun sicher nicht unbescheiden, und kein objektiv denkender Jäger wird mir einen Vorhalt machen, wenn ich mich nun in der vierten Hirschbrunft entschloß, selbst einen der freigegebenen Merzalber Jagdbaren zu strecken.

Aber im Jagdbetriebsplan, der dem obligaten Abschußplan entspricht, waren nur solche der Güteklasse Ib vorgesehen. Der Rotwildbestand hatte damals noch nicht ganz die zugelassene Wilddichte erreicht. Mit der Freigabe von Hirschen der Ernteklasse Ia wurde mit vollem Recht zurückgehalten. Der da unten aber, der war ein ganz einwandfreier, ganz goldrichtiger, von mir nicht geringer eingeschätzt als einer aus der listenmäßigen Spitzenklasse. Selbst der strengste Jagdpapst konnte keinen Zweifel aufkommen lassen, kein Neider eine Beanstandung anbringen.

Die Entfernung zu Rudel und Hirsch betrug das Doppelte einer normalen Büchsenschußweite und lag weit außerhalb des Wirkungskreises meines verläßlich schießenden, im heimatlichen Hochgebirge und in den hiesigen Bergwäldern bewährten 8millimetrigen Repetierers. Pirschend heranzukommen, war bei der örtlichen Lage aussichtslos. So nestelte ich denn, gewohnheitsmäßig meiner Sache sicher, den Schnecken (die Muschel), Geschenk aus dem Wittelsbacher Haus, aus seinem Behältnis im Rucksack und schrie den Hirsch an. War kein hochbrunftiges Stück beim Rudel, dann konnte es gelingen, ihn näher zu bringen. All die märchenhaften Erzählungen, mit eigenen Ohren schon gehört, all die phantasievoll ausschweifenden, ausschmückenden Schilderungen, wie der fest beim Rudel stehende Hirsch auf weite Entfernung mit dem Ruf auf Schußweite herangeholt wurde, sind mit Vorbehalt, mit Mißtrauen zu betrachten, meist sind sie nichts wie aufschneiderische Prahlereien. Graf Münster, der große Könner, würde mir voll beipflichten. Diesmal aber hatte ich den Eindruck, daß kein hochbrunftiges Stück dabei war. Und diese Vermutung erwies sich als richtig. Mein Anruf wirkte geradezu schlagartig. Mit herrischem Ruck hob mein Widerpart das Haupt mit dem dunklen, weißendig blitzenden Geweih, antwortete erregt und zornig. Und wieder wechselten Ruf und Gegenruf, Anschrei und Antwort. Ich traute fast meinen Augen nicht, der Hirsch verließ das Rudel und kam laut röhrend auf mich zu. Es wurde ernst. Mit ein paar gewohnten Handgriffen holte ich den vom Vater überkommenen, ganzgeschäfteten, auf Berg- und Waldbock, Rot- und Schwarzwild, auf Feist- und Brunfthirsch, im Wirbel und Wehen der Gamsbrunft erprobten Repetierer heran und machte mich zur Entscheidung bereit. Die auf die Kanzelbrüstung untergelegte Faust gestattete ein sicheres Abkommen. Im Handumdrehen hatte der Hirsch die bequeme Schußentfernung von etwa hundert Schritt erreicht. Immer wieder aufgeregt röhrend, zog der Geweihte halbspitz an der Kanzel vorbei. Leise knörte ich den Hirsch ohne Zuhilfenahme der Muschel an. Sofort verhielt er. Das Punktabkommen des Zeiss-Zielfernrohres tastete sich in den tödlichen Kreis, in die Bucht der Halsgrube, verhielt drei Herzschläge lang. Dann warf der schmetternde Schlag, die Wucht des metallenen Anpralls unter hartem Kolbenruck der handlichen, führigen Büchse, das Wild in der Fährte zusammen. Wild schlegelnd wollte der Todgeweihte noch einmal hochwerden. Aber der rasch nachgesandte Fangschuß auf den Trägeransatz ließ ihn erloschen zusammensinken. Ich wartete noch eine Weile im Anschlag. Aber nichts rührte sich mehr. Der da unten breitmächtig in der herbstlichen Heide lag, äste schon an den immergrünen Hängen und Halden der ewigen Jagdgründe. Ich konnte den Repetierer unbedenklich sichern und an seinen gewohnten Platz stellen. Ich zügelte bewußt meine verständliche jägerische Ungeduld und rauchte meine noch nicht ausgegangene Brasil zu Ende. Zwischendurch betrachtete ich durchs Glas das aus kniehoher Heide herausragende Geweihgeäst.

Die letzte graublaue Duftwolke war im leichten Westwind zerflattert. Da konnte ich beruhigt abbaumen und zu meinem Beuteopfer schreiten.

Ich will, darf und kann es wohl ehrlich bekennen und beteuern, ich war nie ein Jäger nach Punkten. Das innere Erlebnis galt mir immer mehr, galt mir in meinen späten Jahren alles. Ich konnte zufrieden sein. Die amtliche, zugegeben berechtigte, unerläßliche, wenn auch papierene Abschußordnung war gewahrt. Auch darauf mußte ich verständlicherweise Wert legen. Wer selbst urteilen muß, hat die Pflicht, das gute Beispiel vorzuleben und zu wahren. Das beruhigende Gefühl bestätigte sich, als ich prüfend in die dunklen, in dieser Rußschwärze hier nicht häufigen, an die Hirsche der Allgäuer Heimat gemahnenden, kerzenweißendigen, nicht übermäßig starken, aber auffallend geschwungenen Stangen mit den langen, tiefausgebogenen Augsprossen griff. Ein eigenartiges, von der Norm abweichendes Geweih in der ausgeprägten Wölbung seines Aufbaues und der betonten Krümmung seiner Enden. Freund Schall vom Forsthaus Hermersberger Hof taufte es nicht zu Unrecht auf den Namen ,,Ridingerhirsch". Es hätte vorsichtshalber, eigentlich nur zur Bestätigung eines mir sicher scheinenden Tatbestandes vorgenommenen Abtastens des Zahngrundes nicht bedurft, um endgültig und unanfechtbar festzustellen, daß das Mindestalter des jagdbaren Hirsches nicht nur erreicht, vielmehr überschritten war. Die abgeschliffenen, wunderschönen Grandeln sagten genug. Auch der allgemeine Eindruck des Geweihes, die kurzen Rosenstöcke, besonders der vorne überbaute Wildkörper hatten dafür gesprochen.

Vielleicht mag mancher Jäger spöttisch und überlegen lächeln oder unwillig die Stirn runzeln, mancher Nichtjäger verständnislos den Kopf schütteln ob der Tatsache, daß ein an bestimmter Stelle des Geweihes, in diesem Falle in der Krone, fehlendes Ende, daß ein daumenlanges Stück Knochen oder ein Zacken von geringem Gewicht der Anlaß zu bürokratischer Registrierung und tabellarischer Unterscheidung, also zur Einreihung in eine bestimmte Güteklasse, zu einer schicksalhaften Entscheidung für das Tier führen darf. Aus dieser Problematik resultiert ja auch der jahrelange Meinungsstreit, ob eine Unterteilung der Stärkeklasse I in die Güteklasse a und b berechtigt oder gar notwendig ist. Gewiß ist dies keine Lebensfrage für die Jagd. Und für beide Auffassungen lassen sich Argumente ins Feld führen. Wenn das Ziel der bisherigen wohlbegründeten und daher berechtigten, jedoch anpassungsfähigen Abschußrichtlinien erreicht werden soll, möchte ich vom Standpunkt der Erfahrung aus aber eher für eine Beibehaltung der beiden Güteklassen eintreten.

,,Abschußrichtlinien" für die ,,Bewirtschaftung" der Rotwildbestände sind in der beengten Kulturlandschaft unerläßlich, wenn wir diese Wildart überhaupt erhalten wollen. Und da müssen solche Regulative nun einmal Maßstäbe und Grenzen setzen, auch bei der Beurteilung der Trophäe, zumal deren Konstitution mit der Gesundheit und Wertigkeit eines Rotwildbestandes zusammenhängt.

Stilrichtungen der menschlichen Baukunst lassen sich auf das Hirschgeweih, im Gegensatz zur Krone des Rehbockes, nicht vergleichend übertragen. Dagegen kann man aus seinen besonderen Merkmalen Schlüsse auf die Herkunft des Wildes ziehen.

Bei den Überlegungen über die richtige Bewertung im Rahmen der allgemeinen und der örtlich gültigen Grundsätze der Rotwildhege muß ich zur Aufhellung und verständlichen Erläuterung des hier angeschnittenen Fragenkomplexes in die lokale Jagdgeschichte zurückgreifen. Der Rotwildbestand im Pfälzer Wald, dem größten zusammenhängenden Waldgebiet der Bundesrepublik mit einem Flächenausmaß von rund 150.000 Hektar, wurde in den Wirren und Stürmen der französischen Revolution und ihrer mörderischen Ausstrahlung auf dieses geplagte Grenzgebiet sowie im berüchtigten Wildvernichtungsjahr 1848 zwar auf das stärkste dezimiert, jedoch nicht ganz ausgerottet. Er ließ sich in kleinen, weit umherwechselnden Resten bis zur Wiederbegründung des Rotwildbestandes in den dreißiger Jahren nachweisen.

In einem früheren, vergriffenen und nicht mehr zugänglichen Werk beschäftigte ich mich mit dieser und den damit in engem Zusammenhang stehenden Fragen. Inzwischen veränderte sich die Leserschaft weitgehend. Außerdem werden in diesem Buch auch die Rotwildjäger meines Nachbarlandes Österreich angesprochen. Ich will daher, ohne mich zu wiederholen, die zum Verständnis notwendigen Grundlagen und Gesichtspunkte kurz und knapp nochmals herausstellen.

Die Besonderheit des neu- beziehungsweise wiederbegründeten Rotwildbestandes im Pfälzer Wald beruht darin, daß seine Ursprünge, die Blutlinien, denen er entstammt, bekannt sind und seine Entwicklung überschaubar ist. Das ist von entscheidender Bedeutung. Forstmeister Dr. Hans Bernhard Oloff, später als Militärattaché in Indien bei einem Autounfall jämmerlich ums Leben gekommen, hielt in einer, dankenswerterweise vom zuständigen Ministerium angeordnet, jagdwissenschaftlichen Untersuchung und hochinteressanten Studie die Genealogie dieses Rotwildbestandes mit all den in Kleinarbeit zusammengetragenen Fakten in allgemeinverständlicher Form fest.

Es ist bedauerlich, daß sich kein Verlag dazu entschließen konnte, diese für jeden Rotwildjäger aufschlußreichen Ergebnisse in einem kleinen Band festzuhalten und herauszugeben. Hängt dies wohl mit der nur schwer verständlichen Leselust eines Großteiles der heutigen Jägergeneration zusammen?

Die sehr kleinen, in dem ausgedehnten, mit den französischen Vogesen zusammenhängenden Waldgebiet umherzigeunernden Reste des ehemaligen Rotwildbestandes wurden aufgefüllt durch die zunächst in den Gattern Johanniskreuz im Herzen des Pfälzer Waldes und Modenbacher Hof gehaltenen und dann in die freie Wildbahn entlassenen beziehungsweise entwichenen Abkömmlinge aus Rominten und Ungarn, ergänzt durch Rotwild verschiedener Herkunft (Ebersberger Park, Fichtelgebirge, Holland, Het-Lo mit Wapiti-Einschlag). Außerdem erfolgte eine nachgewiesene Zuwanderung aus benachbarten Rotwildgebieten, und zwar aus den Vogesen, dem Hunsrück und dem Saar-Mettlach-Bogen. All diese Hirsche zeigen sowohl im Erscheinungsbild wie im Geweihaufbau einen Phänotyp mit charakteristischen Merkmalen. Im Laufe der Jahre vermischten sie sich wohl zu einem mehr oder minder homogenen Typ. Nach einem weiteren Zeitablauf wird man dann von einem autochthonen Typ, dem des „Pfälzerwaldhirsches", sprechen können.

Bislang aber „mendelten" sich in mehr oder weniger deutlicher, manchmal in ausgeprägter Form die Urtypen heraus. Das wird auch noch lange so bleiben. Ich darf in diesem Zusammenhange auf meine Beobachtungen am Allgäuer Hirsch zurückkommen. Der berühmte Mönch drüben in den Gründen der Ewigkeit mochte ob der Bestätigung seiner Lehre wohlwollend und zufrieden über die Jäger lächeln.

Zu einem solchen, das Mendelsche Gesetz veranschaulichenden und bestätigenden Typ gehört der Althirsch, der da schwer und massig, auch noch im Tode die Majestät des Wälderkönigs repräsentierend, vor mir in die verblühende Heide hineingebettet war. Schon auf den ersten Blick war die Abstammung aus dem Saar-Mettlach-Bereich unübersehbar. Nach dem Ort der Erlegung des ersten Hirsches dieses Typs im Pfälzer Wald bezeichnete man ihn als den „Schmalenberger Hirsch".

Dr. Oloff wies in seiner in den fünfziger Jahren gefertigten Arbeit den einzelnen Blutlinien folgende Anteile zu:

Rotwild des Rominter-Typs	40 bis 45 Prozent
Rotwild des Ungarn-Typs	25 bis 30 Prozent
Rotwild des Saar-Mettlach-Typs	10 bis 15 Prozent
Rotwild der übrigen Herkunftstypen	Rest

Nicht alle Typen sind in der Geweihqualität (Stärke, Endenzahl) gleich wertvoll. Darauf hat die Auswahl beim Abschuß zu achten.

Aber noch ganz andere Gedankengänge wurden beim Anblick dieses Geweihten geweckt, menschlich-jägerische Zusammenhänge hergestellt.

Auf dem amerikanischen Flugplatz in Landstuhl bei Kaiserslautern war damals ein Oberst Koszarek stationiert. Ich erinnere mich gerne an diesen Mann, der den Charme seiner österreichischen Vorfahren nicht verleugnete. Er gehörte zu den zahlreichen amerikanischen Jägern, die von dem Jagdsystem, der Jagdgesetzgebung, der Jagdgesinnung und dem Jagdbetrieb im deutschsprachigen Raum besonders beeindruckt waren. Wenn ich von einer in den Grundzügen verwandten Jagdauffassung und einer entsprechenden, sich daraus ergebenden Jagdausübung im deutschsprachigen Raum, also in Österreich, in Teilen der Schweiz, im Elsaß und in der Bundesrepublik, spreche, so hat das mit „Deutschtümelei“ nicht das geringste zu tun. Die gemeinsame Sprache ist nun einmal ein mächtiges Bindeglied unter den Menschen, das in diesem Falle eben auch die Jagdauffassung einschließt, das gemeinsame jagdliche Vorstellungen und Ideale prägt.

Oberst Koszarek war ein von mir hochgeschätzter, absolut verläßlicher Jagdgast, bei dem man unbedenklich auf eine Führung verzichten konnte. Wir hatten damals nach einer Eichelsprengmast auf der fast ausschließlich mit Laubholz bestockten Hochebene des „Kleinen Mühlenbergs“ einen für die Verhältnisse des armen Buntsandsteinbodens außergewöhnlich starken Rehbock. Diesen gab ich dem befreundeten Jagdgast zum Abschuß frei. Wir nannten ihn daher nur den „Koszarek-Bock“.

Bei einem seiner Ansitze in der Feistzeit hatte er Gelegenheit, einen guten Hirsch zu beobachten und eingehend zu betrachten. Er beschrieb ihn so genau, daß an der Identität mit dem eben erlegten kein Zweifel bestehen konnte. Der da, der war es. Was spielen für einen Hirsch in der Brunftzeit die paar Kilometer vom Plateau des „Kleinen Mühlenbergs“ über den tiefen Einschnitt des Wartbachtales zum abgerundeten Trapezhaupt des „Wartberger Kopfes“ für eine Rolle! Da wurden schon ganz andere Wanderungen von Brunfthirschen einwandfrei nachgewiesen. Zu einem bereits in früheren Büchern beschriebenen Fall einer Wanderung über eine Strecke von 25 Kilometern in einer Nacht will ich noch kurz ein Beispiel aus meinen hiesigen Beobachtungen fügen. Als ich eines Vormittags in der Hirschbrunft von der Hochebene des „Kleinen Mühlenbergs“ langsam durch die hohen Buchenhallen auf der Nordseite des langgezogenen Winschertrückens herabfuhr, trollte über mir auf einer der Verjüngungsflächen ein Geweihter, ein typischer „Abschußhirsch“, den steilen Hang entlang in Richtung Osten. Ich hielt, konnte ihn genau betrachten, ansprechen und mir besondere Einzelheiten des Geweihes einprägen. Am Abend schoß ihn mein Schwiegersohn, Vorstand des 19 Kilometer entfernten Forstamtes Johanniskreuz.

Die aufgedeckten Zusammenhänge zwischen dem ridingerischen Geweihten und dem Koszarek-Bock wecken unwillkürlich die Frage nach dem Schicksal jenes Adelssprosses der pfalzwäldlerischen Rehdynastie. Da muß mir der Leser aber gestatten, kurz vom feuerbunt verglühenden Herbst in den strotzenden, prallen Sommer zurückzukehren. Der Oberst bemühte sich damals redlich um den ihm freigegebenen Bock. Er benützte jede freie Gelegenheit, die ihm der Dienst bot. Aber Berg- und Waldböcke mit ihrem weiträumigen Revier stellen an den Jäger ganz andere Anforderungen als ihre Brüder in den zahmen, zivilisierten Feld-, Wald- und Wiesenbreiten, noch dazu in einem Waldgebiet mit hohem Laubholzanteil und mit ausgedehnten, dichten Naturverjüngungen. Es gelang dem Gast einfach nicht, den Bock zur Strecke zu bringen. Im nächsten Jahr wurde er als Militärattaché nach Ostasien versetzt. Der ihm zugedachte Rehbock aber blieb verschwunden, wie vom Erdboden verschluckt. Dies ist bei solchen Waldböcken nicht außergewöhnlich.

Als ich im übernächsten Jahr eines goldgrünen Juninachmittags unterm verblassenden Regenbogen und vertröpfelnden Nachschauer eines hitzigen Gewitters den langgezogenen Holzabfuhrweg durch die nordseitige, mit Buchenalthölzern und ihren wüchsigen Verjüngungen bestockte „Winterhalde" zur Höhe des „Kleinen Mühlenbergs" hinauffuhr, da geschah es. Die Sonne stach mit schrägem Heißstrahl in den dampfenden Dunst hinein. Tropfen funkelten und glitzerten. Wie ich nun gerade eine vom Buchenaltholzrest geräumte Schlagfläche passierte und einen schnellen Seitenblick nach unten warf, blendete es mich feuerrot. Ich verlangsamte mein an sich gemächliches Zeitmaß noch mehr, hielt mit laufendem Motor, starrte ganz entgeistert auf die Erscheinung. Was da unten auf bequeme Bleikugelschußentfernung zwischen dem schütteren Buchenjungwuchs und und den beigepflanzten Junglärchen stand, war das blutlebendige und knöcherne Wirklichkeit? War das nicht Blendwerk aufblühender, erhitzter Phantasie? Dort unten stand ein Reh, ein Bock, ein starker, ein sehr starker Bock, und äugte mit hocherhobenem Haupt zu mir her. Was da regenblank, von der hereinblendenden Sonne überzeichnet, heraufbleckte, mächtig geradezu zwischen den vorgesteilten Lauschern erscheinend, dunkelgesockelt, das war mehr, als man auf dem mageren Hauptbuntsandstein erwarten durfte. War es Samielsches Blendwerk zur Täuschung und Verführung des Jägers, war es so etwas wie der Nebelbock des Primus Koschutnik in Gagerns meisterlichem Werk? Es war – der „Koszarek-Bock"!

Ich ließ den Motor laufen. Ich hatte die Erfahrung gemacht, bei Rot- und

Rehwild wie bei Sauen, daß das Geräusch der Maschine dem Wild das Gefühl der Ungefährlichkeit gibt, während es sofort flüchtet, wenn dieses verstummt. Griff nach dem bereitliegenden Glas... Aber jener, mißtrauisch und gewitzt, ließ mir nicht viel Zeit zu optisch verstärkter Überprüfung. Mit ein paar hoppelnden, bockelnden, dumpf stampfenden Fluchten in die hellgrüne Wirrnis weitläufigen Buchendschungels entzog er sich weiterer Betrachtung und Beobachtung.

Dschungel waren diese ausgedehnten, dichten Buchennaturverjüngungen aus reichen Mastjahren. Undurchschaubarer, undurchdringlicher, verbergender, rettender Schutzmantel für das Wildgetier und den Menschen. Auch von der Technik nicht zu überwinden. Man braucht nur die jüngste Geschichte zu betrachten.

Aber ich wußte genug. Ich wußte, wo ich ihn ungefähr zu suchen hatte. Ich hatte mich entschlossen, ihm an die brandrote Decke zu gehen, da der Oberst dazu nicht mehr in der Lage war. Und dieses Wissen wurde für ihn zu einer tödlichen Gefahr.

In der Nähe, am unteren Rand des Buchen-Eichen-Altholzes, stand eine jener hohen, gute Einsicht in die Umgebung gewährenden Kanzeln. Sie war zwar in erster Linie zur Bejagung des auf die nahen, in der Talsohle liegenden eingelagerten Wiesengrundstücke ziehenden Rotwildes gebaut worden. Dort konnte man aber auch mit dem Auftauchen des „Koszarek-Bockes“ rechnen.

Ich will den Fluß und Fortgang der Erzählung nicht störend unterbrechen, komme aus gegebenem Anlaß auf die Verwendung dieser hohen Kanzeln für den Jagdbetrieb noch zurück.

Ein paar Tage später saß ich am Abend auf dem weitsichtigen Auslug. Schon sehr frühzeitig trat aus der bürstendichten Wildnis des Jungwuchses ein Reh aus, zog eilig, leise in der trockenen Buchenstreu kraspelnd, durch das Domgewölbe des Altholzes gegen die Hochebene des „Kleinen Mühlenbergs“ mit seinen noch umfangreicheren Laubholzverjüngungen hinauf. Ich brauchte gar nicht nach dem helfenden Glas zu greifen. Der „Koszarek-Bock“! Langer Überlegung bedurfte es nicht. Und es war gar keine Kunst dabei, dem auf ganz gerechte Entfernung zwischen den Pilastern der Buchen und den Säulen der Eichen immer wieder kurz verhoffenden Altbock aus dem auf alles Wild meines Jägerlebens bewährten Repetierer eine sichere Kugel, das lange, schwere, 8millimetrige Teilmantelgeschoß anzutragen. Es war die letzte Großtat dieser Büchse, ein würdiger Abschluß. Sie wurde in den ehrenvollen, allerdings immer zum Eingreifen bereiten Ruhestand versetzt. Sie mußte der ranken, schlanken Bockbüchsflinte aus Ekkernförde mit ihrem weithinreichenden Strahl der 7 x 65 R weichen. War es die unausrottbare menschliche Schwäche und Sucht, immer das Neuere, das scheinbar Bessere, Vollkommenere besitzen zu müssen? Nein! Diesmal war es die Erfüllung eines lang gehegten, sachlich begründeten Wunsches. Das Kapitel dieses Buches über die Reizjagd auf den Fuchs spielt dabei mit!

Rauschend und raschelnd, laub- und steinwirbelnd rutschte und rollte der Verendete den Steilhang bis zu dem oberhalb der Kanzel vorbeiführenden Waldsträßchen herab.

Es war noch früh am Abend, Muße genug zum Auskosten des jagdlichen Erlebnisses, zum genußvollen Abspulen der damit zusammenhängenden inneren und äußeren Vorgänge, Zeit genug für eine lange, stille Weile der Weihe, der Betrachtung, der rauchumwölkten Versöhnung, der dankbaren Ruhe, der nachdenklichen Um- und Vorschau.

Der über aufgelöstem Dunst und Dampf grell auf der naßblanken Krone spiegelnde Sonnenglast hatte deren prahlende Ausmaße bei unserer kürzlichen Begegnung doch etwas täuschend vergröbert. Die Länge der Enden blieb hinter meinen Erwartungen zurück. In jenem Rehbocksommer, als ihm der amerikanische Jagdfreund nachstellte, hatten an der raren Krone fingerlange Sprossen gezackt. Damals war eine Buchel- und Eichelsprengmast vorangegangen. Solch wertvolle Bereicherung der Nahrungsbasis ist auf den nährstoffarmen Böden des Hauptbuntsandsteins die entscheidende Grundlage für die Knochenproduktion der Stirnzapfen, also für die Bildung starker, überdurchschnittlich guter Geweihe, wobei sich die Buchelmast eher auf die Wildbretstärke auszuwirken scheint.

Der sich vorsichtig auf die abgenutzten Molaren ohne häßliche Öffnung des Äsers vortastende Zeigefinger bestätigte den Eindruck von Hauptschmuck und Erscheinungsbild. Neben dem altersbedingten Rückgang mag auch der vorausgegangene, ausnehmend lange und strenge Winter an der Rückbildung der Trophäe mitgewirkt haben. Eine erneute schwache örtliche Sprengmast dürfte, außer der Knospenäsung in den Eichenschlägen und dem zugänglichen Heideangebot, dessen ungünstige Auswirkung auf den Geweihaufbau gemildert und das ganze Schalenwild vor Wintersnot bewahrt haben. Die Stärke der dunklen, weitausgelegten, sparsam, aber grobgeperlten Krone, die gefälbelte Riefenbildung hatten sich wohl kaum verändert. Interessant ist auch ein aus dem rechten Rosenstock abzweigender, halbfingerlanger Ansatz eines neuen Endes, richtiger, einer dritten Stange.

Alles in allem rechtfertigte auch das, was da noch aus einem eisengrauen, weißlich gestichelten Althaupt emporwuchs, einen hohen Rang in der Hierarchie des örtlichen Rehstammes. Ein Graf mindestens! Mehr noch, ein Fürst, ein Herzog sogar im cervocapreolischen Hofkalender wasgischer Wälder. Ein ganz trockener, nüchterner Jäger, wie man sie in der heutigen Generation oft findet, würde ganz sachlich feststellen: eine hochachtbare Krone.

Ich war von dankbarer Freude erfüllt. So darf es wohl sein, solange es noch Jäger gibt, die das verstehen und mitfühlen.

Auf ein im Laufe dieser kleinen Geschichte vom „Koszarek-Bock" angeschnittenes Problem muß ich noch kurz zurückkommen. Schon aus der Schilderung der örtlichen Verhältnisse kann jeder sachkundige Jäger seine Schlüsse ziehen und die Notwendigkeit der Errichtung hoher Kanzeln ermessen. Die Übersicht, die Rücksicht auf die Windverhältnisse, besonders das überwiegende Vorkommen von Rot- und Schwarzwild zwingen dazu, wenn das Wild bei der Jagdausübung möglichst wenig beunruhigt werden soll. Auch der nicht sehr sitzfeste Pfälzer Jäger mußte sich daran gewöhnen.

Die Pirsch – in Deutschland offiziell so geschrieben – oder, wie sich der Österreicher und der Süddeutsche in ihrer weicheren Gangart und Sprache immer noch gerne ausdrücken, die Birsch, in Ehren! Sie ist eine wahrhaft eigenwillige, wandlungsfähige, abwechslungsreiche, stark vom jägerischen Instinkt und Können gelenkte Jagdart. Aber sie ist nur da erfolgversprechend und am Platz, wo die örtlichen Gegebenheiten sie zulassen oder fordern, so im Hochgebirge oder in den Feld- und Waldrevieren der Ebene und des Hügellandes. Nicht aber hier, in diesem großen, geschlossenen Bergwaldgebiet.

Alle hiesigen Jagdgäste, die etwas von der Sache verstanden, bestätigten diese Auffassung, so auch der mit uns befreundete, in den Karpaten erprobte, den Lesern der Jagdpresse bekannte, weitgereiste Entomologe Doktor Theodor Jilly, der unter Schilderung unwiderlegbarer und unbestreitbarer Beobachtungen und Erlebnisse die völlig irrige Einstellung des Zoodirektors Dr. Grzimek zur Bejagung des Wildes von Kanzeln aus, u. a. in der Zeitschrift „Das Tier", schlagend widerlegte. Unsere Wildbahn ist kein Tierpark und unsere nach waidmännischen Gesichtspunkten betriebene Jagd keine Safari in der afrikanischen Steppe. Auch das darf und muß einmal gesagt werden!

Als ich an jenem kraftstrotzenden Sommerabend dem „Koszarek-Bock" die gebührende Ehre erwies, trug ein lautstarkes Vogelorchester noch seinen Part dazu bei. Aber schon ein paar Wochen nach Umkehr der Sonnenbahn flötet Gott Pan allein unterm Wabern der Hundstaghitze ins Geschrill und Geschnarr der Heuschrecken hinein. Erst im Ausklang der Vegetationsperiode nimmt leiser Gesang mancher Vogelarten wehmütig klingenden Abschied vom Jahr.

Der späte Juni leitet langsam zu dieser Stille über. Letzter Drosselschlag, die verklingenden Amselduette, das verrieselnde Rotkehlchengeperl, die schüchtern verstummende Strophe der schwarzköpfigen Mönchgrasmücke, des „Schwarzblättchens", der dumpfe, rhythmische Ruf der Hohltaube in den hohen Buchen, der Flötentriller des Pirols, die letzten Kuckuckslitaneien. Mit Verlaub! Wie viele Jäger kennen auch nur einen Teil dieser Stimmen? Wie viele achten überhaupt darauf? Für manchen wohl eine peinliche Frage.

Die Wechselbeziehungen zwischen menschlicher Tonkunst und Vogelgesang sind mannigfaltig. Der Erzmusikant unter den Gefiederten, in der breiten Auswahl seiner Themen und in deren Variationen von keiner anderen Art erreicht, auch nicht von der vielgerühmten Nachtigall, der gelbschnäblige Amsler – auch Schwarzdrossler genannt –, nimmt seine Vorwürfe oft aus dem Bereich menschlicher Tonmalerei. Dies erlebte ich immer wieder, beschrieb auch schon Einzelheiten in früheren Werken. Vor kurzem kam mir ein ausgezeichnetes kleines Buch, „Musik in der Natur", in die Hände. Darin werden meine Beobachtungen voll bestätigt. Man hat den Eindruck, der ausgesprochene Kulturfolger sei geradezu auch in diesen Bereich des Menschen eingedrungen.

Beim Kuckuck ist es umgekehrt. Sein melodischer Ruf wurde in großen und kleinen Meisterwerken eingebaut, so bei Beethoven, Haydn, J. Strauß, Humperdinck, Respighi.

Auch ein auf jagdlichem Grund aufgebautes Buch darf, will es nicht einseitig bleiben, auf solche Exkursionen in benachbarte Bereiche abschweifen.

Überm Waldgebirge schwebte die weißgeblähte, abendrötlich angehauchte Segelwolke im vesperlichen Blauhimmel. Leise streichelnder Schönwetterwind im frischgrünen Kronendach. Im inneren Ohr der in sommerlicher Fülle dahinwogende letzte Satz des Schumannschen Klavierkonzerts. Für den musikalischen Menschen hat jede Jahreszeit, jede Tageszeit sogar, ihre gemäße Tonwelt.

Und der unsterbliche Olympier! „Über allen Wipfeln . . ." Kennt ihn die heutige Schule, die Jugend noch? Sind er und sein Werk nicht verdrängt von eintönigem Blechgetrommel und faden Clownereien?

Eine weitere Gedankenverbindung bahnte sich an, eine weitere Bildfolge verknüpfte sich mit dem Anblick meiner sommerroten Beute, die da mit opalem Leuchten der Lichter vor mir lag. Es war wohl ein hochedler Sproß der örtlichen Rehdynastie, aber doch keiner vom Range der uskokischen Böcke aus Gagerns „Mokritzer Revier". Dazu fehlten die biologischen und ernährungsphysiologischen Voraussetzungen, allein schon die dem geologischen Grundgestein entwachsenden Schubkräfte. Dort Kalkboden, hier armer Hauptbuntsandstein. Auf den nährstoffreicheren Schichten des oberen und unteren Buntsandsteins ist das schon anders!

Und doch erinnerte manches in den Zügen der sich um mich herum ausbreitenden Berglandschaft an jenes klassisch gewordene, halb balkanische, krainische Waldgebirge, im Habitus, in der orographischen Gestaltung, in der Höhe der Berge und deren Ausformung, in der Bestockung, gerade hier im Herzen des Pfälzer Waldes. Die steilen, zu den Bachtälern abfallenden Hänge, die feierlich stillen Buchendome, die goldgrün bedachten, räumigen Eichenhallen. Die undurchdringliche Wirrnis weitläufiger Laubholzverjüngungen, die von Gagern hervorgehobene Strobenbeimischung, die Anwesenheit der Edelkastanie in der Folge ozeanischer Klimaeinwirkung, die an den Halden versickernden, im Talgrund zutage tretenden Quellen, die Nähe der Weinberge. Zwar kein roter Vipernsteiner, aber andere gute Kreszenzen.

Wie der da still, starr und stumm vor mir liegende Blutzeuge durch den sich lichtenden Laubholzhang der „Winterhalde" hinaufwechselte, fielen mir unwillkürlich die zum Breganatal hinabfallenden Halden der Zatrepe ein. Dahinter der breithingelagerte Rücken des Silioutz und der im Abendlicht verglühende Kopf des Goli Cirnik. Symbol wohl nur, aber doch vergleichbare, lebendige Wirklichkeit im ähnlichen Bild. Jedes Jagdrevier, dem sich ein Jäger zutiefst verbunden fühlt, hat seine Pilgerstätten und Altäre. Vielleicht mag manchen Freund und Verehrer unseres größten Jägerdichters diese Anspielung wohltuend ansprechen. Gagern hat in seiner „Grünen Chronik" einen Vergleich der Uskoken mit dem Spessart kurz angedeutet. Der Spessart weist wohl die gleiche geologische Formation des Grundgesteins und eine gleichgeartete Bestockung auf wie der Pfälzer Wald. Aber seine orographische Gestaltung ist nicht so scharf ausgeprägt wie die der wasgischen Berge. Hätte Gagern diese gekannt, so hätte er seinen Hinweis bestimmt geändert.

Der Rauch meines Tabaks hatte sich im Blaugewölk längst aufgelöst. Ich nahm meine steif gewordene Beute auf den Rücken und trug sie zu dem etwa einen Kilometer entfernt abgestellten Kraftwagen, dem nicht mehr wegdenkbaren, in vieler Hinsicht notwendigen, nützlichen, aber doch kalten, toten Gehilfen eines ebensolchen Zeitalters, wo der Bock interessiert und eingehend von meinem dort abgelegten, noch jungen Schweißhund, dem unübertrefflichen, unvergeßlichen „Zorn“, bewindet wurde.

Den hatte ich damals noch nicht, als ich unterm feuerbunten Herbstlaub am „Wartenberger Kopf“ versonnen bei dem gestreckten Althirsch saß, mit dem die Geschichte des „Koszarek-Bockes“ über jägermenschliche Beziehungen verknüpft war und ist.

Die führende Stimme des Herbstkonzertes riß mich aus meinen Gedanken. Von der eichenstarrenden Trapezkante des „Wartberger Kopfes“ leitete mich eine lautgrölende Hirschstimme in die goldleuchtende Gegenwart zurück. Eine zweite gab Antwort. Wohl eine Viertelstunde blieb ich noch, innerlich freudig bewegt, auf dem alten, breitrunden Buchenstock sitzen und lauschte in den blau hereinschattenden Abend hinaus. Von Zeit zu Zeit meldeten sich die beiden Hirsche oben in den dichten Stangenhölzern. Drüben, jenseits des tiefeingeschneiten Wartbachtales, in den Buchen- und Eichenhallen am Südhang des langgestreckten Winschertrückens, ließ sich ab und zu eine tiefe, kraftvolle Stimme vernehmen. Noch war die Brunft nicht in vollem Gange.

Der Tag erlosch. Das Licht schwand. Schatten wurden gesponnen. Herbstliche Dämmerung schlich durchs Holz. Es war Zeit zu gehen. Noch einmal tasteten die Hände über die kohlschwarzen Stangen, nochmals tätschelten sie, wie Abbitte leistend und erheischend, den bemähnten Träger. Die rote Arbeit war schon vor der letzten Besinnungspause erledigt, der Hirsch verbrochen und gegen Anschneiden verwittert worden. Morgen in aller Frühe würden der Waldarbeiter Richard Klein und der alte Hausmeister David Mock, die beiden Getreuen, den Edlen auf dem Anhänger eines forstamtlichen Traktors aus dem Pfälzer Wald zum Forstamt hinabbefördern, dem Umsatz alles Irdischen entgegen: Wildbret zum Verkauf, Verzehr und Verbrauch, Decke zur Verarbeitung. Nur zwei für den Jäger bedeutsame Beuteanteile würden eine Sonderbehandlung erfahren: die dunkelbraunen, prachtvollen Grandeln, geschmackvoll gefaßt, ein traditioneller, angesehener jägerischer Schmuck, noch offenes Geschenk für einen nahestehenden, geschätzten, geliebten Menschen.

Das beinahe krausästige „Ridinger-Geweih“ aber würde nach Vorstellung und Begutachtung bei der obligaten Trophäenschau des Rotwildringes zur repräsentativen Zierde der Wand, aber noch viel mehr zu handgreiflicher Mahnung an das Gebot der Dankbarkeit werden. Und schließlich würde es als geachtetes Erbstück in einer traditionsgebundenen Familie weitergegeben werden.

Heute hängt es, jedem Besucher sofort ins Blickfeld tretend und wegen seiner Besonderheiten sofort auffallend, zwar abseits der Allgäuer Vorläufer und der Pfälzerwälder Nachfolger, aber doch in ihren Rahmen einbezogen an bevorzugtem Platz in meinem Alterssitz, nicht weit entfernt von der starken Krone des „Koszarek-Bockes“, letztere immer wieder an den sympathischen Jagdfreund jenseits des großen Wassers erinnernd. Darüber aber thront, gleichsam als Zeichen ihres Primates, eine der stärksten Gamskrukken aus dem Grüntengebiet.

Unter solch freundlicher Vorschau stieg ich den gewundenen Pfad durch die hohen Eichen und die Kiefernkulturen der steinigsteilen „Kiefernhalde“ ins Tal zu dem am „Sägwoog“ (Woog = Weiher), einer Aufstauung des ehemaligen Triftbaches, stehenden Wagen hinab.

Ehe ich aber das schöne, stattliche, einer Staatsverwaltung und eines so wertvollen Forstamts würdige, zweckmäßig gebaute Forstamtsgebäude erreichte, in dem ich die besten, reichsten Jahre meiner Dienstzeit verbrachte, wurde ich nochmals mit den Realitäten der Gegenwart „konfrontiert“, wie man sich modisch auszudrücken pflegt. Diesmal allerdings in einer erfreulichen Weise.

Gemächlich schraubte ich mich auf dem kurvenreichen Waldsträßchen aus dem triftbachdurchrauschten Wartbachtal zur Paßhöhe, der historisch beziehungsreich „Schäferei“ genannten ebenen Freifläche am Fuß der Burgruine Gräfenstein hoch. Heute dient diese als geräumiger Parkplatz für die Besucher des „Merzalber Schlosses“ und des Naturparks Pfälzer Wald. Gleichzeitig wird sie teil- und zeitweise als Lagerplatz für Furniereichen benützt. Von hier aus führen verschiedene, gekennzeichnete und tafelmäßig angezeigte Rund- und Wanderwege in das umliegende Waldgebiet. Als ich mich dem Sperrschild neben der an Sonn- und Feiertagen geschlossenen Schranke näherte, stand davor mit abgeblendeten Lichtern ein Pkw. Ich sah im Scheinwerferlicht zwei Personen, eine Frau und einen Mann, stehen. Es gefiel mir von vornherein, daß sie sich korrekt an das von rücksichtslosen Fahrern nur allzuoft mißachtete Fahrverbot auf der Forststraße hielten. Während ich langsam an ihnen vorbeifuhr, merkte ich, daß sie mir winkten. Ich lenkte meinen Wagen an den Straßenrand, stellte den Motor ab und ging auf die beiden zu.

Im Laufe der gegenseitigen, unter gesitteten Menschen üblichen Vorstellung und den anschließenden Gesprächspräliminarien erfuhr ich, daß es sich um ein älteres Ehepaar handelte, er Diplomingenieur bei Siemens. Der erste, oft, wie auch in diesem Falle, entscheidende Eindruck war ein sehr guter. Es waren feine, sichtlich gebildete Menschen. Bekannte hätten ihnen, so erzählten sie, den Rat gegeben, Ende September in den Pfälzer Wald zu fahren. „Es sei doch so schaurig schön", so schwärmten sie, „wenn die Hirsche in der Abenddämmerung zu brüllen begännen." Gleichzeitig baten sie mich, ihnen doch einen Platz anzugeben, von dem aus sie das Konzert am besten hören könnten. So entspann sich ein längeres, freundliches Gespräch. Die beiden hörten mir sehr interessiert zu, als ich ihnen erläuterte, wie unter günstigen Umständen ein besonders eindrucksvoller Hirschdisput zustandekommen könne. Da die Brunft erst begonnen habe, könnten sie in ein paar Tagen, wenn sie gerade den richtigen Zeitpunkt erwischten, mehr hören als heute. Am zweckmäßigsten sei es wohl, so empfahl ich ihnen, hiezu den hochgelegenen Turm der Burgruine Gräfenstein oder, noch besser, einen der Aussichtstürme im Pfälzer Wald, den „Luitpoldturm" auf dem höchstgelegenen Punkt des Forstamtes, dem „Weißenberg", oder auf dem „Etschenkopf" im benachbarten Forstamt Johanniskreuz zu besteigen, die beide außerdem einen überwältigenden Überblick über das beeindruckende Waldgebirge und weit darüber hinaus gewähren. So würden sie auch in keiner Weise mit dem Jagdbetrieb in Konflikt kommen.

Die beiden Leute, unübersehbar der soliden Schicht unserer Bevölkerung, dem Fundament eines geordneten Staatswesens angehörig, bedankten sich sehr herzlich. Eine nach einigen Tagen eingegangene, dankesfrohe Karte vom Hermersberger Hof bestätigte mir, daß sie meinem Ratschlag gefolgt waren. Ich behielt diese Gäste des Pfälzer Waldes in guter Erinnerung, weil sie so wohltuend abstachen von jenen unerfreulichen Typen, die vom mahnenden Grundsatz eines großen Deutschen, „Freiheit ist nicht Willkür", entweder keine Ahnung oder in krasser Ichbezogenheit kein Verständnis dafür haben. Doch das berührt ein sehr umfängliches, für den Jäger wichtiges, aber heikles Kapitel!

Zunächst also suchte ich unseren bewährten, verläßlichen Traktorfahrer Richard Klein auf, um den Abtransport des Hirsches zu regeln. Der Richard wollte sich natürlich sofort zum alten Hausmeister David Mock begeben und mit ihm die Bringung ohne Verzug in Gang setzen. Das war aber nicht notwendig. Die Nacht war sehr kühl, das Wild sauber geschossen, aufgebrochen, ausgeschweißt, gegen Anschneiden durch Fuchs oder Sau gesichert, diesmal allerdings – mit Zeitungspapier. Der jägerische Leser möge mir diesen freilich sehr wirkungsvollen Stilbruch verzeihen! Gegen den Zugriff des Fuchses genügt die auf das Stück gelegte leere Patronenhülse. Sauen brauchen schon einen gröberen, farblich und geruchlich stärkeren Abschreckungseffekt. Ich hatte da meine Erfahrungen! So vereinbarten wir den nächsten frühen Morgen als Abholungstermin.

In einem Industriebetrieb hätte das sofort tarifrechtliche Überlegungen hervorgerufen. Das Verhältnis zwischen der Betriebsleitung und der Gefolgschaft ist in der Forstwirtschaft normalerweise anders als in der anonymen, nüchternen, von äußeren Einflüssen aller Art gefärbten und ausgerichteten Atmosphäre der Werkshallen einer reglementierten, typisierten, standardisierten Industrie- und Massengesellschaft. Es ist gefördert durch die enge Verbindung mit der Natur und durch die wach gebliebenen Lebensstränge der Dorfgemeinschaft; es ist auch persönlicher, menschlicher, aufgelockerter, aufgeschlossener, zurückhaltender gegen Fremdeinflüsse geblieben.

Ungute Außenseiter gibt es in allen Bereichen. Aber die allermeisten der mir während meiner Dienstzeit unterstellten Betriebsangehörigen konnte ich in guter Erinnerung behalten. Natürlich gab es solche, die auf Grund ihrer persönlichen Eigenschaften, ihrer Leistung, Stellung und Einstellung besondere Wertschätzung verdienten und genossen. Das gilt in besonderem Maße für meine hiesigen Dienstjahre mit einem teilweise noch unter meinem Vorgänger R. F. erprobten Stamm. Zwei standen meinem Herzen besonders nahe, die auch sachkundige Helfer bei der Bewirtschaftung meiner Fischwasser waren: der biedere, brave, gediegene Haumeister David Mock und der geschickte, vielseitige, immer einsatz- und hilfsbereite Richard Klein. Was soll ich es leugnen! Als ich den beiden mit brennenden Augen ins Grab nachschauen mußte, da hatte ich bei jedem das Gefühl, „als wär's ein Stück von mir".

Daheim angekommen, erwies ich nach Berichterstattung und stärkendem Nachtmahl zusammen mit meiner, durch jagdliches Erbe belasteten, daher besonders verständnisvoll miterlebenden, mitfühlenden, sich mitfreuenden Frau dem unterm feuerbunten Herbstlaub gefällten Recken aus den weiten, stillen Pfälzer Waldbergen noch die gebührende Ehre. Ich brauchte nicht lange zu überlegen. Eine duftende Riesling-Spätlese aus den Weinbergen des hochgeschätzten Freundes Eduard Rebholz mußte es sein, deren Gewächse mich zusammen mit anderen edlen Kreszenzen aus der Mittelhaardt jeweils zur Gamsbrunft auf die Roßberghütte begleiteten! Das war die würdige Grundlage des Totenopfers.

Dann aber zog ich mich, damals noch ein ausgesprochener Nachtarbeiter, mit dem Rest des köstlichen Trunkes – manche geistige Arbeiter wählen andere Stimulanzien – in mein schönes, behagliches, vertrautes privates Arbeitszimmer und in den Bereich der treuen Schreibtischlampe zurück, deren gedämpfter Goldschein schon über vielen meiner Manuskripte gewacht hatte. Wieviel kostbarer, wertbeständiger, feinsinniger sind solche nachtwachenden, nachkostenden stillen Stunden im Gegensatz zu lärmenden, alkoholfeuchten „Siegesfeiern" großer Treibjagd! Aber halte es jeder, wie er kann und mag!

Drohend fast hebt sich das wuchtige Keilerhaupt mit dem blanken, starken Gewaff, als ich meinen Blick darauf werfe, von der weißen Wand ab. Andere Keilerwaffen blinken hell am lichtlosen Hintergrund. Gamskrucken aus der Heimat werfen ihre gebogenen Schatten. Verzerrt zuckt das Geäst der Hirschgeweihe. Die krausen Rehkronen auf den braunen Kirschbaumholzschildern malen ihre Silhouetten. Dazwischen dunkeln die Schattenrisse der Stilleben des Großen und des Kleinen Hahnes.

Wieder werden die Geister der Vorfahren wach, schauen mir über die Schulter, die Ahnen, die Freunde, die mir vorangegangen sind auf jenem unausweichlichen Zwangswechsel, auf „der Straße, die keiner kehrt zurück". Von der schwarzglänzenden Schallplattenscheibe her ertönt dezent und leise die zugehörige Musik der großen Meister.

Ehe ich mich aber in den Stuhl setze und mein Schreibzeug zurechtrücke, fällt mein Blick auf zwei nebeneinander hängende Hirschgeweihe. Wegen ihrer großen Ähnlichkeit bleibt er, beide miteinander vergleichend, länger auf ihnen haften. Und unwillkürlich wandert er zeitlich zurück. Es sind zwei typische Allgäuer Berghirsche. Die enge Verwandtschaft ist unverkennbar. Wie weiße Punkte leuchten die blankgefegten Endenspitzen im Schattenraum des Hintergrundes. Der eine, ein uralter Kronenzehner, ist wie schon geschildert durch meine Kugel gefallen, der andere, ein Zwölfer, ein paar Jahre jünger, aber vollreif, ist ihr dank jägermenschlichen Irrtums knapp entgangen. Mein Vater schoß ihn später, weit abseits des Ortes unseres Zusammentreffens. Ich erkannte ihn sofort wieder. Schmerzhaft rührt sich in mir der im Jägerherzen verbliebene Stachel der Enttäuschung.

Auch damals schmückte feuerbuntes Herbstlaub die Wälder meiner Heimat. Die Glut der Buchen, das Dukatengold der Bergahorne, das Hellgelb der Lärchen. Ein farbliches Furioso!

Der Prinz war schon abgereist. Wir hatten uns redlich bemüht, bis er zu einem starken Hirsch kam. Nun sollte und wollte ich den mir freigegebenen strecken. Ich war in aller Frühe von der Giggelsteinhütte aus über die Althölzer und Schläge der „Kottersch" zum „Bläßleskopf" hinaufgestiegen. Es war merkwürdig still gewesen. Ich hatte nur einen geringen, uninteressanten Hirsch mit zwei Stück Kahlwild gesehen. Die Brunft ging ihrem Ende zu.

Es war schon später Vormittag, als ich auf meinem Lieblingsweg langsam der Stuhlbachhütte zuging. Ich war abgekämpft und hundemüde. Zehn Tage harter Anstrengung lagen hinter mir. Ich würde eine Flasche „Grüntengold" aus der Widenmayerschen Brauerei in Rettenberg aus der kleinen Kellerkammer holen, mich an dem mitgebrachten Proviant stärken und mich dann zu ausgiebigem Schlaf niederlegen.

Es war wieder einmal einer jener makellos reinen, durchsichtig goldblauen Tage, wie sie nur der Herbst herbeizaubern kann. Alle Schönheit des Jahres, alles Glück schienen in verklärter Pracht zurückgekehrt und in diesem Tag vereinigt zu sein.

Aber weit im Nordwesten, überm Raum des jungen Nibelungenstroms und dem verblauenden Höhenzug der Alb, rückte schon das zartweiße Federgewölk der Zirren heran. Kein Glück der Erde ist ungefährdet.

Ich hatte in bedächtigem Anstieg schon den höchsten Punkt des Weges erreicht, hatte das unbewaldete ehemalige Gelände der Tiefenbacher Alpe am „Stockhof" hinter mir gelassen und schritt auf der fast ebenen Reststrecke der nahen Stuhlbachhütte zu. Ich kam gerade an einer jener nassen Lichtungen im lockeren Alpwald vorbei, die im Hahnenfrühling mit einem violetten Glockenteppich der entzückenden Soldanella überzogen sind. Links von mir fielen die wüsten Gräben in das Urgelände des „Höflerwaldes" hinab. Da warf es mich mit einem Schlag schier um. Aus unmittelbarer Nähe dröhnte mir von dort her die grobe Stimme eines Hirsches entgegen. Ich konnte mich nur noch mit ein paar schnellen Seitensprüngen in die Deckung einer nahen Randfichte verdrücken, da stieg schon, achtzig, nein nur siebzig Gänge vor mir, ein Alttier auf einem der Wechsel herauf, die ins „Ödigs Gmahd" hinüberführten. Ihm folgte, dichtauf hinter der Hangkante auftauchend, das klobige, schwarze Geäst, dann der Körper eines starken, „hiesbreifen" Hirsches. Da brauchte ich gar kein Glas, um zu sehen, was zu erkennen notwendig war. Das war der richtige. Da gab es keinen Zweifel und kein Zaudern. Repetierer herunter, lautlos entsichert, angestrichen am Bergstock, Stecherknips. Der Hirsch tat mir den Gefallen und verhoffte, breit stehend, mitten auf dem Weg. Der mußte ja umfallen wie eine Karte, aber Schloß und Schlagbolzen des Repetierers sagten nur – „klick"! Das nahe metallische Geräusch genügte, Stuck und Hirsch zu jäher

Flucht zu veranlassen. Sich herumwendend rumpelten und polterten sie in das rauhe Gelände des „Höflerwaldes" zurück. Ich starrte ziemlich entgeistert vor mich hin. Versager? Das gab es zwar beim schlechten Patronenmaterial unmittelbar nach dem Ersten Weltkrieg, aber jetzt nicht mehr. Ich öffnete den Verschluß – und hätte mich ohrfeigen können! Ich hatte unterladen, in der Kammer steckte keine Patrone. Das mußte mir nachts beim Laden in der „Unteren Kottersch" passiert sein! Das hatte ich in der Dunkelheit übersehen.

Ich war geknickt, geschlagen und schlief todmüde bis in den späten Nachmittag hinein. Am Abend hatte sich der Himmel schon überzogen. Am nächsten Morgen mischten sich Schneeflocken in den rieselnden Regen. Ich stieg zu Tal. Jenen Hirsch sah ich erst wieder, als ich seine, von meinem Vater erbeutete Hauptwehr in den Händen hielt. Die Form des Geweihs war so auffallend ausgeprägt, daß ich es bei der kurzen Entfernung trotz eiligen Ablaufes des Geschehens unverwechselbar in Erinnerung behielt. Wie gut, gerade für einen jungen Jäger und Menschen, wenn nicht alles nach Wunsch und Willen geht!

Erfüllt von all dem Erschauten, Erlebten, Wiedererlebten, dem heutigen und dem damaligen, setze ich mich an den Schreibtisch zu meiner liebgewordenen Arbeit.

Aber das fließende Band der Zeilen wird immer wieder angehalten, unterbrochen, gestört, überlagert vom trüben Gespinst düsterer Vorschau, angeregt durch die ausnahmsweise sympathische Begegnung mit einsichtigen, rücksichtsvollen, gescheiten Menschen und Naturfreunden am heutigen Abend.

Eine brennende Frage wird lebendig. Wie kann sich der Jäger mit der Zivilisation, ihren vielfachen Auswirkungen und Ausstrahlungen auf alle Lebensbereiche, auf die Lebensräume von Mensch und Tier unter dem bedrückenden Zeichen der Verdichtung, der Vermassung, der Nivellierung auseinandersetzen, ohne das preiszugeben, was man unter Waidwerk versteht?

Hier stoße ich, tiefer vordringend, auf ein weites Feld von Fragen, darunter auf das Zentralproblem der Menschheit überhaupt, die Erhaltung eines gesunden, ihren Bestand sichernden Ökosystems mit einem breiten Spektrum von Teilbereichen, von denen Landschafts- und Umweltschutz nur einige der naheliegendsten sind.

Es kann nicht Aufgabe und Inhalt eines überwiegend jagdlich orientierten Buches sein, sich mit diesen Fragen näher zu befassen, da sie ja ohnehin in der Öffentlichkeit ausgiebig diskutiert und strapaziert werden. Ich beschränke mich daher allein auf die mit der Jagd zusammenhängenden Themen. Eines davon werde ich noch in diesem Kapitel aufgreifen.

Ab und zu stehe ich auf und trete auf den Balkon hinaus. Über das tief eingemuldete Merzalbtal herüber dunkeln unter den homerischen Sternen, den Plejaden, den Hyaden, dem Bootes, die Umrisse der Waldberge, zunächst der breitsattelige „Ameisenkopf" mit seiner Buchen- und Eichenhaube.

Da...! Höre ich recht? Hatte ich mich nicht getäuscht? Noch einmal und noch einmal! Drüben am Nordhang des „Ameisenkopfes", in den mit Buchen durchstellten Altkiefern der nahen „Wiesenhalde" schreit ein Hirsch. Offensichtlich ist es die Stimme eines suchenden Geweihten. Ich horche noch lange. Die kühle Herbstnacht bleibt stumm.

Aber gerade dieser Hirschschrei lenkt meine Gedanken auf ein anderes, vorhin angekündigtes Problem, das in eine entscheidende, hochwichtige Frage mündet: Können wir in unserer beengten, übervölkerten Kulturlandschaft das letzte Großwild des deutschsprachigen Raumes, können wir Rotwildbestände in einer bejagbaren Höhe erhalten?

Wenn man von der Wiege an gleichsam mit dem Rotwild aufgewachsen ist, seine schönsten, weil unbeschwerten Jahre als junger Jäger in besten Rotwildrevieren verbracht und verlebt, später dort als Gereifter gewaidwerkt hat, als Vorstand eines großen Forstamtes im Herzen eines Rotwildgebietes, gleichzeitig in die Pflichten des Jagdberaters der unteren Jagdbehörde und eines Vorstandsmitgliedes des Rotwildringes eingespannt war, wächst und entwickelt sich verständlicherweise eine enge Bindung an diese edle Wildart. Gleichzeitig aber muß die sich in den heutigen Zwiespalt in besonderem Maße verwickelte Jägerseele über die freundlichen Bilder der Erinnerung hinaus und die Höhen des Glücks hinweg auch mit den nüchternen Fragen, den sachlichen Gedankengängen, den praktischen, wirklichkeitsnahen Überlegungen der Gegenwart und der zukünftigen Entwicklung beschäftigen.

Die Erhaltung bejagbarer Rotwildbestände in unseren zivilisierten, technisierten Breiten ist auf die Dauer nur dann gesichert, wenn die Rotwilddichte sich mit den bevorrechtigten Belangen der Landeskultur, insonderheit der Land- und Forstwirtschaft, verträgt und die unausbleiblichen Wildschäden sich in maßvollen, erträglichen Grenzen halten. Das sind nun freilich abgegriffene, fast zum Schlagwort degradierte Forderungen. Aber sie beruhen leider auf einer unumstößlichen Binsenwahrheit. Sie werden auch von einem Großteil der Jägerei anerkannt und in ihren notwendigen Konsequenzen beachtet und befolgt, mögen sie auch für manchen einen bitteren Beigeschmack haben. Diejenigen aber, die sich aus jagdlichem Egoismus solchen Einsichten verschließen wollen, müssen im Interesse des Ganzen immer wieder an diese harten Notwendigkeiten erinnert, notfalls im Rahmen der rechtlichen Möglichkeiten dem bedauerlichen Zwang unterworfen werden.

Die Lösung dieses Problems ist bei allseitigem Verständnis und bei gegenseitigem Entgegenkommen durchaus möglich. Dazu sind bisher schon brauchbare und ausbaufähige Ansätze gemacht, die verbessert und weiterentwickelt werden können und müssen. Ich will sie kurz und knapp, auf die wichtigsten Kernpunkte zusammengedrängt, herausstellen.

Festlegung bestimmter geeigneter, flächenmäßig begrenzter Reservate als Rotwildgebiete. Festlegung einer, je nach den Verhältnissen variablen, für die Landeskultur tragbaren, die Bejagbarkeit sichernden Wilddichte. Feststellung der notwendigen Abschußziffern aufgrund eingehender Beratung durch einschlägige Gremien zur Vorlage an die Jagdbehörden, Erlaß von klaren, auf Qualitätsverbesserung bedachten Abschußrichtlinien durch die zentralen Jagdbehörden. Maßnahmen zur Äsungsverbesserung und zur Wildschadenverhütung. Freigabe allen Rotwildes außerhalb der festgelegten Rotwildgebiete mit Ausnahme genau zu bestimmender Hirschtypen, z. B. von Kronenhirschen, im Rahmen der gesetzlichen Jagdzeiten.

Eines ist sicher! Mit einseitigen ultimativen Forderungen und mit emotional geladenen, aggressiven Ausfällen in den Massenmedien ist der Sache nicht gedient! Es kann natürlich nicht ausbleiben, daß der Jäger im höheren Interesse manche Wunschträume beschneiden muß.

Über dem Schattenschnitt des langgestreckten, felsgekrönten Winschertrückens und der Silhouette des Merzalber Schlosses steigt bereits der große Himmelsjäger, der funkelnde Orion, mit seiner glühäugigen Koppel herauf, als ich, immer noch nachdenklich auf dem Balkon stehend, mich von meinen umdüsterten Gedankenwechseln trenne, in die freundliche Welt meines Arbeitszimmers und in den Goldkreis der Lampe am Schreibtisch zurückkehre.

Aber auch dort läßt mich diese Frage nicht los, beschäftigt mich die Rotwildfrage weiter, nur auf einem anderen Sektor. Auch in ausgedehnten, geschlossenen, vom Tourismus noch nicht überlaufenen Waldgebieten, besonders in solchen mit hohem Laubholzanteil und damit weitläufigen, dichten Verjüngungsflächen wie hier im Pfälzer Wald, ist die Bejagung des Rotwildes gar nicht so einfach. Und dies, obwohl das Wild bei schonender Behandlung und tunlichster Vermeidung einer Beunruhigung durch den Jagdbetrieb noch nicht zum Nachtwild geworden ist. Sie erfordert Zeit, Ortskenntnis, Erfahrung und Ausdauer. Rot- und Rehwild haben den ganzen Tag über ausgiebige Deckungsmöglichkeit und Äsungsgelegenheit im Verborgenen.

Die Brunftzeit erleichtert die Jagd. Auf deren Ausnutzung kann in den zentraleuropäischen Rotwildgebieten nicht verzichtet werden. Die Notwendigkeit der Regulierung der Schalenwildbestände, d. h. die Erfüllung des gebotenen Abschußsolls, also sehr nüchterne Erwägungen und unwiderlegbare Gründe, zwingt dazu. Die gewiß ehrenwerten, nobler Gesinnung entspringenden Einwände gegen die Brunftjagd, wie sie von mancher sogar berühmter Seite aus jagdästhetischen und jagdmoralischen Erwägungen vorgebracht wurden, können gegen den Druck der harten Realität nicht aufkommen. Im übrigen bleibt es ja jedem Jäger unbenommen, im Rahmen der gesetzlichen Möglichkeiten und der waidmännischen Regeln nach seinem Gewissen und Geschmack zu handeln.

Für die übliche, als selbstverständlich betrachtete, rechtlich zugelassene Praxis der Jagd während der Brunftzeit spricht aber noch ein weiterer gewichtiger, spezieller Grund. Ein nicht unerheblicher Teil der Geweihten, vornehmlich der starken Hirsche, wählt in der Feistzeit und auch nach der Brunft, etwa bis zum Schneefall, seine Einstände im Randgebiet der großen Waldungen, wo die gekrönten Häupter bei reichlicher und vielseitiger Äsung der Wiesen-, Feld- und Ackerbreiten sich ihren Feist anmästen und sich regenerieren können. So etwa von Sankt Ägidi an beginnen sie, in ihre angestammten, traditionellen Brunftplätze im Waldinneren zu ziehen. Dort steht der größte Teil des Kahlwildes, ebenso die meisten geringen Hirsche, das ganze Jahr über. Dort sind ja auch die Kinderstuben des Rotwildes und des Schwarzwildes.

Das war schon im heimatlichen Allgäu so. Dort standen die starken Feisthirsche nicht im „Großen Wald", vielmehr in der Nähe der fetten „Ohmadwiesen", sogar unten in den Flußauen der Iller und der Osterach, den dschungelartigen dichten „Weidachen".

Man kann dem jagdberechtigten Waldbesitzer unter diesen Umständen billigerweise nicht zumuten, auf die Brunftjagd und damit auf einen Anteil an der Ernte starker Hirsche zu verzichten.

* * *

Und wieder begannen die wasgischen Bergwälder sich in feuerbunter Pracht zu färben. Immer so um die Zeit zwischen Sankt Mang und Sankt Zyprian, gegen die Septembermitte zu, befällt auch den Jäger ein Gefühl der Unruhe. Wann wird der erste Hirschschrei in seiner vielfältigen Modulation das große Herbstspektakulum ankündigen? Er kam hier meist fast kalendermäßig. Schon seit Ägidens Fest konnte man die Bewegung beim Rotwild allein schon aus dem Fährtenbild ersehen. Und da und dort tauchte plötzlich ein Hirsch auf, der in der Feistzeit nicht dagewesen war.

Ich war am späten Nachmittag mit meinem Schweißhund „Zorn" auf dem Rückweg zur Weißenberghütte. Ich hatte mir eben in einem der kleinen, von mir gepachteten Waldweiher ein paar Bachforellen gefangen, um sie mit Freund Schall, mit dem ich mich verabredet hatte, bei einem frugalen, bekömmlichen Abendmahl zu verzehren. Ich beabsichtigte, mich nach Wechsel des verschwitzten Hemdes auf einer nahen, „weitsichtigen" und „weithörigen" Kanzel, dem „U-Boot", mit seinem herrlichen Fernblick anzusetzen.

Während ich nun mit der Forellenbeute den Höhenweg vom historisch bedeutsamen, durch einen Gedenkstein gekennzeichneten, heute als Parkplatz benützten „Holländerklotz" der Hütte zuschritt, trat die rauhe Gegenwart wieder einmal in einer ganz typischen Erscheinung an mich heran. Es war die beste Zeit des Pilzwachstums. Besonders gegen das Wochenende zu konnte man allenthalben auf Pilzsammler, hauptsächlich aus den nächstgelegenen Städten, stoßen. In seiner Übertreibung entwickelte sich diese Tätigkeit zu einem für die Jagd sehr unerfreulichen, lästigen Kapitel, für den Jäger zu einem oft sehr ärgerlichen Problem. Seine Ausartung zum rücksichtslos ausbeutenden, sogar die Technik in Form des Sprechfunks zu Hilfe nehmenden Geschäftsbetrieb zwang gegendweise zu behördlicher Beschränkung.

An der Stelle, an der ein Jägersteig aus der steilen, nordhängigen „Winterseite" die Hochfläche erreicht, hatte ich nun eine einschlägige Begegnung. Sie legte allerdings einen kleinen Teilbereich jener Mentalität bloß, die unsere naturentfremdete Massengesellschaft kennzeichnet. Der Leser, Jäger und Naturfreund, wird sicher Verständnis dafür haben, wenn ich diese scheinbar so nebensächliche, unwichtige, aber bezeichnende Episode hier einflechte. Sie ist in ein Hauptproblem unserer Zeit eingeschlossen.

Ich wollte gerade in den zur Weißenberghütte führenden Pfad einbiegen, da kam mir ein unbekannter Mann entgegen. Er hatte am „Holländerklotz" offenbar seinen Wagen abgestellt. In jeder Hand trug er einen großen, prall gefüllten Plastikbeutel. Als er sich mir allzusehr näherte, wurde er von meinem scharfen Begleiter mit bösem Knurren empfangen. Ich beruhigte diesen mit ein paar Worten. Als der Mann merkte, daß keine Gefahr mehr für ihn bestand, trat er, wenn auch etwas ängstlich nach meinem roten Gefährten mit seiner von ernsten Stirnfalten verdüsterten Miene blickend, auf mich zu, grüßte und fragte, ob ich ein Pilzkenner sei. Ich konnte dies guten Gewissens bejahen. Da brachte er höflich sein weiteres Anliegen vor, die von ihm gesammelten Pilze zu betrachten und zu begutachten. Auch dies sagte ich ihm selbstverständlich gerne zu.

Ich konnte nur ungläubig den Kopf schütteln, was da alles aus dem völlig ungeeigneten Sammelbehälter zum Teil zusammengedrückt und zerquetscht zum Vorschein kam. Der gute Mann hatte an Pilzen so ziemlich alles hineingestopft, was ihm unter die Finger kam. Eßbare, wie Steinpilze, Pfifferlinge, Maronenröhrlinge, aber auch ungenießbare Arten und einige Exemplare des mit dem Perlpilz von Laien leicht verwechselbaren Pantherpilzes. Der hochgiftige Knollenblätterpilz war glücklicherweise nicht vertreten. Zum Schluß holte er noch einige wohlgeratene Stücke des steinpilzähnlichen, ungenießbaren Gallenröhrlings (Tylopilus felleus) hervor, nicht ohne die Freude über seine vermeintlich so gute Ausbeute an edlen Steinpilzen (Boletus edulis) zu äußern. Sein Gesicht zeigte schwere Enttäuschung, als ich von einem dieser Pilze ein kleines Stückchen abbrach und ihn veranlaßte, die Probe zu zerbeißen. Nachdem wir unsere Durchmusterung beendet hatten, blieb für die einwandfreie kulinarische Verwendung knapp die Hälfte übrig. Kein Wunder, wenn die Tagespresse trotz aller Aufklärungsversuche jedes Jahr von Pilzvergiftungen berichten muß.

Ich entließ jenen sichtlich unbekümmerten Pilzsammler mit dem dringenden Rat, sich vor und nach neuen Beutezügen eingehend von Sachkundigen beraten zu lassen. Er versprach es. Ob er es hielt? Ein geradezu klassisches Beispiel, wenn auch in Miniaturausgabe, wie weit sich der abgestumpfte Massenmensch von seinen Ursprüngen entfernte und wie bedenkenlos er die Natur ausbeutet. Im Kleinen wie im Großen!

Auch bei den Pilzen muß ein eiserner Bestand zur Arterhaltung gesichert bleiben. Es ist auch ein Zeichen mindestens großer Gedankenlosigkeit, vielleicht aber auch dummen oder gar bösartigen Mutwillens, wenn Pilzsammler alle Arten, die sie nicht als genießbar kassieren, einfach zerschlagen oder zertrampeln. Wie oft sah ich schon zornerfüllt solche Bilder! Wie schön ist beispielsweise doch ein Horst leuchtendroter Fliegenpilze im herbstlichen Wald.

Es ist durchaus verständlich, wenn es angesichts mangelnder Einsicht oder gar aggressiver Renitenz zwischen Jäger und der neuen Gattung Homo insapiens scharfe Auseinandersetzungen gibt. Solange dem Jäger aber nicht ausreichende rechtliche Regelungen zu Hilfe kommen, wird er in den meisten Fällen gut daran tun, sich mit gütlichem Hinweis zu begnügen und auf sachliche Belehrung zu beschränken. Er läuft sonst allzuleicht Gefahr, gewissen Publikationsorganen, die dem Jäger aus Voreingenommenheit und Unkenntnis als dem Privilegierten der Gesellschaft an sich nicht gewogen sind, ins griffbereite Messer zu laufen. Der Sache der Jagd wird in der unwissenden Öffentlichkeit dabei nur Schaden erwachsen.

Der Abend war noch in frühherbstlicher Stille verglüht. Aber jeden Tag konnten die dunkel aufbrummenden, drohend aufhallenden Eingangstakte zur brausenden Herbstsinfonie aufklingen.

Goldschein der Lampe. Flackerndes Feuerspiel. Knistern des Buchenholzes im Herd. Das weiße Porzellangeschirr mit den Bestecken und Gläsern stand schon auf dem Tisch. Die Flasche kühlte im frischen Quellwasser. Die Forellen harrten der Zubereitung.

Ich saß am Hüttentisch und hatte mir das von der heimatlichen Roßberghütte hierher übernommene Hüttenbuch bereitgelegt. Die Fenster waren geöffnet, damit mir der erste Laut aus einem Hirschhals nicht entgehe. Plötzlich hob mein Schweißhund, der zu meinen Füßen lag, den Kopf und lauschte aufmerksam. Waren es die erwarteten, vertrauten Jägerschritte? Oder hatte ich den Laut aus der Hirschdrossel überhört? War es vielleicht eine Rotte Sauen, die in der Umgebung der Hütte Krach machte?

Ich trat unter die Haustüre und horchte ins Dunkel hinaus. Tatsächlich! Das Hundeohr war schärfer als das von der Zivilisation abgestumpfte des Jägermenschen. Von drunten, vom Grund des von Süden heraufziehenden Dreibrunnentales, klang langgezogen, fast sehnsüchtig klagend der erste Hirschschrei des Jahres herauf. Sichtlich suchender Hirsch, der Stimme nach, soweit man es beurteilen kann, kein Althirsch. Jetzt noch einmal . . ., schon weiter gegen den Osthang des Taleinschnittes zu. Ein drittes und ein viertes Mal, zuletzt weit im Westen, sich dem „Spalt", der scharfen Einkerbung zwischen dem stumpfen Kegel des „Wartenberger Kopfes" und der aufsteilenden Flanke des eichenstarrenden „Gebrannteck", nähernd.

Unwillkürlich wurden in mir die den Jäger so ergreifenden, packenden Verse aus dem zutiefst dichterischen, einmalig schönen schmalen Gedichtband A. v. Scanzonis „Die Reyme von der Jägerlust" wach und lebendig.

Ich kannte sie auswendig. Niemand wird es mir verübeln, wenn ich sie auszugsweise wiedergebe:

„Mein Schweißhund schläft am Herd,
Das Feuer brummt bedacht.
Ein Kerzenstumpen schwehlt
Und draußen ist es Nacht.
Hoch um die Hütte her
Hängt Fichtendunkelheit.
Die regt ein leiser Wind,
Das klingt nach Einsamkeit.
Durch 's Fenster weht es kühl,
Ich ließ es auf zur Stund,
Damit des Hirschen Ruf
Mich leichter finden kunnt.
Denn schon war's an der Zeit,
Daß sich der erste meldt.
Und dieser erste Schrey,
Der wandelt mir die Welt.

Und wie ich eben meyn,
Wart's ab, sie schreyn schon noch,
Da hallt's mit einmahl auf
Im Rettenbacher Loch.

Nur wenig gibt er an,
Am Toten Mooß zuletzt,
Dann ist's, wie's fürdem war,
Und doch ist's anders jetzt."

So ging es auch mir jedesmal. Und immer hatte ich das Gefühl, es beginne ein neuer Zeitabschnitt, wenn der „erste" meldete, drüben in den heimatlichen Hochbergen und hier im weiten Waldgebirge.

Als ich dann wieder in die Behaglichkeit der Hütte zurückgekehrt war, die Fenster geschlossen, dem Brand neue Buchenspreideln zugeführt und mich an den Tisch zu meinem Hüttenbuch gesetzt hatte, da ließ ich jene blutvollen Zeilen nochmals an mir vorübergleiten, die das unabdingbare Zubehör allen tief erfühlten Jagens, die Stimmung so trefflich, so lebendig wiedergeben. Gagern hat den Inhalt der Stimmung in Prosa, Scanzoni in Versen in der ausdrucksvollsten dichterischen Form wiedergegeben.

Nach dem Blätterfall

Der Aufbau und die Erhaltung eines gesunden, zahlenmäßig angemessenen, nach Alter und Geschlecht gut gegliederten Rotwildbestandes in den eines natürlichen Regulativs entbehrenden Räumen verlangt nach einem ausgewogenen, nach erprobten waidmännischen Grundsätzen und biologischen Gesichtspunkten durchgeführten Eingriff in den Kahlwildbestand. Auch das ist ein jagdlicher Elementarsatz, zu dessen Begründung keine Worte mehr verschwendet zu werden brauchen.

In den großen Staatsjagden des Pfälzer Waldes wurden Schmaltiere schon von jeher ab 1. Juli zum Abschuß freigegeben. Die neuerliche allgemeine Vorverlegung der Jagdzeit für Kahlwild ist zu begrüßen. Allerdings kommt auf den Jäger ein noch höheres Maß an Sorgfaltspflicht beim Ansprechen zu. Es ist gut, richtig, sogar notwendig, einen namhaften Teil des freigegebenen Kahlwildes vor der Brunft zu strecken. Für die Zeit nach der „toten" Periode des Blätterfalls bleibt noch, zudem bei kürzer werdendem Tageslicht, genug zu tun. Die Tage des rieselnden und raschelnden Blätterfalls versprechen dem Jäger nur selten Anblick und Beute. Bei dem allgegenwärtigen Geräusch fühlt sich alles Wild offensichtlich unsicher und tritt nur nach Einbruch der Dunkelheit aus.

Der richtige, sorgfältige Kahlwildabschuß ist ein verantwortungsvolles, schwieriges, einen passionierten Jäger voll beanspruchendes, aber auch ausfüllendes und befriedigendes, dabei interessantes, spannendes Waidwerk; auch wenn oder gerade weil es hier nicht um prunkende Trophäen geht. Zur lästigen Pflicht wird es erst dann, wenn der Abschußauftrag übertrieben hoch ist.

Dieser jägerischen Aufgabe widmete ich mich immer mit Eifer und Freude. Und es gibt genug Jäger, die ebenso denken und handeln. Ich hatte dabei reichlich Gelegenheit, anregende Beobachtungen aller Art anzustellen und wertvolle Erfahrungen zu sammeln. Allein darüber könnte ich ein langes Kapitel schreiben.

In den geschlossenen Zonen, besonders im Herzen des Mittelgebirges Pfälzer Wald, den von alarmierenden Treib- und Drückjagden verschonten, ohne besondere Beunruhigung des Wildes bejagten stillen Bergwäldern, die auch einen guten Schwarzwildbestand aufweisen, hat man beim Ansitz auf Kahlwild immer wieder Gelegenheit, bei vollem Büchsenlicht auch Sauen in

Anblick und vor die Büchse zu bekommen und so auch deren Bestand bei auswählender, führende Bachen schonender Bejagung zu regulieren.

Man kann ab und zu, während der ganzen Jagdzeit, auf einen standorttreuen Waldkeiler und während der langdauernden Rauschzeit auch auf einen zugewanderten Bassen zu Schuß kommen. Diese meiden ja bekanntlich außerhalb der Hochzeitsreisen die wimmelnde, raschelnde, rüffelnde Unruhe der Rotten, wählen, wie die starken Hirsche, ihre Einstände lieber in den Randbezirken der großen Wälder nahe dem reichen Angebot der Feld- und Ackerbreiten. Hier, im Mittelpunkt des weiten Waldgebietes, kann man auf jede Nachtjagd verzichten. Man könnte dies auch anderswo, wenn man die Bejagung auf Einzeljagd, in der Hauptsache auf Ansitz, umstellte.

Da saß ich nun eines zeitigen Spätwinternachmittags, nachdem das feuerbunte Waldfest verrauscht war und der prächtige Blättermantel als Laubstreu im Umsatz alles Organischen sich zu mulmigem Moder verwandelte, auf der Kanzel an der großen Suhle des ,,Kleinen Mühlenbergs". Damals, als die weiträumigen, mit Nadelholz gemischten Laubholzverjüngungen erst im Anlaufen waren, die jüngeren Partien noch Äsung, die älteren schon Deckung boten, die Heister- und Baumbestände sowie die sich auflösenden Altholzblöcke noch Mast gewährten, waren diese Revierteile und ihre Umgebung das ganze Jahr über ein Lieblingseinstand für jegliches Wild. Heute, da die Althölzer weitgehend verjüngt sind und die Laubholzjungwüchse sich inzwischen zu dichten, dunklen, im Winter kalten und vegetationslosen Dickungen geschlossen haben, dem Wild lediglich zu kurzfristigem Aufenthalt oder als Noteinstand dienen, verliert diese Gegend für die Jagdausübung mehr und mehr an Bedeutung. Nur in Mastjahren tut sich im Baum- und Altholz etwas.

An der Änderung des Waldbildes, besonders der Entwicklung der Kulturen zu Dickungen und Stangenhölzern, sieht gerade der Forstmann deutlich und augenfällig den ewigen Wandel der Natur und den Verlauf der eigenen Lebenskurve.

Damals fiel eine schwache, örtlich schwankende Sprengmast. Rotwild und Sauen hielten die Wechsel dorthin. Man konnte also zumindest auf Anblick rechnen. Es waren noch zwei Stück Kahlwild frei. Ich drängte aber immer darauf, daß das ,,Abschußsoll" – welch gräßliches kaltes Wort – restlos erfüllt wurde. Und ich hielt mich selbst nach besten Kräften daran.

Ich hatte die Kanzel also frühzeitig bezogen und einen guten Aus- und Einblick nach allen Seiten. Die jagdlichen Erfolgsaussichten waren damals an dieser Stelle günstig. Darüber hinaus aber konnte man auch gemächlich beobachten, bedenken, besinnen. Sonst wäre die Jagd ja nur ein von Passion angetriebenes, letztlich aber doch nicht erfüllendes Handwerk.

Hier oben, bei solch stillem Vorpaß, gab es keine verlorene Minute, die man der üblichen Jagdzeit voransetzte. Dabei durfte man noch einrechnen, daß in diesen glücklicherweise noch lärmfreien Waldbergen die Gunst der Stunde dem beuterisch bedachten Jäger zu allen Tageszeiten zufallen konnte und heutzutage noch kann.

Drüben im Westen, jenseits des Merzalbtales, auf der nächsten Hochebene, schlug die Uhr im spitzen Kirchturm des mitten in den Wäldern eingebetteten Dorfes Leimen die vierte Nachmittagsstunde. Zwischen den hellgrauen Säulen der Buchen und den dunkleren Pfeilerschäften der Eichen leuchteten einzelne rote Hausdächer herüber. Der blaßblaue Januarhimmel über dem Gitter der Eichenhäupter und der hochwölbigen Buchenkronen war mit dünnem Gewölkschleier überzogen. Es würde bei der herrschenden Wetterlage trübseligen Hochnebel geben. Leises Windspiel im Geäst und im verstohlen raschelnden Buchenlaub der Verjüngung. Meine fast zu Ende gerauchte schwarzbraune Brasil trieb als blaugrauer Rauch im Zuge des Ostwindes in die Weite des Waldes – wie meine südostwärts gerichteten Gedanken. Die Hochberge der alten, unvergessenen, allgegenwärtigen Heimat mochten sich jetzt unter dem Joch und der Knute eines strengen, unerbittlichen Winterkönigs beugen. Hier, in diesem ozeanisch beeinflußten Lande, hatte der Tyrann nur in seltenen Ausnahmefällen etwas zu bestellen. Der junge wie auch der ältere stets dort wohnende Mensch und Jäger betrachtet das rauhe Hochgebirgsklima als eine gewohnte und natürliche Selbstverständlichkeit. Wenn man aber jahrzehntelang die Annehmlichkeiten einer milderen Winterherrschaft genoß, empfindet man diese um so wohltuender, je höher die Lebensjahre anwachsen, ja man sieht darin fast einen gütigen Ausgleich für die Abwesenheit von der harten Heimat.

Mitten in dieser, von stillem Heimweh begleiteten Schau ward die Gegenwart plötzlich blutlebendig. Das jägerisch immer wache Auge erspähte im Osten hinter den Stämmen eines lichten Buchenaltholzrestes im fahlen Gras zwischen dem rostroten Buchenlaub zweier Verjüngungsflächen eine unmerkliche Bewegung. Dort lief ein beliebter Wechsel von den kühlen Schattenhängen, den Jungwüchsen und den dunklen Stangenhölzern des „Mühlbruchs" auf die breithingelagerte Hochfläche hinauf. Und dann entwickelte es sich pechschwarzborstig, mächtig und massig. Sau, grobe Sau, je genauer ich sie in die Linsen der Optik nahm, desto stärker wurde sie. Zugleich sah ich das entscheidende Merkmal, das untrüglichste, allermännlichste Attribut, den Pinsel. Bei Sankt Hubert und allen Schutzheiligen! Solch starken Keiler hatte ich schon lange nicht mehr vor mir!

Ich legte das Glas auf die Bankplanken, griff nach der Bockbüchsflinte und machte mich bereit. Federnd auf der untergelegten Hand, harrte die schlanke, elegante Eckernförderin auf den Abruf.

Wenn der Schwarzkittel nach den hundertdreißigjährigen Eichenbaumhölzern auf dem Brett hinter meinem Rücken zog, wo die gefallenen Eicheln lockten, dann mußte er das breite Waldsträßchen und eine schmale Schlagflächenzunge überqueren. Einmal würde er dort zu ganz sicherem Schuß schon verhalten. Aber jener ließ sich Zeit. Da und dort in der Waldgrasnarbe brechend, hie und da in die Laubstreu hineinstuppend, näherte er sich langsam, ganz langsam dem Wegrand. Die Spannung stieg. Noch fünf, noch vier, noch drei Keilerlängen, dann ... Aber der Bedrohte dachte gar nicht daran, mir einen Gefallen zu tun. Jetzt drehte er sich gar nach Osten und zog in die dichten Jungbuchen hinein. Herrgott! Damit hatte ich nicht gerechnet. Das Hoffnungsbarometer sank. Nun war's aus. Aber wider Erwarten schob sich der Schwarze aus dem Buchenmaiß, wie die Österreicher diese Altersgruppe bezeichnen, trat, immer wieder verhoffend, zwischen hoher Verjüngung umher. Jetzt erschien er auf einer kleinen Blöße, stand frei und breit. Jetzt! Schon tastete sich der Zielpunkt des Hensoldtglases in den Todeskreis, schon näherte sich die Fingerkuppe dem kalten Metall des gestochenen Züngels, verhielt gerade noch im rechten, im letzten Augenblick, in dem sich das Wild nochmals zu drehen begann. Aber ich blieb wachsam. Der Tod lauerte immer noch sprungbereit im kleinen blanken Messinghaus der Hülse. Und wie erwartet, erhofft, erwünscht, bot sich mir ein drittes Mal eine Chance. Im Buchengestrüpp, in das der Keiler gezogen war, öffnete sich eine schmale Lücke, knapp zwei Spangen breit. In dieser Freistelle erschien und verhoffte der Watz. Der verdammte, verführerische Samiel zischelte: ,,Schieß! Schnell hingeblitzt!" Heimtückisch drängte er: ,,Wenn auch halbspitz von hinten ..." Aber ich ließ mich nicht verlocken und verleiten, ich beherrschte mich. Ich hatte mir fest vorgenommen, nur eine nach jägerischem Ermessen verläßlich sitzende, lebensprengende Kugel anzutragen. Allein schon des Wildes wegen!

Außerdem hatte ich die Härte des Schwarzwildes zur Genüge kennengelernt. Hand aufs Herz, schwacher, sündiger Herr Jäger! Ehrlich bekannt und gebeichtet! Hatte ich die Warnung der inneren Stimme immer und überall beachtet? War nicht dem dampfheißen jungen Jäger manchmal die Passion durchgegangen? Was soll ich es leugnen!

Siehe da! Die Schutzheiligen wollten mich belohnen ob des offenen und ehrlichen Geständnisses. Die Sau verließ das Buchendickicht und wandte sich dem gewohnten Wechsel zu. Nun entwickelte sich alles sekundenschnell. Noch zwei Schritt, noch einen Meter bis zum Wegsaum. Bevor der Keiler das Planum erreichte, verhielt er wie gewünscht. Ich ging etwas hoch hinein. Ich tat dies bei Sauen bewußt, wenn ich zu ruhig gezielten Schüssen Zeit hatte. Greller Schmetterkrach fuhr in die Stille hinein, stieß sich an den hohen Kulissen der Altholzränder, brandete an diesen empor, stieg hoch und versank in der Tiefe und Weite der Bergwälder.

Wie vom Blitz getroffen, brach die Sau zusammen. Wild schlegelten, fetzten die sehnigen Läufe und Hämmer. Kieselsteine prasselten. Laubstreu flog. Schnell lud ich nach und hielt mich zu allenfalls notwendigem Fangschuß bereit, sollte jener Miene machen, hoch zu werden. Aber während die neue Patrone ins Lager glitt, wurden die Bewegungen schwächer, verzuckten und erstarrten schließlich im letzten Erlöschen. Da bestand keine Gefahr mehr. Ich konnte in aller Ruhe entladen und abbaumen, um mich gemächlich mit der für alle Fälle wiedergeladenen Büchse meiner Beute zu nähern.

Da lag dieses herrliche Wild, schwer, breit, massig, schwarzborstig. Ich beugte mich nieder, suchte nach dem Schußmal und untersuchte die elfenbeinweiß unter dem hochgewölbten Gebrech hervorspitzenden Waffen. Die Kugel saß so, wie sie hingezirkelt war. Die runden Teller hatten die Schallwellen des Schusses nicht mehr wahrgenommen. In der Wildbretstärke hatte ich mich nicht verschätzt. Bei einzelnen Sauen ist das leicht möglich, da Vergleichsobjekte fehlen. Die langen Kammborsten trügen. Es passierte mir schon mehrmals. Aber über das Alter war ich doch etwas enttäuscht. Mehr als vier Jahre gab ich dem Keiler nicht.

Für die Altersschätzung des männlichen Schwarzwildes gibt es im praktischen Jagdbetrieb wohl Anhaltspunkte. Snethlage behandelt sie in seinem klassischen Werk „Das Schwarzwild“ sehr verständlich. Aber es sind doch immer nur grobe Werte. Die Länge der Waffen und deren Schleifflächen allein entscheidet nicht, es kommt auch auf die Breite der Hauer an, auch die Stärke und Krümmung der Haderer spielen da eine Rolle. Präzise Altersangaben, wie sie die Jahrringe der Gamskrucke gestatten, oder Annäherungsschlüsse, wie sie die Zahnabnutzung bei Rot- und Rehwild ermöglicht, bieten sich hier nicht an.

Bei anderem Schalenwild lassen auch das äußere Erscheinungsbild, das Gebäude, die Verlagerung des Gewichtes, die Haltung sowie weitere typische Merkmale, beim Rehwild auch die Farbe des Haupthaares, mehr oder minder sichere, von der Erfahrung des Jägers erfaßbare Schlüsse auf das ungefähre Alter zu. Diese fehlen beim Ansprechen von Schwarzwild.

Im Rahmen der örtlichen Population bestimmt die Ernährungsgrundlage so gut wie ausschließlich die Wildbretstärke. Ein Dreijähriger, der sich überwiegend auf den fraßreichen Feldfluren umhertreibt, kann einen alten, beharrlichen Waldkeiler an Gewicht weit übertreffen. Handgreifliche Beweise hängen auch an meinen Wänden.

Die pechschwarz glänzende Schwarte dieses Keilers war es wirklich wert, gegerbt zu werden. Für einen die jägerische Atmosphäre betonenden, ansprechenden, auch von Nichtjägern bewunderten Bodenschmuck, eine hervorragende Fußmatte und einen gleichzeitig beliebten, unverwüstlichen Hundeschlafplatz gibt es nichts Dauerhafteres – auch farblich Haltbareres – als eine möglichst dunkle Sauschwarte. Eine schöne Wilddecke im Winterhaar mag vielleicht etwas dezenter wirken. Und der Anblick einer vollhaarigen Gamsdecke ist ein bezaubernder, eindrucksvoller, das Schönheitsempfinden erfüllender Genuß. Aber die Haare dieser Decken sind außerordentlich empfindlich, zerbrechlich, sie müssen daher vor Druck, Stoß, besonders aber vor Tritt geschützt liegen, wenn sie nicht stumpf und unansehnlich werden und wirken sollen. Die Gamsdecke muß zusätzlich vor direktem Lichteinfall, d. h. vor Sonneneinwirkung, gesichert sein. Sonst reagiert sie durch rasches Abbleichen des entzückenden Farbenspiels.

Nachdem ich die rote Arbeit verrichtet hatte, ging ich zu meinem, in gehörigem Abstand abgestellten Wagen und holte meinen dort abgelegten Schweißhundrüden, den „Zorn". Der hatte natürlich den Schuß vernommen und harrte erwartungsvoll meiner Rückkehr. Die Wildwittrung an Händen und Kleidern besagte ihm alles. Freudig wedelnd, quittierte er diese Botschaft.

Da saß ich nun, nachdem die übliche, eingehende, unumgängliche Beriechungs- und Beschnüffelungsprozedur durch meinen treuen Begleiter beendet war, auf einem breiten Altbuchenstock neben meiner erkaltenden Beute und widmete ihr das Rauchopfer eines virginischen Stäbchens. Trotz aller, bei Übertreibung bestimmt berechtigten, antinikotinischen Warnungen und trotz aller, manchmal schulmeisterlich wirkenden, solche „Zeremonie" eines nachfeiernden, nachgenießenden Jägers abwertenden und verteufelnden Kritik. Man lasse doch jeden Jäger seine stillen Feste nach seinem Geschmack feiern, wie er will, solange es den anderen und das Ganze nicht stört!

Während die duftenden Graublauwölkchen über den federnden schwarzen Borsten des eichensäuerlich riechenden Beutewildes zerflogen, verwob sich mit ihnen das feine Gespinst der nachdenklichen Rückschau. Wie lebenswahr, wie wirklichkeitsnah hatte sich jener Wunschtraum des „in der Wolle gefärbten", jagdlich bereits bei der Geburt geimpften und durchbluteten Jungen erfüllt! Was war das bloß für ein Erlebnis, als ich in einer verspinnwebten, altersverstaubten Kiste neben wertvollen Ridingerstichen einen mir fremdartigen Schatz entdeckte: ein paar starke Keilerwaffen. Mein Vater hatte sie während seiner Dienstzeit am damals bayerischen Forstamt Kirkel-Neuhäusel bei einer der üblichen Saujagden im nahen Pfälzer Wald erbeutet. Wohlgefällig betrachtete, wandte und wog ich die rare Trophäe in meinen Händen, nicht ohne den stillen Wunsch, später selbst einmal eine solche zu erbeuten. Damals entstand schon mein Interesse für das mir unbekannte Schwarzwild, ward der Keim der Liebe zu diesem harten, viel zu wenig be- und geachteten, vielfach zum „Schädling" degradierten Wild gelegt.

Ich erinnere mich an diese für mich denkwürdig gewordene Stunde besonders deshalb so lebhaft, weil ich anschließend mit meinem Fund aus dem weitläufigen Bodenraum des Forsthauses zu meinem Vater herabstieg, der gerade, kurz vor Mittag, mit pfälzischem Wein seinen Frühschoppen hielt und den ich nach der Herkunft dieser Keilerwaffen befragte. Wein und wilde Wutz, wieder einmal eine beziehungsreiche, stabgereimte Verkoppelung von Umständen!

Wer will es mir verübeln, wenn ich nun aus diesem Anlaß und bei solchem Anstoß beim zentralen, entscheidenden Ausgangspunkt meines Lebens, im alten, unvergessenen Horst, etwas verweile?

Das alte Forstamtsgebäude in Burgberg zeigte ausgeprägten bäuerlichen Charakter, Stil und Anstrich. Es mochte früher wohl ein Bauernhaus gewesen sein, mit dicken Mauern, mit Stallung und scheunenartiger Tenne, mit zwei später neu ausgebauten hohen Amtsräumen, sonst aber mit niedrigen, dafür wohnlich warmen Zimmern.

Durch die hinter einer flachen Steintreppe liegende Haustüre gelangte man in eine weiß getünchte, freundliche Diele. Hirschgeweihe, Rehgehörne an den Wänden, eine einfache, aber jagdlich zweckmäßige Flurgarderobe und ein ebensolcher Tisch, auf dem alltäglich der Postbote, der alte Michael Schmid, mit der gewohnten Meldung „So, die Sacha!" die Post niederlegte.

Zu linker Hand führte eine Tür in einen behaglichen, von Kronen, Krukken und klafternden Hirschgeweihen starrenden Raum, der für die häufigen

Besuche als repräsentatives Wohnzimmer diente. Dahinter aber lag noch ein mit einem großen, flügelartigen Klavier, mit wertvollen, heute noch bei Tochter und Schwiegersohn im Forstamt Johanniskreuz stehenden, von allen Gästen bewunderten Biedermeiermöbeln ausgestattetes, sonst aber karg geschmücktes, mit der angrenzenden Küche durch eine Durchreiche verbundenes urgemütliches Zimmer (der meinen Lesern schon vorgestellte „Fuchsbau"), das in „besuchlosen Zeiten" als Eß- und Wohnzimmer benützt wurde.

In meinem Elternhaus gingen gute Geister um, die der hochgeschätzten Großeltern, anschließend die der Eltern und der geliebten Menschen ihres Umkreises. Dort herrschte eine heimelige, harmonische, mir unvergeßliche Atmosphäre.

Auf diesem vom ewig unruhigen, immer unzufriedenen, paradiesvertriebenen Zweibeiner beherrschten Planeten gibt es keinen vollkommenen Lebensbereich, keine völlig heile Welt. Alle die mehr oder minder gewaltsamen Versuche, Bestrebungen und Bemühungen, eine solche zu schaffen, entspringen törichter Illusion, in Enttäuschung endender Utopie. Wenn sich hier aber ein Lebensort und eine Lebensart öffnen, die sich dem Zustand eines zwar nicht problemlosen und wolkenfreien, aber doch tief beglückenden irdischen Paradieses nähern, dann waren es meine jungen Jägerjahre in der Allgäuer Heimat.

Die Zeit meines Universitätsstudiums, das deutete ich schon an früherer Stelle dieses Buches an, fiel in die düsteren Jahre der ersten Inflation, die Armut, Unglück und Elend über unser Volk brachte, die nur einem neuen, höchst unerfreulichen Menschentyp zugute kam. Meine Eltern hatten das Glück, die Kosten meines Studiums wenigstens teilweise aus den Einnahmen des eigenen Waldbesitzes bestreiten zu können. So blieb mir erspart, was vielen Studenten damals schon zur bitterharten Notwendigkeit wurde: ihr Studium durch Verdienst als Werkstudent während der Semesterferien finanzieren zu müssen. So konnte ich die lange, vorlesungsfreie Zeit daheim verbringen, konnte sie zu der bei der mörderischen Konkurrenz notwendigen Vertiefung, Festigung und Erweiterung meines Fachwissens nützen. Gleichzeitig konnte ich mich meinem zwar nicht schrankenlosen, aber doch großzügig gewährten Waidwerken hingeben, wie es nur wenigen Jägern, jungen und alten, vergönnt war und ist. Anlaß und Pflicht genug zu tiefstem

Besuch auf der Kanzel

Dank gegenüber einem gütigen Gott und einem wohlgesinnten Geschick.

Bei dieser Rückblendung wird mir wieder einmal so deutlich und eindringlich bewußt, wie sehr der Mensch, je höher er die Lebensleiter emporsteigt, zu seinen Anfängen zurückstrebt und zurückfindet.

Mein damaliger, undeutlicher, in nebelhafter Ferne mündender Wunsch hatte sich doch reichlich, hatte sich voll erfüllt durch meine im Rahmen der dienstlichen Laufbahn erfolgte Versetzung in diese wasgischen Waldberge, zunächst allerdings gegen Wunsch, Willen und geplante Zukunft, die ich mir immer im Raum des Hochgebirges vorgestellt hatte.

Heute freilich, wenn ich von meinem behaglichen Alterssitz im Herzen dieser stillen, schönen, vorerst noch so unberührten und verhältnismäßig heilen Bergwälder und aus der abgeklärten Höhe des Lebens zurückschaue, vermag ich wohl die gütige Hand einer weisen, wohlwollenden, auch das Einzelwesen betreuenden Ordnung zu erkennen, wenngleich ich den leise bohrenden Schmerz des Heimwehs nach den Hochbergen wohl immer verspüren muß.

Da lag nun wieder einer vor mir, wie ich ihn damals als Beuteopfer erträumt hatte, schwer, gewichtig, eindrucksvoll in seiner pechschwarz glänzenden Winterschwarte. Leise spielte der Ostwind mit den Feinhaaren der Teller, während die duftblauen Wolken meiner Brasil wie meine zurückgelenkten Gedanken darüber hinwegflockten.

Je länger ich mich mit diesem intelligenten, sinnesscharfen und in seiner Wehrhaftigkeit für den Menschen bedrohlichen und gefährlichen Wild zusammenlebte, desto mehr begann ich, es auch kulinarisch zu schätzen. Und was da unter hochgeschobener Oberlippe weißblank hervorschimmerte, das rangierte in der persönlichen Wertskala der jägerischen Trophäe gleich nach dem unerreichbaren Symbol der Heimat, nach der Gamskrucke. Am Altar des jägerischen Herzens hatte es seinen Tabernakel neben dem Gamswild, neben dem Großen und dem Kleinen Hahn. Leichter schießt man ein Dutzend Hirsche, ehe man einen groben Keiler vor sich liegen hat, zumal dann, wenn man auf die Nachtjagd verzichtet. Auch in gut behandelten Schwarzwildrevieren.

Es war noch reichlich früh am Abend. Ich hätte mich bequem auf einer der verschiedenen, nahen, aussichtsreichen Hochkanzeln ansetzen können,

Der ursprüngliche Allgäuer Berghirsch; dunkle bis schwarze Stangen, gedrungenes Geweih, dichte Perlung, blanke Enden

die alle beziehungsreiche, jagdlich betonte Namen hatten, fern von der Nüchternheit der forstlichen Einteilung mit zahlenmäßiger Bezeichnung, besonders fern der trockenen, numerischen, militärischen Ordnung der preußischen „Jagen".

Am „Engpaß" etwa, wo Eichenheisterbestände und Verjüngungsflächen in jagdlich günstiger Gestaltung zusammenstießen. Oder auf der „Doktor-Orth-Kanzel", dem Andenken des mir in Freundschaft verbundenen Kultusministers von Rheinland/Pfalz gewidmet. Oder auf der jagdlich besonders günstig postierten „Stübinger-Kanzel", nach dem langjährigen, um die Jagd, namentlich das Rotwild im Pfälzer Wald, verdienten Ressortminister benannt. Manche abendliche Vorpaßstunde verbrachte ich dort mit ihm, führte leise flüsternd manch offenes, aufschlußreiches, auch für die Jagd nützliches Gespräch.

Ich konnte zwar noch mit dem Anblick von Kahlwild und Sauen rechnen, im günstigen Fall eine weitere ernsthafte Begegnung erwarten, aber ich verzichtete für heute darauf. Es war genug. Man soll nicht unersättlich sein. Auch nicht als Jäger! Gerade als solcher nicht! Multum, non multa! Das galt auch hier.

Ich konnte zur großen Erleichterung der Bringung mit meinem Wagen bis zum Erlegungsplatz fahren. Aber das Verladen der schweren Beute ohne Hilfe kostete noch Mühe und Schweißtropfen.

Im Zentralgebiet des Waldgebirges, also in den von den jungen Jahrgängen beunruhigten, naturgegebenen Kinderstuben der Sauen, machen natürlich Frischlinge und Überläufer den Hauptteil der Strecke aus. Auch für einen revieransässigen, ständig mit dem Wild in enger Fühlung lebenden und ortskundigen Forstmann und Jäger ist es aus den schon geschilderten Gründen ein besonderes Fest, einem Keiler, gar einem starken, die gebührende Ehre erweisen zu können. Noch seltener konnte und kann natürlich den auf Schwarzwild eingeladenen Jagdgästen solche Gelegenheit geboten werden. Aber alle waren hocherfreut, waren begeistert über die Möglichkeit, Schwarzwild unter so günstigen Umständen bei vollem Tageslicht beobachten und bejagen zu können.

Ich selbst, Sohn des Hochgebirges, möchte all das, was ich bei der Bejagung und im Umgang mit dem Schwarzwild mit und ohne Büchsenknall, vor und nach dem Schuß als wertvollsten Erfahrungsschatz ansammeln konnte, nie und nimmer missen. Und gerade das nicht, was mir aus der Arbeit auf der roten Fährte zuwuchs.

Gleich nach meiner Versetzung in den Pfälzer Wald legte ich mir meinen ersten eigenen Schweißhund zu, den schönen, sehr kräftigen Bayer. Gebirgsschweißhundrüden „Alb vom Kackenkopf“, also aus dem heimatlichen Allgäu. Die „Kackenköpfe“ begrenzen südlich das Rohrmooser Tal gegen das „Kleine Walsertal“. Damals betätigte ich mich selbst noch als Schweißhundführer, auch in anderen, benachbarten Jagdbezirken.

Der „Alb“ war nach Anlagen und praktischer Bewährung ein guter Durchschnitt. Nicht mehr. Ihm fehlte auch das scharf zupackende Draufgängertum meines letzten Schweißhundes, des „Zorn“. Ein besserer, öfters tätiger Hundeführer hätte, das gebe ich gerne zu, mehr aus ihm herausgeholt, weil er dem Hunde mehr Gelegenheit zur Erwerbung reicher Routine geboten hätte.

„Albs“ erste praktische Nachsuche galt einem groben Keiler. Ich hatte ihn in der sauberühmten Wiese der „Kolbendelle“ am frühen Abend, also bei vollem Büchsenlicht, mit der Dornheimschen Patrone aus meiner verläßlichen Doppelbüchse beschossen. Ich war fest davon überzeugt: So wie sie angetragen war, saß die Kugel im Leben. Der Keiler war nach dem Schuß in wilder Todesflucht mit lautem Krach und lärmendem Geprassel in einen dichten Fichtenverjüngungsstreifen hineingerumpelt und dann in engem, mit Unterholz durchstelltem Kiefernstangenholz verschwunden. Da das Kupfermantel-Torpedogeschoß in der Regel wenig Schweiß lieferte, wenn es keinen Ausschuß hatte, was bei der zähen, federnden, dicken Sauschwarte oft vorkommt, besagte der Anschuß nicht viel. Ich ließ das beschossene Wild am Abend selbstverständlich in Ruhe. Ich wußte aus dem genauen Studium der einschlägigen Literatur, aus den mich in die praktischen Grundbegriffe der Schwarzwildjagd einführenden Erzählungen meines Freundes Otto Groß, einer der routiniertesten Saujäger dieses Raumes, sowie aus meinen eigenen, damals noch sehr jungen und mageren Erfahrungen, daß mit angeschossenen Keilern nicht zu spaßen war.

Wäre ich nicht voll und ganz, auch im Vertrauen auf die absolut zuverlässige Büchse, davon überzeugt gewesen, daß die Nachsuche am langen Riemen als Totsuche enden würde, hätte ich befürchtet, daß sich allenfalls eine Hetze anschließen könnte, so hätte ich noch einen älteren, erfahreneren, im Umgang mit wehrhaften Keilern gewitzten, auch etwas wendigeren Hund einer anderen Rasse beigezogen. Schon Frevert warnt vor dem Einsatz wertvoller Schweißhunde in solchen Fällen. Allerdings hatte er dabei den schwereren Hannoveraner im Auge.

Im Dämmergrau des taukühlen Morgens stand ich mit dem jungen Schweißhund schon am Anschuß und wartete das volle Tageslicht ab. Ich konnte es kaum erwarten. Ungeduldig schaute ich immer wieder auf die sich mählich schärfer vom blau-rot-apfelgrün gefärbten Morgenhimmel abzeichnenden Schattenrisse der Kiefern- und Fichtenwipfel. Ein leiser Wind raschelte in den Weißerlen des Wiesenrundes. Im Westen grollte der Frühschnellzug von Saarbrücken nach München, nach Südosten, der Heimat zu.

Endlich war es soweit. Volles Büchsenlicht. Ich konnte mit der Nachsuche beginnen. Ich hatte, meines Schusses und des erfolgreichen Ausganges der Nachsuche sicher, gleich meinen braven, bewährten, auch jagdlich interessierten Haumeister Jakob Kustes, den „Jakob", samt Wildkarren mitgenommen. Ich ließ ihn in der Wiese zurück.

Eingehend bewindete der Hund den Anschuß. Pirschzeichen? Die Ausrisse beim Empfang der Kugel, die Eingriffe bei der Abflucht, sonst konnte ich nichts entdecken. Langsam, bedächtig, wie es seine Art war, wie sie auch menschlich bei den Allgäuern üblich ist, führte mich der „Alb" am langen Riemen hinter sich her. Ab und zu verhielt er, schien Schweiß zu verweisen. Ich konnte nichts finden. Weiter ging es hundert Schritt etwa durch dichte Fichtendickung – noch einmal fünfzig über krachdürres, sperriges Geäst aus Durchforstungsarbeiten. Immer noch nichts ... Sollte ich, ein dem Irrtum unterworfener Jäger, mich doch getäuscht haben? Sollte der Schuß schlechter sitzen, als ich gemeint? Noch einmal eine schmale, verfilzte, widerborstige Fichtenjungwuchszunge ... Da wurde der Riemen schlaff. Da lag er, steif, kalt, klotzig in der Nadelstreu. Und auch diesmal, wie ich das bei Sauen oft schon beobachtete, hatte sich das todwunde Wild noch vor dem Zusammenbrechen in der Fährte zurückgedreht, sich instinktiv in Abwehr dem vermeintlichen Verfolger zugewandt. Der Einschuß saß, wie von mir angenommen. Der Ausschuß fehlte wie so häufig bei stärkeren Sauen. Daher auch kein Schweiß. Das Schwarzwild ist hart im Nehmen – und im Zurückschlagen.

Mein Herz fühlte sich erleichtert, war voll Freude. Nicht allein ob des Anblicks der begehrten, respektablen Beute. Man muß selbst Nachsuchen auf Sauen durchgeführt haben, um sich ein überzeugendes Urteil über diese Arbeit erlauben zu können. Ich kann es heute nicht mehr genau beschreiben. Aber mich überkam damals ein nur schwer zu begründendes und zu schilderndes Glücksgefühl, der mir von Kindesbeinen an so vertrauten roten Hunderasse einen neuen Wirkungskreis geöffnet zu haben. Damals schlug die Geburtsstunde für die Begründung eines festen Stammes Bayerischer Gebirgsschweißhunde im Pfälzer Wald und seiner immer weiter gewordenen Umgebung, im Schwarzwald, in den Vogesen, in der Eifel und sogar noch in weiter nördlich gelegenen Regionen, in den vom Hannoveraner beherrschten Gefilden.

Wachsende, sich erweiternde und vertiefende Erfahrungen mit dem Schwarzwild, seiner Härte und Wehrhaftigkeit ließen bei mir vor jeder Nachsuche auf starke Sauen ein etwas unbehagliches Gefühl im Magen aufkommen. Je älter ich wurde, um so lieber überließ ich solche Arbeiten meinen jungen jagdlichen Schülern und Nachfahren. Manch einer davon, so Forstamtmann Gappa, erfolgreicher, von seinen forstlichen Anfängen an gelernter und daher erfahrener Schweißhundführer, Besitzer des mit Recht weithin bekannten „Falk", könnte, wenn es den Rahmen des Werkes nicht sprengen würde, ebenso spannende wie interessante Beiträge zu diesem Kapitel beisteuern.

Die Härte des Schwarzwildes gegen Schußverletzungen ist erstaunlich, ebenso sein Ausheilungsvermögen. Einen besonders typischen Fall erlebte ich einige Jahre später. Ich wurde zur Nachsuche in eine Nachbarjagd gebeten. Der Schütze hatte am Abend an einer Suhle mit der Patrone 8 × 57 einen mittelstarken Keiler beschossen. Dieser war nach dem Schuß in eine nahe, mannshohe Kieferndickung geflüchtet. Wir, mein für das Revier zuständiger Freund, Oberförster Otto Groß, der Schütze und ich mit meinem Schweißhund „Alb", waren am nächsten Morgen beim ersten Büchsenlicht zur Stelle. Die Schweißfährte, mit dunklen, grießigen Tropfen vermischt, führte in die grüne Wirrnis der Dickung hinein. Wir umschlugen sie zunächst. Eine Wundfährte führte nicht heraus. Also lag das befunkte Wild mit Leberschuß verendet in der Dickung. Aber wir täuschten uns. Wir hatten seine Härte unterschätzt.

Vorsorglich stellten sich Groß und der Schütze an guten Wechseln vor. Zur vereinbarten Zeit ging ich es an. Der „Alb" führte mich in seiner bedächtigen Art in die bürstendichte Verjüngung hinein. Eine Zeitlang ging es geradeaus. Plötzlich wandte sich der lange Riemen scharf nach rechts. Aha...! Die Widergänge. Nun wurde es ernst. Während ich dies dachte, knallte es draußen bei einem der vorpassenden Jäger.

Ich will mich kurz fassen. Der Keiler war dem Schützen vom Vorabend flüchtig gekommen und im Feuer zusammengebrochen. Die anschweißende Kugel hatte die Leber sehr stark angeschlagen. Jedes andere Stück Schalenwild, ein Brunfthirsch vielleicht ausgenommen, wäre verendet gewesen, schlimmstenfalls kaum mehr bewegungsfähig im Wundbett gesessen. Ich atmete erleichtert auf. Der dreijährige Keiler gehörte gerade zu der besonders aggressiven Altersstufe, zu den typischen „Hosenflickern". Solche

Nachsuche konnte auch, wie genug Beispiele beweisen, böse ausgehen, für Hund – und Herrn.

Der gute alte erfahrene Snethlage, den persönlich kennenzulernen ich die Freude hatte, warnt, nicht ohne guten Grund, vor der Verwendung kleiner Kaliber bei „Wildjagden", also Gemeinschaftsjagden. Bei Treib- und Drückjagden werden die Schüsse zumeist auf flüchtiges oder doch sich bewegendes Wild, aber nicht in abzirkelnder Ruhe abgegeben, so daß die Kugel oft genug nicht da sitzt, wohin sie gehört. Außerdem sind nicht alle Teilnehmer geübte Fluchtschützen.

Inzwischen hat sich freilich in der Waffentechnik, besonders in der Entwicklung der Kaliber, zunächst der 8 × 57, dann der 7 × 57, mehr noch der 7 × 64 und 7 × 65 R zur Universalpatrone, vieles gewandelt. Aber auch heute sind in der Kaliber- und Geschoßwahl bei der Jagd auf Schwarzwild Vorbehalte am Platz. Nicht genug kann ich vor der Verwendung von Patronen mit leicht zerlegbaren, beim Auftreffen auf kleinste Hindernisse zerspritzenden Geschossen warnen. Ich selbst verwandte solche Geschoßtypen nie. Mir lagen schon aus dem Hochgebirge bei der Jagd auf Rotwild ungünstige Erfahrungsberichte vor. Um so mehr muß bei der Jagd auf Sauen und in einem Waldgebiet mit viel Jungholz, besonders Naturverjüngungen, also in unübersichtlichem Gelände, abgeraten werden. Ich erlebte selbst einen besonders ausgeprägten, eindringlichen, wenn auch mit dem Schwarzwild nicht unmittelbar zusammenhängenden „Fall". Er spielte zwar nicht in der Zeit nach dem Blätterfall, trotzdem möchte ich ihn in dieses Kapitel einfügen.

Der mit mir gut befreundete, langjährige Hauptschriftleiter von „Pirsch/Deutscher Jäger", H. Sandmann, vielen Lesern sicherlich noch unvergessen, war jahrelang mit seinem passionierten Sohn Manfred Jagdgast auf Kahlwild, Sauen und Rehbock. Ich freute mich immer auf den Besuch dieses von mir hochgeschätzten Freundes, eines erfahrenen jagdlichen Praktikers, eines Fachmanns von hervorragender Sachkunde und großer Belesenheit mit einem feinen Gespür für literarische Qualität. Er stammte aus einem Forsthaus nahe der Mosel. Ich ließ mir sagen, die „Hunsrücker" seien ein harter Schlag. Diesen Eindruck bestätigte mir der offene, ehrliche und daher nicht immer bequeme Mann, mit dem ich bestens zurechtkam.

Ich saß mit ihm auf einen Rehbock an. Wir hatten eine hohe, unauffällig in die Krone einer Birke eingebaute Kanzel gewählt, die am unteren Rande einer leicht nordhängigen Wildwiese im „Gebrannteck" stand. Diese Äsungsfläche war vor ein paar Jahren anstelle einer völlig verlichteten, durch Schütte und Hallimasch fast restlos zerstörten Kiefernkultur angelegt worden. Sie wurde von allen Schalenwildarten, auch von Sauen, mit Vorliebe angenommen, wobei letztere wie das Vieh auf der Weide grasten.

Es würde zu weit führen, wenn ich dem forstlichen Laien unter den Lesern, wenn auch nur in leicht verständlicher Form und in gedrängter Kürze, die engeren Zusammenhänge zwischen Waldbestockung und Einwirkung von Forstschädlingen verschiedener Art erläutern würde. Es mag aber doch manchen Jäger und Naturfreund interessieren, daß Fichten- und Kiefernkulturen auf Flächen, die vorher mit Buchen bestockt waren, dem Befall durch den Hallimasch, der dort ein günstiges Verbreitungsgebiet findet, in besonderem Maße ausgesetzt sind. Er bringt die befallenen Pflanzen zum Absterben.

Dort saßen wir also eines schönen Mittsommerabends behaglich auf dem zwei Jägern genug Platz bietenden Auslug. Eine weiße Wolke segelte am Augusthimmel, der leis raschelnde Windhauch ließ die Birkenblätter erzittern, ein Katzenschrei des überm tiefeingeschnittenen Wartbachtal kreisenden Bussards störte kurzfristig die Stille. Der Gast aus der Großstadt genoß wie immer mit Andacht die Ruhe und den Frieden dieser noch so heilen, weiten Waldberge. Wie lange noch kann man ihnen diese Prädikate zuerkennen? Nagen nicht schon die Ratten der Zivilisation offen und heimlich an den Fundamenten? Ist das allgegenwärtige Geschäft nicht dabei, unter Vorschützen wirtschaftlicher Notwendigkeiten von den Rändern her die letzten gesunden, stillen Reservate der Landschaft zu zerstören?

Schon frühzeitig erschien in dem kleinen, verbliebenen Rest der Kiefernkultur oberhalb der Wildwiese ein roter Fleck: Rehbock! Und, wie wir übereinstimmend feststellten, ein alter Bock. Weißgraues Haupt mit magerem Sechsergehörn. Vielleicht einer von jenen Waldböcken, die man nur ganz selten, meist untertags und nur durch Zufall, zu Gesicht bekommt, die häufig eines natürlichen Alterstodes sterben. Jener verließ die deckenden Jungkiefern nicht, zog in der lückigen Kultur hin und her. Es war weit. Aber mein Gast war ein vorzüglicher, verläßlicher Schütze. So riet ich ihm zur ernsten Entscheidung. Als der Rehbock einmal – scheinbar – völlig frei und breit stand, brach der Schuß. Peitschenartig, hellgrell gellte er die eichenbestockten Hänge des „Gebranntecks“ empor. Wie vom Blitz getroffen, brach der Bock zusammen.

Wir hatten uns beim Ansprechen und in unserer Vermutung nicht getäuscht. Es war einer jener alten Waldgeister. Das sahen wir sogleich, als wir unsere Beute nach erwartungsvoll beschleunigtem Anstieg erreicht hatten.

Dieses Greisenhaupt! Die abgeschliffenen, von tiefen Gruben unterbrochenen Molaren sagten beim Abtasten des Zahngrundes ebensoviel wie die kurzen Rosenstöcke, wie das typische, fast spindelige Altersgehörn. Um so größer war die Freude des waidgerechten Erlegers. Und die meinige.

Aber wir erlebten noch eine Überraschung. Als wir nach dem Schußmal suchten, sahen wir einen zweifingerbreiten, handlangen, von oben nach unten über die Decke des Trägers verlaufenden, frischgerissenen Striemen, das Zeichen eines ausgesprochenen, quer zur Schußrichtung liegenden Streifschusses, eine Verletzung, die jedes Stück Schalenwild normalerweise, also ohne Eintritt von Komplikationen, in kurzer Zeit ausgeheilt hätte. Wir konnten uns dies nicht erklären, noch weniger das schlagartige Verenden. Wir suchten vergebens nach einem Ein- und Ausschuß. Erst beim Aufbrechen löste sich das Rätsel. Herz und Lunge wiesen zahlreiche kleine, wie von einem Schrotschuß herrührende Splitterverletzungen auf. Das mit rasanter Geschwindigkeit auftreffende 6,5millimetrige Geschößchen mußte ein, auf die weite Entfernung nicht sichtbares, vor dem Blatt stehendes Hindernis, sei es ein Ästchen, ein Farn- oder Staudenstengel oder dergleichen, berührt und sich dabei zerlegt haben. Ein größerer Mantelfetzen hatte den Streifen an der Halsdecke aufgerissen. Wie nun, wenn das beschossene Stück eine Sau gewesen wäre?

Mein Freund, der Revierjäger Albert Schmid, berichtete mir von einem ähnlichen Fall aus den Heimatbergen. Dort war mit demselben Geschoßtyp ein starker Hirsch beschossen worden. Der kam bei der Nachsuche mit seinem ausgezeichneten Schweißhund nicht zur Strecke. Im Winter wurde er verendet an der Fütterung gefunden. Der Schuß saß tadellos auf dem Blatt. Das kleine Geschoß war aber auf der Blattschaufel explosionsartig zerspritzt, ohne in die Tiefe des Lebens einzudringen.

Wie leicht kann sich solches Projektil erst recht auf der dicken, widerstandsfähigen Sauschwarte oder – tiefer eindringend – beim Auftreffen auf die Knochen der Blattschaufel oder der Rippen aufteilen, ohne lebenswichtige Organe zu zerstören.

Einen weiteren Nachteil haben die meisten dieser kleinen Kaliber. Sie liefern beim Schuß auf starkes Wild, auch auf schwächere Sauen, bei winzigem Einschuß und in der Regel fehlendem Ausschuß wenig oder gar keinen Schweiß und erschweren so die Nachsuche ganz erheblich.

Wie schon angedeutet, geben selbst stärkere Kaliber mit Teilmantelgeschossen beim Schuß auf grobe Sauen keinen Ausschuß. Das deformierte, aufgepilzte Projektil findet sich dann, meist mit den Fingern fühlbar, unter der Schwarte der Gegenseite. Ich habe davon eine reichhaltige, interessante Sammlung in meinem Gewehrschrank.

Abends noch, als wir müde, entspannt, aber hochgestimmt mit dem Sohn meines Gastes, den ich auch zu meinen jagdlichen Schülern rechne, und mit unserem Freund Schall in der heimeligen Weißenberghütte saßen, unterhielten wir uns noch lange über dieses unerschöpfliche, die Spalten der jagdlichen Presse zu allen Zeiten füllende jagdliche Spezialthema.

Aber, bei Gott! Nicht über dies allein! Unsere Gespräche, an die ich mich dankbar erinnere, die noch heute in mir nachklingen, überspannten und überspannen einen weiten Raum. Ich könnte mir denken, daß so mancher Jäger, dem Jagdhaus und Jagdhütte mehr bedeuten als zwangsläufiger Aufenthalt zur Erleichterung der Jagdausübung, Sphäre und Atmosphäre dieser Räume ähnlich bewertet. Draußen am Holzzaun des Hüttengrundes hingen zum Ausschweißen der alte Waldbock und ein Überläufer, den der sympathische junge Sandmann erlegt hatte. Durch die geöffneten Fenster strömte der ruchbeladene, leise rauschende Nachtwind herein. Über den verdunkelten Wogen und Wellen der schönen, schweigenden, weiten Waldberge blühten und glühten die heiligen Sommersterne im Zenit des unfaßbaren, unerfaßbaren, gerade deshalb den unruhigen, ewig faustisch suchenden und wühlenden Menschen faszinierenden Kosmos die zeitgerechten Sternbilder, der Atair im Adler, der Deneb im Schwan, die Wega in der Leier. Verklärte Nacht!

Der gedämpfte Goldschein der Lampe. Matter Widerglanz auf dem Braun und Blauschwarz der Büchsen. In der Feuerstatt das Knallen, Knistern und Knacken des flackernden Brandes. Zu meinen Füßen das träumende Jiffen und Jaffen meines Schweißhundes „Zorn". Und dazu das gute, vom Geist sauberen, reinen, unverfälschten Weines begleitete und geförderte Gespräch mit Gleichgesinnten. Stil und Stimmung der Nachfeier eines erlebnisreichen Jagdtages. Welch verheißungsvolle Fortsetzung gäbe das dereinst in den Jagdgründen der Ewigkeit! Mit keinem an prunkenden Luxus gewöhnten Nabob möchte ich tauschen. Es gibt eben doch noch Dinge, die man nicht kaufen kann!

Nichts gegen die traditionell gewordene, gemeinschaftliche Hubertusfeier, wenn sie auch aus der heutigen Sicht nicht problemlos ist! Und nichts gegen den mehr oder minder rustikalen Knödelbogen nach der Treibjagd! Viele Jäger möchten ihn nicht missen. Es sei ihr mit Toleranz zugestandenes Recht! Aber aus eben jenem Stilgefühl, aus meiner Einstellung zur Gemeinschaftsjagd heraus und noch aus anderen, nüchternen Überlegungen und realistischen Gründen, ging ich einzelgängerischer Jäger der lauten, allzuoft lang andauernden und allzuleicht in eine vulgäre alkoholische Orgie ausartenden Nachfeier lärmender Treibjagd mehr und mehr und seit langem ganz aus dem Wege.

Im Laufe meiner vielen Jägerjahre, die schon beizeiten mit exponierter Position im Rahmen der jagdbehördlichen Ordnung zusammenfielen, zudem durch meine Inanspruchnahme in den Staatsjagden jägerisch voll ausgefüllt, glaubte ich, von Natur und Wesensart ein zurückhaltender Allgäuer, mich richtig zu verhalten, wenn ich alle Einladungen aus anderen Revieren höflich dankend ablehnte. Das trug mir erwartungsgemäß von mancher Seite den Vorwurf des Hochmutes ein. Aber den nahm ich auf mich. Und je älter ich wurde, desto eindringlicher erfuhr ich die Richtigkeit dieser Überlegung und des Entschlusses, meine volle Unabhängigkeit nach allen Seiten hin zu wahren. Jäger sind auch nur Menschen!

Zurück! Zurück in die stille Zeit nach dem Blätterfall! Der pechschwarzborstige, wuchtige, aber völlig abgerauschte Keiler vom „Kleinen Mühlenberg" hatte Fragen über Fragen geweckt, die sich wie von selbst eine aus der anderen ergaben. Aber dieser Umblick in anliegende und entfernte Bereiche, diese Rückschau auf eine erlebte Vergangenheit, dieses Spähen in eine verschleierte Zukunft gehören zur inneren Schau eines nachdenklichen Jägers. Sie sind auch Leitmotiv dieses Werkes.

Wo war ich geblieben? Beim Schwarzwild, dieser edlen, interessanten Wildart, dem naturgegebenen, vom Biotop geprägten und diesem angepaßten Wappentier der wasgischen Wälder. Man kann es nicht oft und deutlich genug sagen, keine Wildart reagiert auf Ruhe und anständige Bejagung so auffallend durch Vertrautheit wie das intelligente Schwarzwild. Der große Kenner Snethlage betont dies in der Monographie des Schwarzwildes eindringlich. Der Jäger kann aus der Preisgabe dieser reichen Erkenntnisse und Erfahrungen nur Nutzen ziehen. Ich halte Snethlages Werk immer noch für das Beste, was bisher über diese Wildart für den Jäger geschrieben wurde. In der knappen, dabei doch erschöpfenden, eingängigen Darstellung kann es gerade dem in der rauhen Praxis stehenden Jäger besonders zusagen. Ich hatte reichlich Gelegenheit, sie voll und ganz zu bestätigen. Ich räume ein, daß die weiten Bergwälder günstige Voraussetzungen schaffen. Aber man muß die örtlichen Umstände auch nützen!

Man kann natürlich heute in der dichtbevölkerten Bundesrepublik Deutschland nur in ganz seltenen Ausnahmefällen die Sauen so bejagen, wie Snethlage es in seinen pommerschen Revieren vermochte. Und nur wenige

Gebiete weisen so günstige Verhältnisse auf wie das ausgedehnte Mittelgebirge des Pfälzer Waldes. Allein schon die überall herumkribbelnde und krabbelnde Unruhe der ameisenhaften Massengesellschaft, die in den Großteil der Reviere vordringt, erschwert eine solche Bejagung.

Wenn man sich Snethlages Erfahrung und damit gleichzeitig unaufdringliche Ermahnung zu Herzen nehmen würde, könnte man wohl auch in anderen waldreichen Landstrichen den Sauen auf der Einzeljagd bei vollem Büchsenlicht begegnen und auf die sehr problematische Nachtjagd verzichten. Niemand darf sich wundern, wenn Schwarzwild zum Nachttier wird, hinter dem man bei jeder Neuen mit Meute und Massenaufgebot herhetzt, auf das ein ungesundes, aufgeblähtes Heer von Jagdscheininhabern pausenlos abends und nachts an jeder Waldecke oder auf dem die Landschaft besonders verunzierenden Kanzelkonstruktionen aller Art in der Feldflur mit gierigem Drückfinger lauert und dabei mit seiner widerlichen, abschreckenden Wittrung die Luft verpestet.

Und dann noch etwas, etwas Wichtiges, Entscheidendes! Wenn sich auch in dieser Hinsicht in den letzten Jahren manches gebessert hat, noch immer wird von beutelüsternen Schützen bedenkenlos und hemmungslos auf führende Bachen Dampf gemacht. Schußzeit hin, Schonzeit her! Die führende Bache sollte das ganze Jahr über „tabu“ sein! Die Treibjagd birgt da viele Gefahren in sich.

Natürlich ist der Sommer mit seinen kurzen Nächten die den meisten Erfolg versprechende Jahreszeit. Aber in Revieren mit einem vertrauten Schwarzwildbestand bieten auch die anderen Jahreszeiten, besonders Herbst und Winter, die Zeit nach dem Blätterfall, vornehmlich in Mastjahren, dem Alleinjäger viele Chancen.

Während das Rotwild, worauf ich in diesem Werk schon hinwies, vor einem krassen Witterungsumschlag, besonders deutlich im Herbst und Winter, dazu neigt, frühzeitig auszutreten, machte ich die Erfahrung, daß die Sauen nach dem Schneefall, dem ersten zumal, schon beizeiten, ja den ganzen Tag auf den Läufen beziehungsweise Hämmern sind. Nur Ruhe muß herrschen.

In mir wurden bei solchem Anblick immer die Bilder der heimatlichen Hochberge lebendig. Die schwarzzottigen Gams im Weiß der Kare und Schrofen, der Hänge und Halden. Das Gegenstück, die rußfarbenen Sauen im Blendschnee der verschneiten Waldberge. Welch beglückender farblicher Gleichklang für ein offenes Jägerauge! Die Kunst der Jagdmalerei bestätigt diesen Eindruck.

Auf den Knall des Schusses reagieren vertraute Sauen in Rotten mit ihrem lauten Krach auffallend dickfellig, sehr häufig überhaupt nicht. Da kann es ab und zu gelingen, eine saubere Dublette zu machen. Solche ist mir mehrmals geglückt. Einmal hätte es beinahe zu einer „Triplette“ gelangt. Beinahe!

Ich saß auf einer bequemen Kanzel an einer großen, fleißig angenommenen Suhle im lichten Fichten-, Kiefern-, Buchenstangenholz der „Königshalde“. Schon beizeiten näherte sich mit lautem Krach und dem typischen Geräusch anwechselnder Sauen vom „Wartenbergerkopf“ herab eine starke Rotte. Für den erfahrenen Schwarzwildjäger sind diese Laute unverwechselbar. Mit einem Mal wimmelte es unter mir. Zwei Bachen mit schwer zählbaren, sehr starken und vollkräftigen Frischlingen. Davon konnte man unbedenklich einen schießen, schon allein aus kulinarischen Gründen. Nach dem Rotwildkalb schätze ich das zarte Wildbret eines Frischlings oder Überläufers mit am höchsten. Eine gute Köchin, wie etwa meine Frau, konnte daraus einen seltenen Leckerbissen bereiten.

Ich suchte mir einen sich schon stark schwarz färbenden Gesellen heraus, der, endlich einmal einen Augenblick breit stehend, ruhig verhielt. Er sank, schlagartig ausgelöscht, im harten, trockenen Knall der Nitropatrone in sich zusammen. Kein Ruck, kein Zuck mehr, kein Schnellen und Schlagen. Die im Streit laut quiekende, lärmende, brechende Rotte nahm von dem in die Beuge der Einbuchtung hineinprallenden, in die Stille und Ruhe der Waldberge hineingeschleuderten Schmetterschlag überhaupt keine Notiz. Der Zielstachel suchte ein neues Opfer. Da kam es hinter einem Buchenstamm hervor, verhoffte und wanderte – blitzschnell erschlagen – seinem Vorgänger nach, hinüber in die jenseitigen gefahrlosen Gründe voll unerschöpflicher, erquickender Mast. Auch der grelle Schall dieses Schusses beunruhigte die Rotte nicht. Solcher Knall aus den Lüften der die Schallmauer durchbrechenden Düsenjagdmaschinen, die alltäglich über dem Wäldermeer kreisten, waren ein gewohntes Geräusch.

Massenstrecken, ja jedes jagdliche Übermaß, schätzte ich, bescheidener gewordener Enkel einer Generation, die noch aus reicheren Quellen schöpfen konnte, schon von meinen jagdlichen Anfängen an gar nicht. Die gütigen Patrone der Jagd hatten mir diese dämpfenden Abwehrstoffe ins dampfheiße Jägerblut geimpft. Dafür schulde ich ihnen Dank.

Aber hier, in diesem Falle, im Angesicht schwarzwimmelnden, wildsäuischen Jungvolkes, konnte meine Dublette unbedenklich eine Erweiterung, eine Steigerung erfahren. Sollte sie sogar angesichts dieser Möglichkeit und des anwachsenden Schwarzwildbestandes. Der letzte Winter war milde gewesen, hatte zudem eine leichte Mast beschert und die Bachen, wie dies unter solch günstigen Umständen üblich ist, zu erhöhter Fruktifikation angeregt. Es gab so viele Frischlinge, daß wir uns daranhalten mußten, ihre Zahl auf einen Normalstand zu verringern. Also konnte, durfte und sollte man einen weiteren Eingriff wagen. Schon hatte ich meine Doppelbüchse unhörbar nachgeladen, schon lag der Tod in den strahlgerade schießenden Zwillingsläufen bereit, schon hatte ich die nächste Beute erspäht und angepeilt, da spürte ich einen leisen Luftstoß im Nacken. Die Kanzel war aus örtlichen Gründen nicht von der hier üblichen Höhe. Ich hatte sofort ein ungutes Gefühl. Ich kannte die Sauen und wußte, wie empfindlich sie auf verräterische Wittrung reagierten. Das zeigte sich schlagartig. Der grunzende Warnlaut einer der Bachen... Im Handumdrehen war die Bühne leer. In den Stangen verrauschte und verknisterte der Lärm der abflüchtenden Rotte.

Ich entlud, baumte ab und hatte noch als Sühne und Buße dicke Schweißtropfen zu opfern, bis ich die beiden noch unaufgebrochenen Wutzen den langgezogenen Pirschsteig – durch die „Königshalde“ hinab zum Wartbach – geschafft hatte. Buße muß ja sein! Das sagte ich schon an anderer Stelle dieses Buches.

Wie hatte sich doch die Einstellung zum Schwarzwild und die Art seiner Bejagung verändert, langsam und ganz allmählich zwar, aber Zug um Zug, seit ich in diese westlichen Waldberge beordert wurde. Damals fand ich auf dem Gebiete der Schwarzwildbejagung Verhältnisse vor, die mir von Anfang an ganz und gar nicht gefielen. So nahm ich mir vom ersten Tage an vor, diese Lage zu ändern, das Schwarzwild so anständig wie möglich zu behandeln, zu bejagen und die bisherigen rücksichtslosen Jagdmethoden auf diesen „Schädling“ grundsätzlich und gründlich zu berichtigen. Gegen harten, bis zur Anfeindung gehenden Widerstand und Widerspruch der eigenen Behörde sogar. Ich erinnere mich heute noch sehr genau an die harte Kritik, die ich von übergeordneter Stelle zu hören bekam, als ich meine Abneigung gegen die bisherigen Bejagungs-, Bekämpfungsmethoden ausdrückte und meinen Widerstand dagegen unüberhörbar ankündigte.

Und ich vergesse die bösen, bissigen Worte bis heute nicht, die ich bei einer diesbezüglichen fernmündlichen Auseinandersetzung zugeschleudert bekam, als ich mich weigerte, an einer sommerlichen „Saujagd“ teilzunehmen, die nach Abfährten auf eigens angelegten Spurbahnen festgesetzt worden war.

Aber ich ließ mich nicht beeindrucken und beeinflussen. Wir Allgäuer sind ja bekanntlich eine „gschtärgrindige“ (= hartköpfige) Rasse.

Als ich dann auf der Einzeljagd nacheinander ein paar Überläufer schoß und im Spätherbst gar einen Keiler, da verstummten die Stimmen nach und nach. Schließlich ließ man mich gewähren. Aber ich sammelte weiter meine Trümpfe.

Der Leser, den diese Entwicklung mit all ihrem Beiwerk interessiert, findet sie in eingehender Darstellung in „Pirsch am Abend“.

Zur vollen Entfaltung konnte ich meine Ideen aber erst bringen, als ich das im zentralen Waldgebiet gelegene Forstamt Merzalben übernahm und die Schwarzwildjagd nach und nach fast ausschließlich auf die Einzeljagd abstellte.

Da erschien also im Herbst jenes Anfangsjahres im Pfälzer Wald eines Tages der schon genannte, jagdlich sehr brauchbare, verläßliche, langjährige Haumeister Jakob Kustes. Er meldete, sichtlich bewegt, fast aufgeregt, er habe im „Wildsaufelsen“ – nomen est omen – einen ganz groben Keiler gesehen, wie er durch einen Buchenaltholzrest gewechselt und dann in der anschließenden großen Dickung verschwunden sei. Lautstark und mit lebhaften Handbewegungen, wie sie zum Temperament der Pfälzer gehören, zeigte er nach Länge und Höhe des gesichteten Wildes Ausmaße an. Ein hauendes Schwein mindestens, ein Hauptschwein sogar! Ich machte aufgrund meiner bisherigen Erfahrungen gleich meine Abzüge. Was blieb, war interessant genug.

So entschloß ich mich, noch am selben Abend im schattenkühlen „Wildsaufelsen“ auf einer hohen Kanzel anzusitzen. Von hier aus konnte man einen nicht sehr breiten, fast grabenartig eingemuldeten, mit lichtem Buchenholz bestockten Streifen überblicken, der sich zwischen einem ausgedehnten jungen Fichtenstangenholz und einer Kiefern-Fichten-Dickung steil den Hang hinaufzog. Über diese Altholzmulde führten mehrere fleißig benützte Wechsel. Ich hatte das Gefühl, es sei ein „schussiger“ Platz. Die Kanzel hatte ich erst vor kurzem errichten lassen.

Ich nahm meinen ersten Schweißhund, den „Alb“, meist auf die geräumig gebauten Kanzeln mit. Er gewöhnte sich sehr rasch daran, verhielt sich musterhaft und zeigte mir dank seiner feinen Nase manchmal das Anwechseln von Wild vorzeitig an. Auch das Auf- und Absteigen mit dem zwar kräftigen, aber ruhigen Rüden bereitete keine Schwierigkeiten. – Auch damals hatte ich ihn dabei.

Es war ein kalter, unfreundlicher Novemberabend. Eine undurchdringliche zinngraue Hochnebeldecke lag bedrückend über den rundkuppigen Waldbergen. Und so war die Stimmung: Richard Wagners düstere Musik aus dem 3. Akt der Götterdämmerung. Nikolaus Lenaus schwermütige Verse...

Zudem war der Blick auf das Weltbild nicht geeignet, die dunkellastige Schau aufzuhellen. Die bedrückende Unfreiheit. Die unübersehbare Annäherung des Kriegsgottes Mars. Wummernd dröhnten die grollenden Lagen der übenden französischen Artillerie vom Schießplatz Birsch herüber. Das in den Waldbergen verhallende Echo, der dumpf stampfende Anritt der apokalyptischen Reiter. Vorspiel des großen Weltenbrandes.

Auch meine eigene innere Welt war noch stark umwölkt. Ich war erst ein Jahr in diesem von der Heimat nach damaligen Begriffen und Maßstäben doch weit entfernten, mich damals noch fremd, fast abweisend anblickenden Waldgebirge.

Was soll ich es leugnen! Ich hatte Heimweh nach der vertrauten, großartigen Welt und Weite des Hochgebirges, nach den Graten und Gipfeln, den Felsen, Wänden, Schrofen, Karen, Almen, nach den sonnigen, zartgrasigen Bergwiesen, den saftgünen Talgründen, die sich im Mai, dem Monat des Kleinen Hahns, mit dem goldgelben Löwenzahnteppich überziehen, nach dem melodischen Viehherdengeläut, nach den gewohnten Allgäuer Sprechlauten in einem zwar liebenswerten, aber in seiner Art, seinem Wesen und seiner Lebhaftigkeit den eigenen Ursprüngen doch noch fremdem Volksstamm.

Und ich war schließlich noch verstimmt und verärgert über die mir unverständlichen Widerstände, die meinen Absichten für eine Umgestaltung des Jagdbetriebes beim Schwarzwild entgegengesetzt wurden.

In solch belastende Gedankengänge versponnen, rauchte ich still vor mich hin. Es mochte so auf halb fünf Uhr zugegangen sein. Noch war volles Tageslicht. Noch huschten keine Schatten um Busch und Baum. Noch schackerten die Amseln nicht in der violbraunen Laubstreu. Da war mit einem Schlag alles anders. Plötzlich hob mein Schweißhund, der ruhig neben meinen Füßen gelegen war, seinen Kopf, stellte seine langen Behänge, äugte und horchte aufmerksam nach oben, sog mit hocherhobener Nase den Wind ein.

Ich hörte damals noch ausgezeichnet, konnte aber nicht den leisesten Laut vernehmen. Doch die unverbildeten Sinne des Hundes waren schärfer. Und die Hundenase schien aus dem talwärts streichenden, also günstigen Wind eine Prise Wittrung aufgefangen zu haben.

Für alle Fälle nahm ich das Glas zur Hand, horchte gewarnt und gespannt. Der Minutenzeiger legte wohl fünf Runden zurück. Nichts rührte sich. Schon wollte ich die helfende Optik auf den Sitz zurücklegen, da erhaschte ich eine Bewegung. Schwarz, braun untermischt, schob es sich vorsichtig, mißtrauisch durch die säumenden Jungkiefern am oberen Ende des schlauchartig verengten Grabenschlusses, verschwand wieder im deckenden Grün. Ich lauerte, paßte, auf das höchste gespannt – jetzt wieder! – deutlich sich dem Jungwuchsrande nähernd. Noch ein paar Herzschläge, dann stand schattendunkel eine starke Sau im oberen Teil des Altholzstreifens. Schon auf den ersten Blick durchs Zeissglas der Pinsel. Keiler...

Ich griff behutsam nach der Doppelbüchse, hob sie heran. Aber ehe ich den Stecher des rechten Laufes lautlos vordrücken konnte, war die fast geisterhaft herangehuschte Erscheinung wieder im deckenden Schutzmantel des Jungwaldes verschwunden. Harter, ärgerlicher Rippenstoß Samiels. Warum hast du so lange gezögert? So ein „Brocken"! Das konnte doch nur ein Keiler sein! Aber ehe ich, der Jäger, der jägerische Faust, auf die Vorwürfe seines ihn ewig versuchenden Verführers antworten und mich rechtfertigen konnte, stand der oben schon wieder frei und breit in der schmalen Rinne. Gut, daß ich den Tod spannungsgeladen in zwei messinggoldgrünen Hülsen auf Abruf bereitgehalten und dieses Augenblicks geharrt hatte. Nun galt es. Zielstachel faßte und ruhte, Finger tippte, hart ruckte der bunt gemaserte Kolben in der Schulter. Dumpf dröhnend, in die Muldung des Geländes hineingepreßt, füllte der Schlag der Entladung den engen Grabenraum, rollte widerhallend jenseits des Taleinschnittes an den Buchendomen und Eichenhallen des gewölbten „Bauwalderkopfes" empor. Den Schwarzen warf das schwere Geschoß um. Schlegelnd, polternd rumpelte, walkte der schwere Wildkörper den Steilgraben herab, erreichte eine vor der Kanzel liegende kleine Stufe, wollte noch einmal hochwerden und sank im zweiten Schuß verendet zusammen.

Es war nur ein dreijähriger Keiler. Mancher Strenggläubige mag die Nase rümpfen. Ich aber hatte damals allen Grund, ehrliche, ungetrübte Freude über diesen jagdlichen Erfolg zu verspüren. Ich war ja noch ein Anfänger in der jägerischen Begegnung mit dem Schwarzwild. Das besagt genug, das sagt alles!

Mutmaßlicher Ungartyp aus dem Rotwildgebiet Pfälzer Wald; mit den gleichen Merkmalen, zum Vergleich

Dann aber erfüllte es mich mit tiefer Genugtuung, die Richtigkeit meiner jagdlichen These über die zweckmäßige waidgerechte Bejagung des Schwarzwildes wieder einmal bewiesen zu haben. Jeder Jäger, der sich in meine damalige Lage hineindenken kann, wird diese meine Gemütsanregungen verstehen.

* * *

Keiler vom „Kleinen Mühlenberg"! Auf welch weite Wanderung schicktest du meine Gedanken! Da saß ich nun, mehr als zwei Jahrzehnte später, im Zentrum des weitläufigen Waldgebirges, mitten in den Haupteinständen, und erinnerte mich jener Aufgänge, froh über Wechsel und Wandlung, deren Blutzeuge hier schwer und massig vor mir lag. Einer von vielen! Manch blanke Keilerwaffen hielt ich nach jenem spätherbstlichen Erlebnis im „Wildsaufelsen" in den Händen.

Aber nicht immer ging alles nach Wunsch, Wahn und Willen des schwachen, sündigen Jägers. Hatte ich da eines klarblanken, frühen Winternachmittags, hier im Herzen der Waldberge, eine bequeme Kanzel im Westteil des „Kleinen Mühlenbergs" bezogen, eben dort, wo die mit pfeilerschäftigen Dombuchen und speergeraden Eichenheistern bestockte Hochebene jäh und steil zu den kühlen Gründen des Merzalbtales abfällt. Gegen Osten zog sich langgestreckt eine bis mannshohe Buchennaturverjüngung, floß in zügigem Aufwuchs über das ganze Plateau hin.

Die blaßgesichtige Sonnenscheibe auf ihrer flachen Bogenbahn über den Kuppen der Südwestberge... weißleuchtender Schneegrund... blaugoldenes Schattenspiel... warmes Rostrot des Jungbuchenlaubes... lispelnder Windhauch.. gedämpfter, fast unhörbarer Schneefall vom Kronendach... irgendwo in der Tiefe der Wälder der raspelnde Specht... feine Töne, Stimmen der Stille...

Ich saß noch gar nicht lange, da drangen Sang und Schwang des schönen, weichen Glockengeläutes der Merzalber Pfarrkirche, vom Südwestwind getragen, durch die tiefe Talnische herauf. Jetzt, am Werktagnachmittag? War doch kein Feiertag im katholischen Kalender! Da mußte einer gestorben

Oben: Hegeziel des Hirsches im Rotwildgebiet Pfälzer Wald

Unten: Ein alter Waldhase

sein im Dorf. Totengeläut. Im heimatlichen Allgäu heißt es „die Scheidung".

Auf die besondere Lebensart in der Dorfgemeinschaft, die mir von Jugend an vertraut, die ich gewohnt war, in der ich mich wohl fühlte, wies ich in diesem Buche schon einmal in anderem Zusammenhang hin. Sie trägt immer noch menschlich stärker betonte und lebensvoller ausgerichtete, damit gesündere Züge als die kalte, unpersönliche Anonymität der Stadt, der Großstadt zumal. Klatsch gibt es überall. In der Stadt wird er von den Zirkeln und Kränzchen gepflegt. Immer noch Wogen und Wellen des Glokkenklanges, Begleiter des Menschen von der Geburt bis zum Ende, in Freud und Leid. Und kaum ein Tongebilde, das Fest und Feier, aber auch Tod und Trauer eindrucksvoller wiedergeben, ausweisen, bestätigen und verkünden kann als diese metallene Stimme. Diesmal war es ein ernster Anstoß, ein Anlaß zur Nachdenklichkeit, der Sterbekantus, das Vorspiel zum Requiem. Wir Jäger zählen wenigstens noch zu der seltenen Gattung und Sorte, die Gelegenheit und Muße hat, in der Stille über all die bohrenden Fragen nachzusinnen, über die geheimen Zusammenhänge von Zeit und Ewigkeit. Manche tun es auch und mögen es.

Über der warmen, weichen, versöhnenden Totenklage der Glocken schloß sich die erhabene Stille des göttlichen Friedens. Der dritte Satz von Robert Schumanns dritter Sinfonie. Oder besser, passender noch die Eingangstakte zu Anton Dvořáks Fünfter. Und mitten hinein in das zart einleitende, von der Moll-Tonart melancholisch gestimmte Adagio der dröhnende Paukenschlag, diesmal aber nicht nur vom inneren Ohr im Aufklang der großen, unsterblichen Tonschöpfung erwartet, vielmehr im raschen Ablauf des jagdlichen Geschehens wirklich, wörtlich und buchstäblich, blutlebendig erlebt. Gerade in der begonnenen, die Stimmung der Umwelt mit der jenen Meisterwerkes genüßlich vergleichenden Umschau blendete das trotz allem wachsame Jägerauge eine Bewegung in einer Lücke der gegen den Altholzrand vorrückenden Buchenverjüngung. Pechschwarz schob es sich durch die rotbraunen, weiß überstäubten Stauden. Glas! Ich brauchte mich nicht lange zu besinnen. Die scharfe Optik gab eine untrügliche Aussage. Grobe Sau – der Pinsel als sichtbares Merkmal –, Keiler. Heranlangender Griff nach der noch jungen, aber doch schon vertrauten Sauer & Sohn-Bockbüchse. Die an die feste Kanzelbrüstungsstange geschmiegte Hand bot eine weiche, sichere Auflage. Da konnte nichts schiefgehen. Aber das Ziel meiner Wünsche und meiner Kugel verhielt nicht einen Augenblick, nie stand es ruhig im Rund des Fernrohrs. Da benutzte ich den Moment, in dem der Schwarze pürzelschwenkend, hundertzwanzig Gänge entfernt, eine kleine Freifläche im Buchenjungwuchs überquerte, ihm die Kugel anzutragen. Rasselnde, durch das Buchengestrüpp rauschende Abflucht folgte dem harttrockenen Knall und dem derb ruckenden Stoß der Entladung. Ich hatte das Gefühl, der Keiler habe in dem Augenblick, in dem der Punkt des Abkommens, mit der Bewegung des Wildes gehend, auf dem dicken, kammborstigen Hals gestanden, jäh verhalten. Ich konnte den Schuß nicht mehr stoppen. Hätte das 7millimetrige Teilmantelgeschoß der 7×65 R auch nur ein kleines Stück der Wirbelsäule im Träger gefaßt, so wäre das Wild im Feuer zusammengebrochen. So aber! Mein ungutes, unbehagliches Gefühl behielt recht. Die im Schnee mit jedem Tropfen sichtbare, anfangs reichliche, dann immer spärlicher werdende Schweißfährte von verdächtiger Kirschrotfarbe versiegte schließlich ganz. Ich tippte auf Wildbretschuß durch den Kamm. Die Nachsuche am folgenden Tag verlief, wie ich befürchtete, dann auch erfolglos.

Ich schoß den Keiler im Herbst desselben Jahres drüben im Süden jenseits des tiefen Wartbachtales in der hirschberühmten Winterseite. Ich wählte zu meinem Ansitz jene Kanzel, die ich wegen ihres herrlichen Weitblickes besonders schätzte und bevorzugte. Im Westen, über das umliegende Waldgebirge hinweg, hinter den anschließenden Ackerbreiten und Hügeln der Sickinger Höhe konnte man im Glas deutlich die Kohlenhalden des Saargebietes unter der schwefelgelben Dunstglocke erkennen. Im Nordwesten verblauten die gerundeten Köpfe des Trierer Hochwaldes und die langgestreckten Höhenzüge des Hunsrücks, der durch Carl Zuckmayer klassisch gewordenen Heimat des „Schinderhannes“.

Die damals schon betagte, inzwischen in verbesserter Form erneuerte Kanzel erhielt wegen ihres eigenartigen Baues den Namen „U-Boot“. Dort saß ich also eines frühen Herbstnachmittags und genoß das schöne Bild des Um- und Ausblicks. Unter mir breitete sich eine große Wildwiese aus, an die sich im Osten ein Wildacker anschloß.

Im Nordwesten der Grünfläche, am Rande der angrenzenden Fichtendickung, saß ein alter Waldhase. Hier, im Herzen des Waldgebietes, war seine Sippe natürlich nur mit dünnem Besatz vertreten. Ich beobachtete ihn lange. Welch unscheinbares, doch so schönes Geschöpf! Welch liebenswertes Wild, Hauptpartner des Niederwildjägers und – wenigstens in früheren, günstigeren Zeitläufen – der finanzielle Grundstock der jagdlichen Ernte in vielen Revieren.

Vertraut mümmelte Lampe mit spielenden Löffeln im Weißklee der Wiese. „Mümmelmann!“ Welch treffende Bezeichnung! Und welch eindringlicher Anruf eines großen Werkes der jagdlichen Literatur!

Plötzlich richtete sich der Hase auf, steilte mißtrauisch seine gelb-weißschwarzen Löffel. Jetzt baute er sogar einen Kegel, um im nächsten Augenblick mit einigen Hoppelfluchten im bergenden, schützenden Jungwald zu verschwinden. Da mußten verdächtige Geräusche hörbar, da mußte Wild im Anwechseln sein. Vielleicht das leise Anschleichen einer Wildkatze? Erst kürzlich hatte ich dort eine starke Katze, sicher einen Kuder, beobachtet.

Oder der alte Bergwaldfuchs, hinter dem ich schon seit einigen Jahren her war. Ein einziges Mal war es mir gelungen, ihn mit der Hasenklage zu betören. Schlagartig war er mir zugestanden. Aber dann kamen ihm Bedenken. In guter Kugelschußweite setzte er sich in der Wildwiese auf die Keulen. Durch keinerlei Lockung war er näher, war er in den Bereich der Schrotgarbe zu bringen. Schließlich schnürte er, seinem Mißtrauen folgend, ohne besondere Eile, immer wieder verhoffend und zurückäugend, in die Dikkung und Deckung zurück.

Ich konnte ihm ja eine ruhig und genau gezielte Kugel von meiner Warte, dem U-Boot, aus antragen. Aber das Teilmantelgeschoß der 7×65 R hätte seinem prächtigen Winterbalg doch so zugesetzt, daß er für die gewünschte und geplante Fuchsdecke nicht mehr hätte verwendet werden können. So verzichtete ich, auf eine andere, günstigere Gelegenheit hoffend. Aber ich sah ihn nie mehr.

Vielleicht waren es die dort häufig austretenden Rehe, die durch die trokkene Nadelstreu und das dürre Geäst heranknisterten? Oder Rotwild, vielleicht Sauen? Die Frage klärte sich rasch. Mit einem Mal sah ich eine gleitende Bewegung in den Randfichten, sah ich es schwarz und dunkel auftauchen. Nach einigen Dutzenden beschleunigter Herzschläge trat eine starke Sau aus der Dickung. Keiler. Er verhoffte sehr lange, zog dann, immer wieder sichernd, ab und, in der Dickung verschwindend, dem Waldsaum entlang gegen Osten zu. Er kam mir also immer näher. Nun hatte er die kritische Schußgrenze schon überschritten. Aber ich konnte mir ruhig Zeit lassen. Es war noch taghell, und bis zum Einbruch der Dämmerung hatte es noch eine gute Weile. Der Wind stand günstig. Und ich wußte, wohin die Sau strebte: zu dem östlich anschließenden Wildacker. Dort steckten noch Topinamburknollen im Boden.

Eine gute Viertelstunde verging, ehe sich der Keiler endlich vom Waldmantel löste und auf die freie Fläche herauszog. Nun galt es. Als er, breit stehend, ein paar tiefe Atemzüge lang verhielt, brach der sorgfältig gemessene Schuß. Mit grellem Schlag stieß er in das tiefe Wüsttal hinab. Das Echo rollte verebbend den Gegenhang hinauf. Ich war gut abgekommen. Die Sau riß es geradezu herum, mit wilden, typisch niederen, tiefgeduckten Todesfluchten raste sie in die Dickung zurück, verschwand mit einem prasselnden Satz im Dichtwuchs. Dürrgeäst krachte. Dann war alles still. Ich war meiner Sache sicher. Aber ich wartete mit der Nachsuche bis zum frühen Morgen. Die Nächte waren kühl. Ein Verhitzen war nicht zu befürchten. Ich verbrach den Anschuß, auf dem ich keinen Schweiß finden konnte. Ich hatte dies auch nicht erwartet, da das getroffene Wild sicherlich keinen Ausschuß hatte. Über diesen Punkt äußerte ich mich schon. Ich blieb auf meinem geliebten Auslug noch bis zum Einbruch der Dunkelheit sitzen und übernachtete in der nahen, behaglichen Weißenberghütte.

Für den „Zorn" war es kein Problem, mich am nächsten frühen Morgen zu dem, nach knapp hundert Schritt vom Anschuß entfernt, im dichten Fichtengestrüpp liegenden, längst steifen und starren Keiler zu führen. Wieder ein Beweis für die Härte des Schwarzwildes im Nehmen der Kugel. Der Schuß saß untadelig. Das zerbröckelte Herz konnte ich beim Aufbrechen im Brustraum zusammensuchen. Wieder ein Beweis für die Richtigkeit meiner sonst meist geübten Praxis, lieber etwas höher ins Ziel hineinzugehen, damit das Geschoß noch die Wirbelsäule in Mitleidenschaft zieht und so ein sofortiges Zusammenbrechen herbeiführt. Natürlich, auch dies kann manchmal danebengehen. Der Jäger ist – Gott und den Schutzheiligen sei Dank – nun einmal keine tote Maschine, nein, ein blutlebendiges Wesen. Ein paar Zentimeter zu hoch und der klassische Krellschuß ist passiert. Auch mir schon, was soll ich es verschweigen?

Wie ich es bei Sauen immer wieder beobachtete, hatte sich der Todgeweihte noch im Zusammenbrechen in Richtung seines vermeintlichen Verfolgers gewandt.

Nun fand ich auch gleich die Erklärung für seine außergewöhnliche Vorsicht. Es war der Keiler, den ich drüben ein Dreivierteljahr zuvor im „Kleinen Mühlenberg" angeschweißt hatte. Auf dem Kamm saß, wie vermutet, das sauber verheilte Schußmal. Es war ein reiner Wildbretschuß ohne Knochenverletzung gewesen.

Im Innern des Waldgebirges Pfälzer Wald, in unmittelbarem Zusammenhange mit den französischen Vogesen stehend, kann das Wild, wie aus diesem Werke unübersehbar hervorgeht, noch weitgehend nach seinem natürlichen Rhythmus leben. Es ist noch nicht zum lichtscheuen Lebewesen geworden. Das ist, gefördert durch die günstige Umwelt und die Lebensbedingungen, in erster Linie auf die hier schon beschriebene Art des Jagdbetriebes, die Umstellung auf die Einzeljagd unter bevorzugter Verwendung hoher, unauffälliger, das Landschaftsbild nicht störender Kanzeln, zurückzuführen. Nicht trotz, sondern gerade wegen der Bejagung von diesen hohen Warten aus!

Es lag nahe, das Waldgebirge „Pfälzer Wald", das größte zusammenhängende Waldgebiet der Bundesrepublik, im Vollzug der gewandelten Umweltbegriffe in den Landschaftsschutz einzubeziehen. Dies geschah durch die Erklärung zum Naturpark. Die Verwirklichung dieses Gedankens und Planes, seine Durchsetzung und Verteidigung gegen die Bestrebungen egoistischen Geschäftsbetriebes und anderer schädlicher menschlicher Eingriffe verdienen volle Zustimmung, Anerkennung und Unterstützung. Der große, angesehene, seriöse Pfälzerwaldverein erwarb sich durch die Förderung dieses Projektes hohe Verdienste.

Allein schon aufgrund der bisherigen vergleichenden Erfahrungen muß die Frage erlaubt sein, ob dieser ausbaufähige und ausbaunotwendige Status der Verwirklichung des Zieles eines wirklichkeitsnahen realistischen Landschaftsschutzes nicht näherkommt als die problematische Idee der Begründung von Nationalparks in einem übervölkerten, dichtbesiedelten Teil Europas, die leicht in Gefahr geraten, nationale Rummelplätze zu werden.

Im großen Naturpark Pfälzer Wald ist den Forderungen des Natur- und Landschaftsschutzes sowie der Erholungsmöglichkeit für ruhesuchende Menschen unter Wahrung wohlausgewogener ökologischer, forstlicher und jagdlicher Grundsätze in der bisherigen Zielsetzung und Behandlung weitestgehend Rechnung getragen. Aber! Caveant consules! Wachsamkeit ist geboten!

Der Wildbestand fügt sich harmonisch in das Bild der schönen, weiten, unberührten Landschaft des Waldgebirges ein. Aber diese von mir schon geschilderte, von allen Jagdgästen bestätigte und bestaunte Vertrautheit des Wildes im Herzen des Pfälzer Waldes könnte sich gründlich ändern, wenn sich die irgendwie mit dem Auftauchen der Nostalgiewelle zusammenhängenden Wünsche und Bestrebungen einer kleinen Sondergruppe von Wildbiologen und Ökologen, der „Luchsgruppe", im Pfälzer Wald den Luchs einzubürgern, verwirklichen würden. Ich betone ausdrücklich: „Einbürgerung", nicht „Wiedereinbürgerung". Nach den brieflich belegten Feststellungen der zoologischen Sammlungen des bayerischen Staates ist der Luchs im ehemaligen bayerischen Regierungsbezirk Pfalz in der Zeit zwischen

1706 und 1710 verschwunden. Das sind zweidreiviertel Jahrhunderte. Das ist ein historischer Zeitraum, eine Zeitspanne, in der sich die örtliche Fauna zu einer harmonischen Einheit zusammenfügen konnte. Inzwischen veränderten sich sowohl die Bestockungs- und damit die Lebensverhältnisse sowie die vom Menschen beeinflußte Infrastruktur. Die Wildarten Rot-, Schwarz-, Reh-, Auerwild, Fuchs, Dachs, Wildkatze, Marder, Hase usw. stellten sich auf diese ein und lebten sich aufeinander ein, mehr noch, die gesamte Fauna pendelte sich auf ein ausgewogenes Gleichgewicht ein.

In dieses wohlgeordnete, ausgeglichene Gefüge des wundervollen Waldgebietes würde das Auftauchen eines neuen Großraubwildes mit Sicherheit große Unruhe hineintragen.

Der an der Einbürgerung interessierte Kreis räumt ausdrücklich ein, daß dem Luchs im Pfälzer Wald keine Ausgleichsfunktion zukommt, daß hier für seine „Wiedereinbürgerung“ lediglich die Begründung der „Wiedergutmachung“ maßgebend sei. Gewiß ein nobler Standpunkt! Was kann man aber mit diesem von modischer Nostalgie und anderen Emotionen verschiedener Art entzündeten und gespeisten Wunsch nicht alles begründen! Der gründliche, aus jahrzehntelanger Berufstätigkeit schöpfende Kenner der forstlichen und jagdlichen Verhältnisse muß aufgrund seiner Einsicht wie seiner Erfahrungen dieses ebenso problematische wie überflüssige, in seinen voraussehbaren Auswirkungen sogar nachteilige Experiment mit allem Nachdruck ablehnen.

Zu welch peinlichen Folgen die Erfüllung solch rückgewandten Wunschdenkens führen kann, sollte doch die zur grotesken Tragikomödie gewordene Haltung von Wölfen im Nationalpark „Bayerischer Wald“ deutlich genug gezeigt haben. Ich sage es laut und vernehmlich, mögen Wildbiologen und Ökologen dies auch – wie schon geschehen – als Unsinn bezeichnen, man kann nun einmal, trivial ausgedrückt, auch das Rad der Jagdgeschichte nicht um Jahrhunderte zurückdrehen.

Das natürliche, in einem zusagenden Biotop berechtigte, begründete, problemlose Vorkommen einer Raubwildart, einer Großkatze zumal, setzt das Vorhandensein ausreichender, geeigneter Beutetiere voraus.

Das Rotwild kommt für den Luchs wegen seiner Größe nur in Ausnahmefällen in Frage.

Das gleiche gilt besonders wegen seiner Wehrhaftigkeit weitgehend auch für das Schwarzwild. Der Luchs mag sich an besonders schwache und an mutterlose Frischlinge halten, wobei ausdrücklich zu vermerken ist, daß solche bei dem bisher schon eingetretenen und sich verstärkenden Wandel in der Einstellung des Jägers zum Schwarzwild und in dessen Bejagung zahlenmäßig knapp vertreten sind und sich weiter verringern werden. Das Beuteangebot dieser Wildart fällt damit fast völlig aus.

Der Rehwildbestand ist im zentralen Waldgebiet seit dem Anwachsen des Rotwildbestandes in den letzten zwei Jahrzehnten sehr stark zurückgegangen. Seine Wilddichte ist sehr niedrig. Diese unbestreitbare Erscheinung wird auch durch die gleichgearteten Erfahrungen in anderen Rotwildgebieten bestätigt.

Auch der Besatz der übrigen Niederwildarten ist sehr gering. Desgleichen sind die nichtjagdbaren Beutetiere, darunter die immer seltener werdenden Vogelarten wie Pirol, Hohltaube, Wiedehopf u. a., im Innern des großen Waldkomplexes in einer für die Ernährung einer Luchspopulation nur ungenügenden Menge vertreten.

Vom Auerwild ist wohl noch ein kleiner Restbestand, hauptsächlich im kiefernreichen Ostteil, erhalten geblieben. Das Haselwild dürfte aber ganz verschwunden sein. Das letzte Gesperre sah ich im Spätherbst 1936.

Da also das Nahrungsangebot im Zentralstock, besonders im Winter, sehr knapp ist, könnte es nicht ausbleiben, daß der Luchs seine Jagdtätigkeit an die Ränder des Waldgebietes verlegt, die dichtere Bestände an Rehwild und einen höheren Besatz an Niederwild, besonders an Hasen, aber auch Fasanen und Rebhühnern aufweisen. Dabei darf nicht vergessen werden, daß Hase und Rebhuhn ohnedies schon aus anderen Gründen gefährdete Wildarten sind. Es würde dann alsbald der Zustand eintreten, den Wolfgang von Beck in seinem Werk ,,Ein Jäger – zwei Seelen" (Stocker-Verlag, Graz–Stuttgart), Seite 178, beschreibt: „In den Kulturwald der Niederung abwandernd, würden seine – des Luchses – Beutezüge sehr bald zum Massaker."

Die Situation würde noch dadurch verschärft, daß die Großkatze Luchs hier mit der Wildkatze zusammenträfe, die sich dank ganzjähriger Schonung im Pfälzer Wald erfreulich vermehrt hat. Sie kommt zwar auch im Zentralgebiet vor. Sie hat ihre Einstände aber wohl aus den vorhin geschilderten Gründen ebenfalls mehr in die Randzone hinausgeschoben. Obwohl sie ein gefährlicher Feind der Rauhfußhühner und des Niederwildes ist, wurde das Gebot der Schonung bisher ohne Widerspruch hingenommen. Ein durch das Auftreten des Luchses verstärkter Eingriff des Raubwildes in erster Linie in den schwindenden Niederwildbesatz würde aber verständlicherweise mit Sicherheit zu Ärger, Unmut und zu scharfen Protesten der Jägerschaft führen. Die Jagdausübungsberechtigten in den verpachteten

Jagden haben heute nicht nur hohe Pachtbeträge zu zahlen, sie verausgaben auch erhebliche Mittel für die Hege. Man kann es ihnen nicht verübeln, wenn sie es ablehnen, solche Kosten aufzuwenden, um sich durch die Einbürgerung des Luchses Strecke und Ertrag empfindlich schmälern zu lassen. Man muß diese Dinge auch von einer wirklichkeitsbezogenen, nüchternen, jagdpolitischen Seite aus betrachten.

Erfahrene Jäger, wie Graf Pallfy, A. v. Spies u. a., die in Gebieten jagten, in denen der Luchs von jeher heimisch war und heute noch ist, bestätigen übereinstimmend, daß sein Auftreten das Wild außerordentlich scheu und heimlich macht, besonders das Rehwild als Hauptbeutetier. Wenn auch Rotwild und Sauen, wie schon betont, nur in untergeordnetem Maße als Beute in Frage kommen, so wird doch das Verhalten dieser Wildarten in ähnlicher Weise beeinflußt.

Die dauernde Beunruhigung des Schalenwildes durch die schleichenden Beutezüge des Luchses würden all die Bemühungen um Ruhe im Revier, würden gerade die erprobten Vorzüge der in den letzten Jahrzehnten mit Erfolg angewandten Jagdmethode der Einzeljagd, die das Wild im inneren Pfälzer Wald vertraut werden ließ und eine sorgfältig auswählende Bejagung unter Beteiligung ziviler Jäger am Abschuß erleichterte, zunichte machen. Sie würde also den Jagdbetrieb erheblich erschweren, den Abschußvollzug zahlen- und gütemäßig in Frage stellen, wenn nicht ausschließen. Dies aber wäre ein tief bedauerlicher Rückschritt. Gerade das ist ein sehr gewichtiger Grund, der gegen die Aussetzung des Luchses im Pfälzer Wald spricht.

Dem Auerwild und eventuellen Resten des Haselwildes erwüchse – zur Wildkatze hinzu – ein neuer gefährlicher Feind, der einen weiteren Rückgang, wenn nicht völliges Verschwinden, herbeizuführen drohte. Das als Gegenargument angezogene Nebeneinander von Rauhfußhühnern und Luchs im Urwald ist nicht stichhaltig. Das Biotop der Urwälder und urwaldähnlicher Waldgebiete läßt sich nicht mit dem eines wenn auch ausgedehnten und verhältnismäßig noch gesunden, aber doch in die Umgebung einer überbevölkerten Region mit nahen Ballungsgebieten eingebetteten Mittelgebirgs-Kulturwaldes vergleichen.

Von den Interessenten der Luchseinbürgerung im Pfälzer Wald werden als Argument auch die bereits durchgeführten Versuche im Nationalpark „Bayerischer Wald“ und die eingeleiteten Versuche in der Steiermark und in den französischen Vogesen ins Feld geführt. Weder das Biotop des Bayerischen Waldes noch das der Steiermark und der Vogesen läßt sich mit dem des Pfälzer Waldes vergleichen. Zudem geht die französische Zustimmung zu diesem Projekt von anderen, wenn auch den deutschen angenäherten, nur im Elsaß gültigen jagdgesetzlichen Bestimmungen und damit von anderen Voraussetzungen aus. Aus der Steiermark ist der Luchs vor rund hundert Jahren verschwunden. Das ist ein großer, auf die anders gelagerten Verhältnisse hinweisender Unterschied. Man vergleiche zudem die geographische Lage der Steiermark mit der Westdeutschlands!

Die Allgemeinheit ist an dieser Erweiterung der Fauna in keiner Weise interessiert. Kaum ein Jäger, geschweige denn ein Waldgänger, bekäme diese Raubkatze in freier Wildbahn in Anblick.

Das Fazit dieser Überlegungen ist eindeutig. Zur Regulierung der Schalenwildbestände im Pfälzer Wald ist zugegebenermaßen der Luchs völlig entbehrlich, er ist für den darauf abzielenden Jagdbetrieb vielmehr sehr hinderlich und für eine sorgfältig auswählende Jagdausübung im höchsten Grade nachteilig. Im übervölkerten Raum der Bundesrepublik, auch im Pfälzer Wald, gibt es jagdliche Probleme mehr als genug, um sich durch dieses fragwürdige Experiment neue aufhalsen zu lassen.

Der Jägerschaft fehlt es auch angesichts der ständig und übermäßig wachsenden Jägerzahl nicht an Kummer und Sorgen. Sie würden sich durch das Eingehen auf diese unausgegorenen Pläne einer kleinen, am Rande stehenden Gruppe nur vergrößern.

* * *

Bei aller in den letzten Jahren erkennens- und anerkennenswerten Wandlung der Einstellung des Jägers zum Schwarzwild sind wir doch noch weit von jenem lohnenden und weiter im Auge zu behaltenden Ziel entfernt, das seine „Bewirtschaftung" und Bejagung in einem den Rotwildringen gleichgearteten Rahmen vorsieht und anstrebt. Die Befürchtung, daß damit zwangsläufig eine Zunahme der Schwarzwildschäden verbunden wäre, ist unbegründet. Im Gegenteil! Eine solche Regelung diente in erster Linie ja nur der Verbesserung des Altersaufbaues. Zu einem generellen amtlichen Dekret ist die Zeit noch nicht reif. Es ist aber schon ein erfreulicher Fortschritt, wenn dieses Ziel zunächst durch freiwillige Vereinbarungen angestrebt wird. Diese decken sich mit dem berechtigten Wunsch vieler Schwarzwildjäger, die Keiler älter werden zu lassen. Diesen Bemühungen ist schon deshalb ein Erfolg zu wünschen, da auch auf jagdlichem Gebiet der Grundsatz gilt, daß Worte zwar belehren, Beispiele aber mitziehen.

Jagdliche Kammermusik

Man kann nicht immer von der Prachtfülle der großen Künste leben. Auch das Erhabene nützt sich durch ständigen Genuß und Gebrauch ab, verliert an Glanz durch die Gewöhnung. So wendet sich auch der Kunstfreund immer wieder gerne subtileren Sphären des künstlerischen Bereiches zu.

Dies läßt sich auch aufs jagdliche Gebiet übertragen. Dem von natürlicher, echter Passion erfüllten, von Modekrankheiten nicht befallenen Jäger hält das Jagdjahr nach dem ruchgesättigten, kraftstrotzenden, sternüberfunkelten Rehbocksommer, nach der laut, aufgeregt und theatralisch dahinpolternden Hirschbrunft, nach dem von Schneeflocken durchwirbelten, von wildem, weißstäubendem Tanz durchtobten Gamsreigen, nach den anspruchsvollen Wochen sorgfältig auswählenden Abschusses beim weiblichen Schalenwild sowie beim Schwarzwild – noch viele feine Freuden des Waidwerks bereit.

Auch das Niederwild ist ein vollwertiges Wild. Auch wenn es keinen hörnernen, knöchernen Kopfschmuck trägt, keine Trophäe, die für nicht wenige Jäger heute leider Inhalt, Ausdruck, Wahrzeichen der Jagd schlechthin wurde.

Der wirkliche, aus inneren Impulsen angetriebene Jäger kann auch in der buntfarbigen „kleinen" Jagd seine jägerische Bestätigung finden.

Auch der Niederwildjäger ist ein vollwertiger Jäger. Ja gerade heute angesichts widerlicher Vermarktung trophäentragenden Wildes im In- und Ausland! Der Niederwildjäger hat keinen Zacken und keinen Stein weniger in der Krone als der Hochwildjäger.

Einer der interessantesten und eindrucksvollsten Vertreter des Niederwildes ist der Fuchs. Seine Bejagung allein könnte einen passionierten Jäger über Monate hinaus voll beschäftigen und dabei mit all den wahren, tiefen, echten, ursprünglichen, von Minderwertigkeitskomplexen freien jagdlichen Freuden erfüllen.

In den anderthalb Jahrzehnten zwischen dem Ende des Ersten Weltkrieges und den anlaufenden Auswirkungen des einschneidenden Reichsjagdgesetzes gab es viele Reviere, in denen der Fuchs für einen nur mit Pulver und Blei jagenden Waidmann eine rare und begehrte Beute war. Der Preis für den modisch begehrten Fuchspelz stand im Vergleich zum damaligen

Geldwert auf einer beachtlichen Höhe. Grund genug also zu intensiver Bejagung. Dabei darf nicht übersehen werden, daß in jener nach Inflationsende sehr geldknappen Zeit weite Bevölkerungsschichten – ebenso wie viele Jäger, anders als im schwelgerischen, verschwenderischen Luxus unserer übersättigten Wohlstandsgesellschaft – den Pfennig noch umdrehen mußten, ehe sie ihn ausgaben.

Da kann ich es mir nicht versagen, gleich vorweg eine einschlägige, erheiternde Geschichte, Zeitdokument zugleich, einzufügen, die mir mein alter, in diesem Werk schon einmal genannter Freund, Forstdirektor Karl Diehm, ein Jahrzehnt lang Vorstand des ja auch durch Ludwig Ganghofer literarisch bekannten bayerischen Paradeforstamtes Fall, erzählte.

Diehm war in der zweiten Hälfte der zwanziger Jahre einem bayerischen Forstamt zur dienstlichen Verwendung und zur weiteren Ausbildung zugeteilt, dessen Vorstand eine kleine Privatjagd gepachtet hatte. Diese Jagd wies damals ausnahmsweise einen guten Fuchsbesatz auf, da der Pächter, kurz vor der Pensionierung stehend, sich nicht mehr um dessen Bejagung kümmern konnte. So ließ er, mehr Aufforderung als Einladung, an seinen Referendar ergehen, der ein passionierter Fuchsjäger war, sich der Kurzhaltung Reinekes zu widmen. Diese wurde gerne und freudig angenommen. Schon nach kurzer Zeit konnte Diehm seinen vierten Fuchs abliefern. Und da geschah es.

„Nun kommt aber die Belohnung“, sagte der Alte, schritt auf seinen Schreibtisch zu, holte eine Virginia und eine Rasierklinge hervor, teilte den schwarzen Tabakstengel in drei Teile und überreichte ein Drittel dem erfolgreichen Fuchsjäger. Ja, das waren noch Zeiten!

Seit der Zeit, da die Verwendung des tierquälerischen Tellereisens endlich und mit vollem Recht untersagt wurde, gleichzeitig der Preis für Fuchsbälge auf einen uninteressanten Stand absank, vermehrte sich der Fuchsbesatz und hielt sich seitdem auf einer konstanten und bemerkenswerten Höhe. Seine Kurzhaltung gebieten allein schon hegerische Gründe, die Rücksicht auf das Niederwild. Die in weiten Gebieten immer noch grassierende, ja wieder aufflackernde und sich ausbreitende Tollwut verstärkt diese Forderung auch aus jagdpolitischen Erwägungen. Dem Jäger – gerade ihm steht eine mißtrauisch, neidisch und kritisch beobachtende, allzu leicht und allzu gerne von Massenmedien angeheizte, wenn auch kenntnislose, dafür um so unsachlicher urteilende, verurteilende und Forderungen ableitende Öffentlichkeit gegenüber – obliegt es, dieses Gebot durch scharfe Bejagung zu erfüllen, so daß auch die umstrittene Baubegasung überflüssig würde.

Es wäre dann nicht mehr notwendig, der veterinärpolizeilichen Anordnung in Deutschland folgend, einen Großteil der Füchse ohne eigentlichen jagdlichen Ansporn, ohne jägerische Lust und Freude, auch im Sommer „abzuschießen".

Bei voller Ausnutzung der klassischen, waidgerechten Jagdmethoden wäre die gebotene Kurzhaltung des Fuchses mit Büchse, Flinte und sofort tötendem Schwanenhals durchaus möglich. Aber die Jäger sind ja auch nur Menschen. Man lasse die kapriziöse Götzendiva Mode den Fuchspelz in verschiedener Verarbeitung wieder zu einem Favoriten erheben, dann werden Jäger und Veterinäre eine Sorge los.

Für die Jagd auf den vollwertigen, also den späten Herbst- und den Winterfuchs bietet sich eine vielseitige, bunte Palette erprobter Möglichkeiten an: der morgendliche und abendliche Vorpaß, der Ansitz beim Mondschein am richtig vorbereiteten und angelegten Luderplatz oder an beliebten Wechseln, besonders an Bachläufen, im Allgäu „Fuchspassen" genannt, das Drücken oder Riegeln, ein besonders auf die Eigenart des Fuchses zugeschnittenes, stil- und stimmungsvolles Waidwerk, das mir gerade vom heimatlichen Hochgebirge her in lebendiger Erinnerung geblieben ist.

Auch die einige Zeit in Tollwutgebieten zwangsläufig ausgesetzte, ebenso spannende wie erlebnisreiche Jagdart, das Sprengen des Fuchses aus dem Bau mit dem Erdhund, kann seit der Möglichkeit der Schutzimpfung der Hunde wieder in größerem Umfang betrieben werden.

Einen Höhepunkt aber bildet wohl die Reizjagd, ein ausgesuchtes Kabinettstück im reichen Repertoire, eine feine, seltene Delikatesse auf der wohlbestellten Tafel der „kleinen" Jagd. Sie wird dem Jäger, der sich darauf versteht, auch nach Abschluß des Hauptjagdbetriebes, also in der stillen Zeit, geboten. Sie kann auch noch im Februar, je nach den klimatischen Bedingungen sogar noch im März ausgeübt werden, wenn über dem Firnschnee die Stimmung des welkenden Winters liegt, sich der Vorfrühling mit starkem Erdruch ankündigt, in Busch und Baum die Meisen den neuen Aufbruch einläuten.

Das ist dann so, als käme man aus der erdrückenden Schau einer großen Gemäldegalerie in die intime Sphäre und Atmosphäre eines von persönlichem Eigenwillen geprägten, geschmackvollen Ateliers, als träte man aus der berauschenden Tonwelt rauschender Sinfonie in die gedämpfte Klangidylle kammermusikalischer oder liedhaft geprägter Kunst, als lausche man nach dem brausenden Schlußchor Beethovens Neunter dem silberhellen zweiten Satz aus Franz Schuberts berühmtem Oktett.

Nach meinen Beobachtungen und Erfahrungen kennt der eine oder andere Jäger theoretisch wohl diese Jagdmethode. Aber es sind nur wenige, die sie beherrschen und diesem entzückenden Waidwerk huldigen.

Das war schon in den Heimatrevieren der Allgäuer Hochberge so. Außer meinem Vater, der auch in dieser „Sparte" mein Lehrmeister war, kannte ich keinen Jäger, der diese Jagdart ausübte.

Und hier in dem schönen, stillen wasgischen Waldgebirge sind mir im weiten Umkreis nur zwei Jäger bekannt, die sie beherrschen und mit Erfolg regelmäßig betreiben: mein früherer Büroleiter am Forstamt Merzalben, Forstamtsrat Tänzler, und der einzige Berufsjäger im Kreis Pirmasens, Revierjäger Gert Loß.

Das Fuchsreizen ist eine typische Jagd für den Einzelgänger und Einzeljäger, dem aller irgendwie ans mörderische Kollektiv erinnernder Massenbetrieb zuwider ist. Darum liebe auch ich sie so ganz besonders. Dieses vollwertige, stil- und geschmackvolle Waidwerk ist so fein wie die zart getönten Farben, die stillen Stimmen, die es umrahmen. Und diese Jagd weist noch einen gewichtigen Gutpunkt auf: Sie ist auch dem Jäger zugänglich, dem es der magere Inhalt seiner Brieftasche nicht erlaubt, von ungarischen Hirschen und anderem Großwild auch nur zu träumen.

Vom jagdlichen Standpunkt aus, richtiger vom Gesichtspunkt des Erfolges aus gesehen, wäre es gar nicht gut, wenn die Reizjagd allzu häufig betrieben würde. Sie würde bald wirkungslos, für den Jäger somit uninteressant werden. Der Fuchs, ohnehin der Dümmsten keiner, hätte den faulen Zauber bald heraus. Und er ließe sich ruhig etwas vormusizieren, ohne auch nur im geringsten Miene zu machen, auf diese Sirenengesänge, die lockenden und verlockenden Laute der Hasenklage, hereinzufallen. Von den „geprellten" Füchsen ganz zu schweigen, die die Zusammenhänge erlebten und nicht vergaßen, die beim Ertönen des jämmerlichen Angstgeschreis sofort fluchtartig das Weite suchen.

Es ist ein Irrtum zu glauben, mit der Hasenklage nur in hellen Mondnächten reizen zu können. Dazu kann man alle Stunden eines stillen, windruhigen Wintertages nutzen.

Die Füchse verhalten sich gegendweise sehr verschieden. Im heimatlichen Hochgebirge standen sie – mit Ausnahmen – lieber abends als untertags, im mehr belebten Voralpenland meist nur nachts zu. Es kommt auch wesentlich auf die orographische Gestaltung des Reviers und auf die Bestockungsverhältnisse, auf die Verteilung von Wald, Wiese, Feld sowie auf den Grad der Beunruhigung durch den Menschen an.

Nirgends habe ich die Reizjagd so schön gefunden und so erfolgreich erprobt wie hier in diesen stillen, weiten, geschlossenen Waldbergen. Nirgends reagierte der Fuchs so prompt, man könnte sagen, geradezu blindwütig. Und das zu jeder Tageszeit. Das gestaltet diese Jagdart so kurzweilig, so abwechslungsreich, so interessant. Das nähert sie so eng an die allerdings weit anstrengendere Jagd auf den Gams an, der in gut behandelten und nicht übermäßig beunruhigten Revieren ein ausgesprochenes Tagtier ist. Man kann sich Zeit lassen, man kann mehrere vielversprechende Plätze aufsuchen. Man wird nicht durch den Wecker zu nächtlicher oder frühmorgendlicher Zeit aus dem Schlaf gerissen. Man ist nicht gezwungen, indianerstur zu sitzen, bis die Glieder in der Kälte erstarren. Und man hat zum Schuß die Erleichterung des vollen Büchsenlichtes. Dann noch der Blick auf die Landschaft in ihrer verschwiegenen Stille und winterlichen Ruhe. Es gibt Dickungen, in denen der Fuchs mit Vorliebe steckt. Bevorzugt sind südhängige Nadelholz-, besonders Kieferndickungen, in deren Lücken er in der Sonne sitzt, in deren Nähe man jeden Winter seinen Fuchs oder deren mehrere beim Reizen schießen kann. Man muß nur das richtige Wetter wählen. Nasse Witterung oder Schlackerschnee sind völlig ungeeignet. Wichtig ist es, ohne jedes Geräusch in die Hörweite des Roten zu kommen und auf den Wind zu achten.

Das Reizen hatte mir mein Vater beigebracht. Wohl dem Waidmann, dessen Ursprünge in so enger jägerischer Gemeinschaft liegen! Unter seiner Anleitung und Führung schoß ich meinen ersten Reizfuchs. Jenes Erlebnis ist mir blutlebendig in Erinnerung. Wir stiegen damals an einem Abend zwischen Spätherbst und Frühwinter zum rehberühmten „Haubach", aus dem meine besten Rehkronen stammen, oberhalb der Wildkammer des verschwiegenen Zellerholzes hinauf. Wir stellten uns, gedeckt durch eine dichtverwachsene Fichtenzeile, oben auf dem Kopf über den Viehweiden des Schattenbauern, eines schwarzbraungebeizten Einödhofes, an. Dort hatte man Überblick über die gewellten Haubachwiesen und deren zwischen Fichtenverjüngungen muldenförmig gegen die Nordhänge des „Weinbergs" vorspringenden Schlund.

Ein paar Tage zuvor war Schnee gefallen, inzwischen aber größtenteils wieder verschwunden. In den schattseitigen Haubachwiesen hatte er sich, von vielen kleinen Aperstellen durchsetzt, noch mit schütterer Decke gehalten. Frostklarer Abend. Blutroter Brand der hinter gezackten Nagelfluhbergen im Westen versinkenden Sonne. Müdes Avegeläut der Rettenberger Kirche am vorgelagerten Querriegel des Rottachberges. Drohend steil vor uns aufblockend über dem waldummantelten Fuß der wuchtige Grüntenstock mit dunklen, räumigen Fichtenhochlagenbeständen und braunkahlen Bucheneinlagen, mit den starrenden hellgrauen Kalkwänden überm geheimnisträchtigen Schattenschwand, mit langgestreckten Gamslahnern.

Alljährlich strömt eine große Menschenflut hauptsächlich aus den naturentfremdeten Ballungsgebieten der Massengesellschaft ins Hochgebirge, bewundert, bestaunt begeistert die eindrucksvolle Landschaft. Aber die allerwenigsten wissen um seine Entstehungsgeschichte, die meisten haben keine blasse Ahnung von deren erdgeschichtlicher Entwicklung, von den gewaltigen, unvorstellbaren Kräften, die in der jungtertiären Zeit eine unruhig gewordene Erdkruste entwickelte und freiließ, als sie in einem immer stärker werdenden Schub von Südosten nach Nordwesten die Massen der im Meer abgelagerten Gesteinsschichten in Bewegung setzte und sie zu Gebirgsketten emporfaltete, die immer höher und höher wuchsen, um schließlich unter der pressenden Wucht zu zerbersten. In unendlich langen, dem kurzlebigen Menschen gerade unserer flüchtigen Epoche unvorstellbaren Zeiträumen bogen und krümmten sich diese. Gegen die Energie, die die Natur dabei entwickelte und freisetzte, sind die verheerenden Erdbeben der Neuzeit nur schwache Wellenbewegungen und Stöße. Sicher wäre solch interessanter Rückblick für jeden erdnahen Naturfreund, für den naturverbundenen Jäger zumal, eine wertvolle Bereicherung seines Wissens und seiner sich vom „großen Haufen" doch erfreulich abhebenden Schau.

Ich brauchte damals nur meinen Blick zu dem sich halbrechts auftürmenden westlichen Gipfel des Grünten, dem Burgberger Hörnle, zu heben, um ein weithin sichtbares Zeichen, ein ganz eindrucksvolles, ausgeprägtes Ergebnis jener gigantischen Kräfte zu bekommen. Da fällt, ein Stück unter der Westspitze des Grünten, sofort eine geologische Besonderheit ins Auge: der hell aus dem Fichtendunkel des Hochlagenwaldes herausscheinende „Klause Schranz", eine hufeisenförmige, durch späteren Erdrutsch freigelegte Faltung der der Kreideformation entstammenden Schrattenkalkschichten. Der Name mag wohl der örtlichen Mythologie entsprungen sein.

Der Grünten ist nicht allein für den Fachmann, den „Spezialisten" der heutigen Generation, sondern für jeden geologisch, botanisch, kurz, an vielen Fächern der Naturwissenschaft interessierten Naturfreund eine reiche Fundgrube.

Vom Grünten liegt eine ausgezeichnete geognostische Skizze des berühmten Geologen Gümbel vor. Er war kein Allgäuer, vielmehr ein Pfälzer. Welch freundliche, fast symbolische Beziehung!

Links von uns hoben sich die Wiesenhänge und Viehweiden des hübschen, kirschbaumüberblühten kleinen Bauernweilers Wagneritz aus der Talsohle zum bewaldeten Grüntensockel empor. Hinter uns zog sich das im Rauchblau der Rüste einschattende, hochbergumsäumte obere Illertal dem Illerfluß entlang nach Süden und Norden.

Schon begannen die Lichter im Holz zu erlöschen. Die Dämmerung spann ihr Garn. Da setzte mein Vater den Daumen an den Mund. Jämmerlich erscholl Lampes Klageschrei. Im nächsten Augenblick fuhr schon aus dem düsteren Dunkel überliegenden Fichtenkopfes der langgestreckte Wildkörper eines Fuchses auf die weißblau-braungrün gesprenkelte Freifläche heraus. Brandeilig über die angefrorenen Schneereste herankraspelnd, kam er auf uns zu. Man sah wieder einmal, wie genau das scharfsinnige Wild den Ausgangspunkt der Töne zu orten weiß.

Flinte hob sich. Blutdruck stieg. Puls hämmerte. Bei einem blutjungen, brandheißen Jäger ganz natürlich, gleich, ob er ein Stück der hohen Jagd oder ein Stück Niederwild vor sich hat. Als Reineke in schöner Schußentfernung halbspitz an uns vorbeistrebte, löste der Finger das Züngel. Blitz und Blauschmauch der Schwarzpulverpatrone aus der bewährten langläufigen Suhler Sechzehnerin. Heftig zusammenruckend, warf sich der Rote herum, flüchtete in scharfgedrehtem Halbkreis zurück. Noch einmal nachgeblitzt – wild zickzackend, kam der Fuchs noch zwei Schrotschußweiten in die sich vor uns einbuchtende Mulde hinein und rollte dann verendet zusammen. Es war eine uralte Fähe. Die Fangzähne, soweit sie nicht ganz fehlten, waren zu kurzen, völlig abgenutzten Stummeln zusammengeschrumpft. Das übrige Gebiß war in einem erbarmungswürdigen Zustand. Wohl mit ein Grund, warum die „Füchsin" so spontan reagierend zustand.

Jahre später saß ich wieder dort oben, diesmal allerdings mit Blick nach Westen, auf das breite Illertal zu. Ich war noch sehr früh dran. Ich hatte irgendwie Lust, mehr noch das Bedürfnis, nach besinnlicher, überlegender Umschau. Es war einer jener tränenklaren Spätherbsttage, da man den Eindruck hat, das Jahr böte nochmals all seine leuchtende Lebenskraft auf, als wolle es dem schon rückliegenden düster umflorten Allerseelentag noch ein tröstliches, versöhnendes, vorzeitiges Adventlicht aufsetzen. Durchsichtiger Seidenhimmel. Spätes Rostrot, Dukatengelb, Altgold der letzten noch nicht abgefallenen Blätter. Die scharf gerippten, schmalgratigen Molasseberge mit erstem Silberschein um Schläfen und Häupter vor dem Abgrund des Abends. Je mehr man sich dem Anblick der vertrauten Landschaft hingab, desto deutlicher verspürte man fast körperlich ihren Pulsschlag, ihren

Atem, desto enger fühlte man sich ihrem Leben und Leiden, ihrer Geschichte verbunden, von ihren ersten Anfängen bis jetzt.

Die gewaltigen Schübe der ewig unruhigen Erdschicht, die epochalen geologischen, die klimatischen Würfe und Wandlungen mit ihrem Wechsel von Fauna und Flora und mit ihren vielfältigen versteinerten Relikten. Der hinfällige Mensch unseres überheblichen Zeitalters sollte ab und zu über die Begriffe Zeit und Ewigkeit nachdenken!

Und dann die von der Gattung der sogenannten Schöpfungskrone beeinflußten und geprägten, gegenüber den globalen Entwicklungen freilich unbedeutenden Abläufe der Menschheitsgeschichte mit ihren Stempeln, Stätten, Stationen und ihren allzuoft umdüsterten Mahnmalen! Sollte das nicht jeden der Natur und der Landschaft verbundenen Jäger ansprechen, bewegen, an die Ursprünge erinnern? Die keltischen Estionen an der Iller, die Brigantier am Bodensee, dann die römischen Legionen mit ihrem Stützpunkt Cambodunum, die im Zuge der Völkerwanderung seßhaft werdenden Alemannen. Und da gleich hinter der fichtendunklen Kulisse des Zellerholzes und seines westlich vorgeschobenen Ablegers, des „Hisse-Stanese-Hölzels", der Zwiebelturm der uralten Kirche von Agathazell, bäuerlicher Annexe des Heimatdorfes Burgberg. „Holz" bedeutet im Allgäuer Sprachgebrauch Wald schlechthin. Die genaue Bezeichnung der vorhin genannten Waldparzelle weist, wie sehr häufig feststellbar, auf die Namen der früheren Besitzer im Rahmen der familiären Erbfolge hin, also einen Vater Matthias und einen Sohn Stanislaus. „Zell" ... Der Geschichtskundige weiß Bescheid. Dieser Begriff entstammt der Zeit der Christianisierung des Allgäus.

Gleich links daneben, gegen die „Schanz" zu, auch einer geschichtsträchtigen Örtlichkeit, der rundkuppige Viehweidhügel, der „Tatterbichel" – Agathazell heißt im Ortsmunde „Thate" –, blutgetränktes, brandumlohtes Fanal aus der aufrührerischen Zeit der Bauernkriege, von der auch zahlreiche Burgruinen im ganzen Allgäu Zeugnis geben.

Rechts, hinter dem bäuerlich gebliebenen, von keiner Industrie gestörten und zerstörten Weiler Wagneritz, die weißleuchtende Pestkapelle. Bauernaufstand, Schwedenkrieg, Franzoseneinfall, Durchzug der Kaiserlichen, hin- und herwogender Zwist sogar mit dem österreichischen Brudervolk im Dienst dynastischer Interessen und im Vollzug eiskalter Machtpolitik. Blut und Brandschatzung, Hunger und Pestilenz, Gewalt und Tod, Not und Nötigung, Runzeln und Runen auch in das Gesicht dieser Landschaft eingegraben. Gleichzeitig allgemeingültiger Hinweis, wie sehr die ganze Menschheitsgeschichte bis heute von Leid, Tränen, Trauer, Trübsal und

Tragödien durchwirkt, mehr noch, gekennzeichnet, bestimmt ist. Die Erde hat ihre Unruhe auf ihren undankbaren Sohn vererbt. Kains Vermächtnis... da riß der innere Filmstreifen jäh ab... kehrte der Jäger ruckartig aus seiner inwendigen Schau in seine ureigenste Welt einer erregenden, herzschlagbeschleunigenden Gegenwart zurück. Da stand doch auf dem Trenngrat zwischen des ,,Bartlers" von Agathazell südseitiger, in der Vegetationszeit blumenübersäter, zartgrasiger Bergwiese und der nordseitigen Viehweide des Schattenbauern – gerade an der Westspitze der dort auslaufenden Fichtendickung – ein Fuchs, ein Prügelfuchs.

Ich greife nach der Doppelflinte, mache mich bereit und lasse Mümmelmanns Klagegesang ertönen. Schlagartig reißt es den Roten herum, ohne langes Zögern und Besinnen kommt er in weiten, weichen Fluchten auf mich zu, um gleich darauf im trockenen Knall der rauchlosen Patrone und dem Einserhagel aus der meisterhaft gearbeiteten Suhler Sechzehnerin sein Testament zu machen und ein paar Fuchslängen den Hang hinabzurollen.

Ich holte meine Beute, einen wirklich starken, auffallend hellgelb gefärbten – auf das Gegenteil komme ich noch zurück – Rüden, legte sie vor mich hin, sie wohlgefällig und eingehend betrachtend. Nun hatte ich ja erst recht Zeit und Muße, meine rückwärts-vorwärts gerichtete nachdenkliche Wanderung fortzusetzen.

Auch in den Hochlagen der Reviere, während der Gamsbrunft, erlebte ich das geradezu gedankenschnelle Zustehen des Fuchses auf die Hasenklage. Eines lichtlosen, weißgrau dahindämmernden, immer wieder von leichten Schneeschauern verdüsterten späten Novembertages pirschte ich, von der Roßberghütte kommend, gegen die Ostmulde der Alpe zu, an der der Giggeltobelbach anfängt, sich in die Flyschschichten einzufressen. Jenseits der Abplaikungen des Grabeneinschnittes stiegen die Lahner, Geröllreißen, die verschroften lichten Alpwaldstreifen zu den hellgrauen Schattenkalkwänden des rundkuppigen, auf seinem Haupt begrünten Föllenkopfes hoch. Dort waren überall beliebte Gamseinstände. Ich hatte keine ernsthaften Absichten mehr. Ein Gamsbock hing schon unten im Tal, in ,,Söflars Hüs", also beim Freund Albert, einer noch in der Roßberghütte. Das war mein ,,Deputat". Das genügte mir. Vielleicht noch eine überständige, kitzlose Altgeiß als Nachlese oder ein krankheitsverdächtiges Stück Gamswild.

Ich war von der neben dem Alpweg stehenden, altgraubraun angewitterten Heu- beziehungsweise Streuhütte mit dem ortbezeichnenden Namen ,,Grüeschinde", also Hütte in der ,,Grüe", gerade abgebogen und ein Stück gegen die früheren Murmeltierbaue in der Senke der Roßbergalpe hinangestiegen, da sah ich, zwei weite Büchsenschüsse entfernt, einen sehr starken Bergfuchs über das Alpgelände schnüren. Ich hatte den Repetierer bei mir und nicht die Absicht, mit dem schweren Geschoß den prächtigen Balg zu zerfetzen. Aber es interessierte mich zu beobachten, wie der Rote hier auf das Hasengeschrei reagieren würde. Ich stellte mich hinter eine vom Weidevieh verbissene und verfegte buschige Jungfichtengruppe und fing an zu quäken. Blitzartig riß es den da oben herum, in langgestreckten, eleganten Bogenfluchten, mit wehender Standarte, vom lockeren Pulverschnee umwirbelt, ein wunderschönes Bild, sauste er von der Höhe herab, ohne mich, der ich gut gedeckt stand, wahrzunehmen, auf zwei Bergstocklängen an mir vorbei und verschwand in den hinterliegenden, nahen Fichten des Grundes.

Im darauffolgenden Jahr konnte ich mich, auch während der Gamsbrunft und wieder dort oben, davon überzeugen, wie unglaublich weit der Fuchs die Klagelaute Lampes vernimmt, und dabei beobachten, wie er darauf reagiert.

Ich saß am Rand des schon mehrmals genannten und beschriebenen Roßbergmöösle. Schöner, heller, weitsichtiger, idealer Gamsbrunfttag mit dünner Neuschneedecke. Rings die immer wieder überwältigende Sicht aufs obere Illertal und die erhaben, kalt thronenden Gipfel der einwinternden Allgäuer und Vorarlberger Hochberge. Die große, in dieser lärmerfüllten Welt so seltene, märchenhafte Stille.

Vor mir, im Nordwesten und Norden, stieg das scharf gestufte Almgelände an, darüber steilten die Wände und Schrofen des Roßkopfs hoch. Im Nordosten schloß sich das dem Leser schon bekannte Gelände des Föllenkopfs an. Das Verbindungsstück bildete das „Klüseschlägle“, ein gratiger Sattel, mit lichtem, aufgelockertem Alpwald bestockt.

An der ganzen Südseite standen Gams, einzelne und einige kleine Rudel. Alles äste noch ruhig und friedlich. Die Brunft hatte kaum begonnen. Ich selbst saß auch nur mit vorerst beobachtender Absicht hier. Ich konnte mir zu abgewogener Auswahl noch genug Zeit lassen. Bei meiner Umschau fiel mir plötzlich ein kleiner roter Flecken über einem Fichtenstock am Rande des Bergwaldes auf. Er entpuppte sich in der vergrößernden Sicht des Hensoldtglases als Fuchs, der seinen Balg in den sparsamen Strahlen der Sonne wärmte und sein Schläfchen hielt.

Auch diesmal wollte ich – aus den vorhin geschilderten Gründen – auf einen Kugelschuß mit dem schweren Geschoß verzichten, außerdem die Stille der Landschaft nicht durch Schuß und Schall stören, die zum Teil nahe stehenden Gams nicht unnötig beunruhigen. Aber es reizte mich wieder festzustellen, ob Reineke die betörende Melodie auf die große Entfernung zweier weiter Büchsenschüsse vernehmen konnte.

Schon nach den ersten Tönen wurde er hoch, lauschte eine kurze Weile zu mir herab, setzte sich in Trab und schnürte kerzengerade auf mich zu. Schon war er fast in Schrotschußweite, da knirschte unversehens unter meinem griffbewehrten Bergschuh, für das menschliche Ohr kaum hörbar, eine Schnee- oder Eiskruste. Ruckartig verhoffte der Fuchs, äugte, sichtlich gespannt, zu mir her. Der zwar reglose, aber doch irgendwie fremde, auffallende Fleck vor der Latschenkulisse und das verdächtige, wenn auch unbewegliche rote Gebilde der ruhig neben mir sitzenden Schweißhündin schienen ihm doch aufzufallen, sein Mißtrauen zu wecken. Wind konnte er nicht von uns haben. Der stand mir ins Gesicht. Nach langem, immer stärkeren Verdacht schöpfendem Sichern schlug der Rotbeuter um, flüchtete ohne besondere Eile, immer wieder verhaltend und unschlüssig zurückäugend, zu seinem Ausgangspunkt oben im Klüseschlägle und verschwand darin.

Interessieren mag den jägerischen Leser, wie die in Schuß- und Hörweite stehenden Gams auf das Hasengeschrei und den auftauchenden Reineke reagierten. Sie warfen zunächst auf, verhofften kurz,ästen dann ruhig weiter. Sie fühlten sich offenbar in keiner Weise beunruhigt, geschweige denn bedroht. Allerdings waren keine Kitze und führenden Geißen dabei.

Wie ich schon eingangs andeutete, erweisen sich die weiten, stillen, von der allgegenwärtigen Unruhe der auf Rummel und Betrieb abgestimmten Massengesellschaft noch verschonten Waldberge als Eldorado für die Reizjagd. Wie lange noch?

Nirgends reagierte der Fuchs so prompt, so schlagartig, man kann sagen, geradezu blindwütig auf den Sterbegesang Lampes. Und zwar zu jeder Tagesstunde. Darum erfreute sich diese kurzweilige Jagd meiner besonderen Vorliebe.

Wenn der Jäger noch einigen jagdlichen Instinkt besitzt, hat er die bevorzugten Einstandsdickungen des Fuchses und die „schussigen" Stände bald heraus. An einem besonders günstigen Platz, nicht allzuweit vom Ort entfernt, brachte ich es kurz hintereinander auf deren vier. Da lag eine nicht allzu große bis mannshohe Kiefernkultur, rings von Alt- und Stangenholz umgeben, an einem windgeschützten Südhang, durch eine tiefe Mulde von einem vorliegenden Rücken und der in bizarrem Buntsandsteinfelsen auslaufenden Nase getrennt. Und eben um diesen Erker herum führte der Steig zu dem erprobten Stand. Bei der Hellhörigkeit des Fuchses mußte man jeweils nur sehen, die letzten zwanzig Schritte nach Verlassen der überriegelnden und abschirmenden Deckung des Grates lautlos hinter sich zu bringen.

In der Regel standen die Füchse wie jenes sprichwörtliche Projektil aus der Handfeuerwaffe zu, kaum daß man den Daumen vom Mund genommen. Nur in einigen Fällen schnürten sie bedächtig heran. Und nur ganz selten kam einer vorsichtig oder gar mißtrauisch angepirscht. Solch einen Pirschgang konnte ich einmal genau und mit Genuß beobachten und verfolgen. Ich suchte mir eine der hier häufigen vorspringenden Felsplatten des mittleren Buntsandsteins aus, unter der eine süd- und südwesthängige Kieferndickung lag. Als ich nach vorsichtigem Anstieg im lockeren Schnee meine weitsichtige Naturkanzel erreicht hatte und den Kopf behutsam über den Rand der Felsbank schob, sah ich an der unteren Spitze des Kulturgeviertes auf gut 130 Gänge einen Fuchs. Nach den ersten Klagelauten hob er interessiert den Kopf und äugte lange zu mir herauf. Erst nach sichtlich zweifelgeplagter Überlegungen und gründlicher Prüfung setzte er sich langsam in Bewegung. Schritt für Schritt, immer wieder verhoffend, zeitweise katzengeduckt schleichend, kam er in zahlreichen Serpentinen den Hang herauf. Erst nach einer reichlichen halben Stunde warf der grobe Hagel den auffallend brandroten Schlaumeier in den dunkelgrünen Jungwuchs der Randstreifen.

Sogar zu einer Dublette hätte es beinahe einmal gelangt. Es war ein strahlend schöner, früher Januarnachmittag, so um die Zeit, da ich es immer anzugehen pflegte. Kaum hatte ich jenen so ergiebigen Platz erreicht und das jammernde Geschrei erschallen lassen, kam vom besonnten Gegenhang ein sehr starker Fuchs hochflüchtig herab, stichgerade auf mich zu. Gleichzeitig hörte ich es halblinks in den mit Fichten durchstellten Buchenstangen leise rascheln und knistern. Ein blitzschneller Seitenblick bestätigte mir, daß auch von dort ein Fuchs im Anschnüren war. Der Wind stand aus dieser Richtung, war also in jedem Falle gut. Ich wußte das genau, ich hatte vorhin in aller Ruhe eine Zigarette geraucht. Beim Samiel und seinen Helfern! Was tun? Das war schon eine vertrackte Lage. Bei aller drängenden Eile liebäugelte ich mit dem Gedanken an eine Dublette. Aber nur einiger Herzschläge Dauer lang, dann mußte die Flinte entscheidend eingreifen. Und so ließ ich den ersten auf nahe Entfernung in die volle Schrotgarbe laufen, in der er ohne Muck und Zuck zusammensackte.

Hastig riß ich die Sechzehnerin nach links herum. Aber jener zweite Ankömmling huschte schon in windender Fahrt durch das enge Gestänge zurück. So verzichtete ich darauf, ihm den groben Einserhagel nachprasseln zu lassen, dabei die Fichten und Buchen mit größter Wahrscheinlichkeit nutzlos mit Blei zu spicken.

Noch einmal, Jahre später, schon hier im Forstamt Merzalben, glaubte ich, solch drängender Situation nahe zu sein. An einem frühen Abend, Ende Jänner, saß ich auf der Kanzel an der großen Suhle im „Kleinen Mühlenberg". Rings speergerade Eichenbaumhölzer und sich in natürlicher, soweit notwendig künstlich ergänzter und mit Nadelholz bereicherter Verjüngung auflösende Buchendome. Schon nach den ersten Klagetönen raschelte es vor mir im mannshohen, dichten Buchenjungwuchs. Gleichzeitig kraspelte es in der gefrorenen Laubstreu des unterholzreichen Eichenbaumholzes hinter mir. Ich war in Bedrängnis. Wohin sollte ich mich zuerst wenden? Aber die Entscheidung fiel unverzüglich. Während ich einen raschen Seitenblick nach hinten und nach unten warf, sah ich den anwechselnden vermeintlichen Fuchs nahe der Kanzelleiter sitzen – einen starken Waldhasen. Sicher eine alte Häsin. Es war nicht das erste Mal, daß mir ein Mümmelmann zustand. So konnte ich mein Augenmerk nach vorne richten. Da kam Reineke, ein schwacher knallroter, schon eilig gegen den Rand der Buchennaturverjüngung herangeschnürt. Ich machte mich fertig. Sobald er den Jungwuchs verließ und mir seine Breitseite bot, würde der Finger das Züngel lösen. Aber er verhielt am Rande, halbgedeckt durch einige Buchenstauden und Junglärchen. Ich konnte mich nicht zum Schuß entschließen. Ich hatte schon einmal – und zwar eben an dieser Stelle – in der sicheren Erwartung, daß die Einserschrote den tödlichen Weg zum Wildkörper finden würden, einen Fuchs unter ganz ähnlichen Bedingungen beschossen – und verloren. Das war mir an die Nieren gegangen. Ein zweites Mal passierte mir das nicht mehr! Lieber entkam mir der Rote unbeschossen. Aber die Schutzheiligen belohnten meine Zurückhaltung. Der Fuchs setzte sich in Bewegung, verließ die Deckung. Noch ein paar Schritte frei und breit am Saum der Jungwüchse entlang – dann bettete ihn der grobe Hagel aus der verläßlichen Bockbüchsflinte in den weichen, mürben, kranken Schnee.

An sonnigen Tagen kann man dem Fuchs auch auf dem Feld, besonders in Waldnähe, beikommen. Er beschäftigt sich dort, vornehmlich in langen, schneereichen Wintern, mit der Mäusejagd. Eines klaren Februarnachmittags in einem ausnahmsweise langen und strengen Winter war ich auf dem Weg zu einem gegen den schneidenden Nordwind geschützten Alteichenbestand. Vielleicht saß ein Fuchs in den überriegelnden Felsen am Südhang und genoß die Strahlen der noch zagen, aber doch balgwärmenden Wintersonne. Oder in der nahen Kieferndickung? Dort am ehesten. Aber ich kam gar nicht so weit. Wie ich so langsam und lautlos durch den weichen Pulverschnee der vorgelagerten Feldgewanne gegen den Wald zuschritt, gerade eine Kulisse angeflogener, wolfiger Kiefern der eingesprengten privaten Vorhölzer durchquerte, erstarrte ich jäh. Auf etwa 150 Gänge stand schon einer auf der übersonnten, grell rückstrahlenden Schneefläche. Mir fiel sofort auf, daß der starke Fuchs ganz dunkel, fast schwarz erschien. Er befand sich auf Mäusepirsch. Ich drückte mich hinter eine Bodenwelle, schob mich dann seitlich ein paar Schritte vor, nahm hinter einer buschigen Eiche Dekkung und fing an zu quäken. Ruckartig fuhr der Fuchs herum, fegte in weiten, federnden Fluchten heran, verfiel in gemächlichen, fast hoppelnden Trab – und versank lautlos im gedämpften Knall des Schrotschusses.

Ich hatte mich beim ersten Anblick nicht getäuscht. Was da vor mir im blendenden weißblauen Schnee lag, das war schon ein ganz seltenes Exemplar mit einem schwarzseiden glänzend überrußten Balg und einer brombeerfarbenen Nackenmulde, nicht reiner Kohlfuchs, auch ein Stück Kreuzfuchs dabei. Auch heute noch, von einer seriösen, verläßlichen Firma und einem hervorragenden Fachmann unter geschmackvoller Farbenauswahl und -verteilung in eine prachtvolle Decke aus erstklassigen, seidenweichen Winterbälgen hineinverarbeitet, fällt er jedem sachkundigen Besucher sofort auf und findet ungeteilte Bewunderung. Die Variationsbreite der Farben ist hier, wie beim Fuchsbalg überhaupt, außerordentlich groß, von hellgelb-weißen über typisch füchsisch brandroten bis zum dunklen, schwarz gestäubten Ton, manche mit silbrigem Reif überzogen, andere mit dunkelrotem Rückenstreif.

Die zu dieser Decke verwendeten, von mir erbeuteten Bälge streifte ich selbst und behandelte sie bis zur Fertigung sehr sorgfältig. Darum fielen sie auch so schön und seidig aus. Dies ist sehr wichtig, ja entscheidend für die Qualität einer Fuchsdecke.

Auch dieser Beute gebührte die Ehre eines blauduftenden Totengedenkens und Sühneopfers. Ich erwies sie ihr. Rümpfe keiner die Nase ob dieser Zeremonie, verzichte er auf den moralisierenden, belehrend erhobenen Zeigefinger, lasse er jeden Jäger, den betonten und geborenen Individualisten, nennen und halten, wie er es will!

Auch der Fuchs ist ein edles Wild, mag er auch zum Fußvolk des Niederwildes gerechnet und von einem Teil dieser komischen Menschheit den verruchten, zu vernichtenden Schädlingen zugezählt werden. Auch er ist eine Kreatur der Schöpfung, die in ihrem ausgeglichenen Haushalt ihren Platz und ihre Aufgabe hat.

Nach besinnlicher Pause schränkte ich meiner Beute die Hinterläufe, hängte sie über den auch in diesem Landstrich nie fehlenden Bergstock aus dem Haselholz der Heimat, schulterte diesen und schlenderte langsam dem weit abgestellten Wagen, dem vergötterten, dem vergötzten und doch so unheilumwitterten, aber leider unentbehrlich gewordenen Kind, der heiligen Kuh des technischen Zeitalters, zu. Blendglast der Sonne im Rückwurf der strahlenden Eiskristalle; im verschleierten Schönwetterdunst blinkten die verschneiten Kuppen und Köpfe, Rücken und Grate des frosterstarrten Waldgebirges, dazwischen lagen die blau einschattenden Täler, in Schlaf und Traum versunken die stillen, weiten Wälder. Die Landschaft ist für mich ein offenes Buch. Liegt heute trotz aller lichten Helle doch ein schwermütiger Zug in ihrem Gesicht: van Breughel, Eichendorff, Schubert, feiner Zusammenklang von Farbe, Ton und Wort. Was wäre die Jagd ohne diese Aspekte, diese Vergleiche, ohne diese Beziehungen und Hintergründe, ohne Stimmung?

Nicht immer geht es so glatt und einfach. Manchmal entwickeln sich überraschende Schwierigkeiten und unerwartete Komplikationen, so auch dann, wenn der Rote schnurgerade auf den Schützen zukommt. Der Schuß spitz von vorne ist bei zwei Wildarten besonders ungut: bei Fuchs und Sau. Ich mußte da in meinen jagdlichen Anfängen selbst böses Lehrgeld bezahlen. Der Fuchs mit seiner dichten Unterwolle braucht einen gut deckenden Schuß mit grobem, durchschlagendem Schrot. Man muß sich also auch in der Schußentfernung bescheiden.

Sonniges, windstilles Wetter ist, wie schon betont, für das Fuchsreizen am günstigsten. Doch kann man ab und zu auch bei anderer Witterungskonstellation zum Erfolg kommen. Das erlebte ich mehrmals. Die örtlichen Bedingungen müssen dann allerdings besonders günstig gelagert sein.

Eines trüben, wolkenverhangenen, jedoch niederschlagsfreien Spätnachmittags Mitte Januar kehrte ich von ausgedehntem Dienstgang müde nach Hause zurück. Aus Nordwesten blies eine kalte Brise. Es roch nach Schnee. Schon fielen, sich zunehmend zu weißen Wirbeln verdichtend, die ersten Schneeflocken. Ich kam an einer ausgedehnten, geschlossenen Kieferndikkung vorbei. Man konnte es ja noch schnell versuchen! Ich stellte mich daher an dem lichten Altholzrand an, der durch einen tiefen Wegeinschnitt von der Kultur getrennt war. Kaum hatte ich die erste Strophe beendet, da raschelte es vor mir in den buchendurchsetzten Jungkiefern, sauste es rotgelb aus dem Dunkelgrün und Lederbraun, überfiel ein starker Fuchs die Wegmulde, um im Schall des Schrotschusses sein Testament zu machen.

Wie schon angedeutet, fehlt es auch – oder gerade – beim Fuchsreizen nicht an überraschenden, an spannenden, erregenden Augenblicken, an kritischen Lagen und verzwickten Situationen.

Eines sonnendurchleuchteten späten Januarvormittags reizte ich hier, mitten im Herzen des Waldgebietes, auf einer nicht allzu hohen Kanzel, von der aus der Hagel schon manchen Fuchs in den Winterschnee bettete. Rings die ausgedehnten Verjüngungsflächen von Buche, Eiche und Nadelholz auf breithingelagerter Hochfläche. Die Kanzel stand mit guter Rundsicht in einem Altholzrest am Verjüngungsrand. Kaum hatte ich mit meiner Musik begonnen, sah ich schon einen Roten auf einem Abfuhrweg heranschnüren. Ziemlich eilig kam er direkt auf mein Podest zu. Instinktiv und gedankenschnell merkte ich mir die Grenzen des verläßlichen Schußbereiches. Kaum hatte er diese erreicht, verhielt Reineke jäh. Ich lag schon im Anschlag. Natürlich hätten ihn Schrote aus dem vorzüglich schießenden glatten Lauf gefaßt. Aber ein Schuß spitz von vorne? Nein! Ich beherrschte mich. Der Stachel böser Erfahrung saß im Fleisch. Ich hielt mich bereit. Einmal würde der beutelüsterne Raubritter ja seinen Standort verändern, näher kommen oder seitwärts abdrehen ... Er rührte sich nicht. Bei Sankt Hubert und den anderen Schutzheiligen! Nahm denn diese Spannung und Folter gar kein Ende? In dem Augenblick etwa, in dem der Fuchs sich wenden und seine Breitseite bieten würde, mußte der Finger blitzschnell das Züngel ziehen. Und so kam es. Irgendwie mußte ,,vulpes canis" mißtrauisch geworden sein, vielleicht durch eine verdächtige Prise menschlicher Wittrung. An den Altholzkulissen küselte der Wind gerne und bildete unberechenbare Luftwirbel. Mit plötzlichem Ruck warf sich der Fuchs zur Seite. Aber gleichzeitig patschte der schneegedämpfte Schrotschuß. Luntenschlagend, schnellend, torkelnd purzelte und rutschte der Rotrock gegen den Wegrand. Rasch nachgeblitzt ... Ich sagte es schon und wiederhole es warnend immer wieder: Bei Brunfthirsch, Sau und Fuchs sollte man nicht lange säumen!

Über Donner und störendem Aufruhr schloß sich die göttliche Stille. Da lag er nun, Meister Reineke, ausgelöscht, still im pulverigen Weiß, als Beute so beachtenswert und so gewichtig wie ein Stück Wild der hohen Jagd, als Tier auch im Tode noch ein Prachtstück der freigebigen Schöpfung. Das eindrucksvolle harmonische Farbenspiel des winterlich weichen, dicht geschlossenen, nun sonnig überstrahlten Haarkleides, das im schrägen Lichtwurf aufglühende Altgold, der lockere, rußdunkle Schattenfleck im Nacken mit seinen gamsbartschwarzen Grannenhaaren, scharf davon abgehoben das hermelinene Weiß des Kehlgrundes und des Brustlatzes, das satte Graubraun der dicken, kohlenstaubig überpuderten, weißquastigen Lunte. Bezaubernd schließlich der listige Ausdruck seiner über verkniffen zahnendem Spitzfang lauernden Visage, das schelmische Gesicht.

Wie ich so hingegeben meiner duftenden Zigarette aus balkanischer Erde diesen Anblick genoß, mußte ich still vor mich hinlachen. Aber ich fragte mich auch skeptisch, wie viele Jäger dieses schöne, eindrucksvolle Bild im Abklingen des erfüllten Beutewunsches eingehend und bewußt betrachten.

Der Fuchs kann für sich in Anspruch nehmen, ein volkstümliches Wild zu sein. In Fabel, Sage und Märchen, in Dichtung und Volkslied wird seine Schlauheit und Verschlagenheit hervorgehoben, oft allzusehr vermenschlicht, an jeweilige Anschauungen angepaßt, abschätzig als lumpiger Strauchdieb verurteilt, als heimtückischer Bösewicht angeprangert, schwankt sein Charakterbild beim großen Publikum im Laufe der Zeiten.

Schon Ende des 15. Jahrhunderts verlieh ihm Hermann Bote in seinem „Reinke de Vos" symbolhaft diabolische Züge. Sogar der große Olympier Goethe gesellte sich diesen abwertenden Stimmen bei, machte ihn aber dabei in seinem „Reineke Fuchs" unsterblich. Auch der gute alte Brehm und andere Naturforscher trugen zu diesem Eindruck bei, wobei aber hervorgehoben werden muß, daß Brehm erstmals eine Lanze für den Fuchs brach.

Über viele phantasievolle Erzählungen, die einstmals als bare Münze genommen wurden, können wir heute nur lächeln, so etwa über einen Bericht des alten Geßner: „Ist ein listig, boßhaftig und fürwitzig Tier. Den Igel kehrt er sattlich umb und beseicht ihm den Kopf, von welchem er dann erstickt."

Die spätere, unvoreingenommene, nüchterne, biologisch untermauerte, natur- und jagdwissenschaftliche Betrachtung, besonders die Verhaltensforschung, ebenso die im praktischen Jagdbetrieb angestellten Beobachtungen und gesammelten Erfahrungen stellten seine unverzichtbare, wohlausgewogene Rolle im Naturhaushalt versachlichend dar.

Auch die Jagdliteratur der letzten Jahrzehnte rückte dieses schief hängende Bild erfreulicherweise zurecht.

Schließlich nahm sich die darstellende jagdliche Kunst seiner ausgiebig an. Kein Wunder! Welch lebendiger, anregender, dankbarer Vorwurf für die Meister der Farbe! Ich will – pars pro toto – ein paar besonders eingängige und ausdrucksvolle Werke herausgreifen. K. Wagner zuerst. Das geradezu klassische Prokofjewsche Gemälde der ranzenden Füchse. Liederleys Winterfuchs am Bach. Hohlweins entzückende Federzeichnung. Des leider viel zu wenig bekannten und beachteten Allgäuer Landsmannes Eugen Ludwig Höß sprechende Aquarelle. Ich freue mich jedesmal, wenn ich die beiden lebensvollen Konterfeis in meinem Arbeitszimmer betrachte. Aus der jüngsten Zeit stammt ein großartiger, lebensechter Wurf von Willy Ludwig.

Und noch etwas! Hat der Ruf und Ruhm des Fuchses nicht auch in den menschlichen Bereich hereingespielt? Hat der dort nicht sein symbolhaftes Gegenstück gefunden? Wären wir in unserer gleichgeschalteten, gleichgerichteten, nivellierten Massengesellschaft nicht um einen originellen, interessanten, markanten Typ ärmer, wenn aus dem Panoptikum der tausend menschlichen Normalgesichter die köstliche Physiognomie des „alten Fuchses" verschwände?

Und noch ein weiteres und letztes, das für die entzückende Reizjagd spricht! Unsere heutige, leider auch aus einem Modetrend heraus zahlenmäßig allzu hoch angeschwollene Jägergeneration, besonders die nachfolgende junge, muß zwangsläufig in ihrer Mehrheit die jägerisch-beuterischen Ansprüche senken. Sie ist bescheidener geworden als ihre Vorläufer, die teilweise noch aus dem vollen schöpften. Viele bangen sogar um die Möglichkeit, Jagdgelegenheit zu bekommen. Das bejagbare Wild ist zur Zahl der Jagdscheininhaber in ein grobes Mißverhältnis geraten. Aber gerade für einen jungen, von der Knochen- und Hornsucht noch nicht angekränkelten Jäger konnte bei dem schon aus hegerischen, heute aber im Zeichen der sich zäh haltenden und immer wieder neu aufflammenden und sich ausbreitenden Tollwut dringenden und berechtigten Gebot der scharfen Bejagung und Kurzhaltung des Fuchses, nach entsprechender, sachverständiger, leider allzu seltener Anleitung, Gelegenheit zu reizvollem, zu erfüllendem Waidwerk geboten werden.

Wenn dann einer von ihnen mit jägerischem Können und nicht unberechtigtem Stolz so einen Rotrock überlistet hat und seine ansehnliche Beute freudestrahlend aus dem silberflimmernden, golden überhauchten Schnee hebt, dann ist sein jagdliches Erlebnis voll gültig, oft weit echter, tiefer, lauterer und beständiger als das hohle Empfinden jenes Jagdscheininhabers, der, vom führenden Jäger an der Strippe gezogen oder im Wagen gefahren, günstig an den punktstrotzenden Osthirsch oder gar an den halbzahmen Gatterhirsch gebracht wird, dann nach dem mehr oder minder leichten Schuß mit gönnerhaftem, überall abstoßendem Gehabe, mit geschwellter Brust und nicht weniger geschwollener Brieftasche an das gestreckte Statussymbol herantritt, um sich rasch einem neuen Opfer seines Geltungsdranges zuwenden zu können und um schließlich mit dem augenfällig auf dem protzigen Straßenkreuzer postierten und montierten Siegeszeichen wieder in die Niederungen der satten, ungesunden Wohlstandsgesellschaft zurückzukehren. Dort aber zieren die Prunkstücke und Schauobjekte die Wände, um mehr oder minder sachunkundigen Besuchern als Zeichen angehobenen Jägertums vorgezeigt zu werden.

Damit da keine Mißverständnisse aufkommen! Es wäre ungerecht und unfair, alle Auslandsjäger zu jener seltsamen Kategorie von „Neujägern" zu zählen! Viele sind von natürlicher, echter Passion erfüllt, ihre Wünsche ausschließlich jägerisch bestimmt. Aber jene unseligen Typen drängten sich in einem für sie günstigen Gesellschaftsklima leider rücksichtslos nach vorne und fügten dem Ansehen des Waidwerks und der Jägerschaft größeren Schaden zu, als je durch eine rührige „Öffentlichkeitsarbeit" wettgemacht werden kann.

Demgegenüber braucht der Jäger, der bei sauberem, feinem, „kleinem" Waidwerk sein Genüge findet, sich nicht minderwertig zu fühlen. Im Gegenteil! Ich wiederhole es! Auf das innere Erlebnis kommt es an, auf den Feingehalt, nicht auf Zahl, Masse, Punkte, Medaillen, Preise! Manche auf Schein und Schau bedachten Menschen bereisen die ganze Welt, um damit das Ansehen ihrer Person zu heben. Aber die geschauten Bilder rasen an ihnen vorbei, ohne einen bleibenden Eindruck zu hinterlassen. Nichts bleibt zurück als die Flugzeugtickets, die Schiffskarten und die gestillte Einbildung eines zufriedengestellten Wahns.

Und ein anderer, dem die materiellen Möglichkeiten zu solchem Luxus fehlen oder der kein Bedürfnis darnach hat, der sich damit begnügt, die immer noch vorhandenen, wenn auch meist verborgenen Köstlichkeiten und Wunder des engeren Lebensraumes zu suchen, seine Schätze und Schönheiten aufzuspüren und sie still zu genießen, der kommt erfüllt und beglückt nach Hause. Er hat den offenen Blick und das feine Gehör, er verfügt über die inneren Wellen, die diese Impulse aufnehmen und an das speichernde Gedächtnis weiterleiten. Er ist der wahrhaft Reiche! Das gilt auch für den Jäger, ja gerade für ihn.

Zwiesprache mit meinem Hund

Wenn ich, an meinem Schreibtisch sitzend, den Kopf hebe und durchs breite Fenster schaue, steht mitten im Blickfeld jenseits des bachdurchflossenen Merzalbtales breithingelagert der leicht eingesattelte Rücken des „Ameisenkopfes“. Rechts schließt sich die laubholzbestockte, rundkuppige Haube des „Kurzelbergs“ an. Brandrot fackeln die Buchen im schrägen Strahlenwurf der Herbstsonne. Zitronenfarben blühen die Eichen, goldgelb leuchten die Lärchenwimpel, kupferglühend die Stämme der Kiefern. In diese Farbenvielfalt mischt sich das Dunkelgrün breitkroniger Weißtannen und spitzgiebeliger Fichtenwipfel. Rüste des Tages, Rüste des Lebens. Blick aus dem Abend in den Abend.

Da knistert und knackt es leise im Zimmer. „Zorn“, der kräftige Bayerische Gebirgsschweißhundrüde, erhebt sich aus seinem Korblager, kommt ganz langsam zu mir her, legt seinen schönen Kopf mit der schwarzen, nun schon stark angegrauten Maske auf mein Knie und äugt mich unverwandt an. Sachte streiche ich ihm über die gefaltete Stirn und die samtweichen Behänge, Auftakt zu unserer einvernehmlichen Zwiesprache. Mit sichtlich zufriedenem Brummen quittiert er diese zärtliche Geste. Nicht ohne Rührung schaue ich zu ihm herab, dem Erz- und Leibhund des einzelgängerischen Jägers, und wiederhole dieses unmißverständliche Zeichen der Zuneigung. Gerade diesen Hund hatte ich besonders ins Herz geschlossen. Es würde der letzte sein, der mich auf meinem Jägerweg begleitet. Jeder Jäger, dem der Hund ein unentbehrlicher Gehilfe, mehr noch, ein Stück des Jägertums bedeutet, der sich mit ihm eingehend, eindringlich und einfühlend beschäftigt, wird mich verstehen. Gleich fing der Film unseres gemeinsamen Jäger- und Lebenswechsels an, vor dem inneren Auge der Erinnerung abzuspulen.

Ich weiß es noch so genau, als wäre es gestern gewesen, wie mir mein Schwiegersohn den „Zorn“, einen Sohn der bekannten und bewährten „Hella“, aus seinem Zwinger „vom Wasgau“ stammend, überbrachte. Noch am Vormittag fuhr ich mit dem Hund in den stillsten, entlegensten Teil des Forstamtes und stieg mit ihm den Weg durch den alteichenstarrenden Südhang des tief eingeschnittenen „Wüsttales“ zum geschichtsweisenden „Holländer Klotz“ und zur Weißenberghütte hinauf. Schmelzwarme Aprilsonne. Meisengeläut in den harzduftenden Douglasien, Kleiberpfiff von den bronzenen Stämmen der Altkiefern, Finkengeschmetter in den pfeilerschäftigen Buchen voll schwellender Knospen, Spechtgetrommel im krausen Kronengeäst der feinringigen, hellfarbenen, wertvollen Eichen. Ich setzte mich auf den besonnten Stammabschnitt einer Eiche am Wegrand. Da rückte der eben erst mein Eigentum gewordene Hund ganz nahe an mich heran, legte seinen edlen Kopf mit der scharf gezeichneten Maske auf mein Knie. Wie eben jetzt. Ebenso zart fuhr ich ihm mit der Hand über das weiche Haar und führte das erste Zwiegespräch mit ihm.

„Wir beide, wir gehören jetzt zusammen. Und wir werden uns gut verstehen und vertragen!"

Von da an schloß sich dieser scharfe und harte Rüde so eng und anhänglich an mich an, wie es keiner seiner ebenso unvergessenen, nicht weniger behüteten Vorgänger vermochte. Man konnte mit ihm reden wie mit einem Menschen. Und er bot seinerseits all seine sprachlichen Verständigungsmöglichkeiten auf, mir in verschiedenen Lautäußerungen zu antworten. Solch intensive, spontane, nicht angelernte stimmliche Unterhaltung zwischen Herr und Hund beobachtete ich bisher nur in meinem Elternhause bei unserer literarisch schon gerühmten Bracke „Buschmann". Dieser erste Ansatz der sprachlichen Annäherung blieb auch beim „Zorn" ein ganzes, leider kurzes Hundeleben lang erhalten, entwickelte, verstärkte sich sogar noch in seinen alten Tagen. Auch meiner Frau gegenüber zeigte er betonte Anhänglichkeit.

Ich lasse es mir nicht nehmen! Mögen auch Jagdpäpste, mögen auch stramme und strenge Experten unter den Hundemännern mit der These und Theorie, nur Instinkt und Abrichtung bestimmten das Handeln eines Hundes, heftig widersprechen. Ich freue mich, daß ein bekannter Kenner und Könner auf diesem Gebiet mir in einem Beitrag in der jagdlichen Presse beipflichtete.

Auch der Hund ist ein beseeltes, denkendes Wesen. Man muß nur verstehen, diese Seele anzusprechen und zu wecken. Nur bei Hunden, die eng mit dem Menschen zusammenleben und zusammenarbeiten, wird dies gelingen. Hunde, die ihr Dasein nur oder überwiegend im Zwinger verbringen, können solche Vollkommenheit wohl kaum erreichen.

Die Grundbegriffe hatte ja schon mein Schwiegersohn, ein unbestrittener Hundesachverständiger von Rang, dem „Zorn" beigebracht. Mir oblag nur noch die verfeinernde Nacharbeit, die Aufgabe, ihn auf der künstlichen Schweißfährte und auf der kalten Gesundfährte für die praktische Arbeit vorzubereiten.

Natürlich stand von vornherein fest, daß dieser Schweißhund so gut wie ausschließlich meinem persönlichen Waidwerken zur Verfügung stehen würde. Der Vorstand eines so großen, vielseitigen und wertvollen Forstamtes wie Merzalben, der zudem noch die Schwelle des Sechziger überschritten hatte, konnte und kann sich nicht als Schweißhundführer bei Nachsuchen in anderen Revieren betätigen. Dafür standen und stehen ja auch andere erprobte junge Forstleute wie die staatlichen Revierbeamten Gappa, Jäger, Schober – um nur einige zu nennen – zur Verfügung.

Bei dem kräftigen, muskulösen, hochflüchtigen Rüden hatte sich das Brackenerbe des Bayerischen Gebirgsschweißhundes in seinem Temperament, seiner Art und in einem kleinen weißen Brustfleck unübersehbar herausgemendelt. Das ist für einen Gebirgsschweißhund kein Nachteil! Er ist ja auch vielseitiger als der ausschließlich auf Hochwild spezialisierte Hannoveraner. Vielfach wird seine Spur-, d. h. Fährtentreue, auf der Hasenspur erprobt. Einen erfahrenen und bewährten „Bayerischen" kann man ja auch auf der Wundfährte des Rehwildes einsetzen, ohne ihn zu verderben. So erledigte zum Beispiel der ganz hervorragende, weithin bekannte „Falk" von Forstamtmann Gappa auch solche Arbeiten in souveräner Form. In diesem Punkt muß ich den Altmeistern Gussone und Frevert widersprechen, die sich ausschließlich nach dem Hannoveraner orientierten.

Was dann der „Zorn" in meiner Hand bei der praktischen Arbeit anzuwenden und zu zeigen hatte, fiel zu meiner Zufriedenheit aus. Es waren neben ein paar Bravourstücken Totsuchen auf mehrere Stück Kahlwild, geringe Hirsche und Sauen. Am langen Riemen war er ein bedächtiger Geselle. Von seinen „Meisterstücken" erzählte ich schon in „Pirsch am Abend".

Auch beim heutigen Stand der Waffentechnik bricht nicht alles beschossene Wild im Feuer oder in Sichtweite zusammen. Auch nicht bei guten Schüssen. Besonders Sauen! Wo sich da und dort einmal eine günstige Gelegenheit bot, eine kalte Fährte, ja auch eine Hasenspur, auszuarbeiten, nahm ich sie wahr. Große Suchenberichte kann ich also nicht erstatten. Aber das alles genügte mir für mein persönliches jagdliches Wirken. Ein einzelgängerischer Allgäuer hat nun einmal seinen auch stammesbedingt eigenwilligen Kopf und Stil.

Beteiligung an organisierten Suchen schied für mich aus, und an der Gewinnung von Preisen war mir nicht gelegen. Dies soll aber keine Abwertung der nützlichen und unerläßlichen Arbeit der jagdlichen Verbände sein. Im Gegenteil! Ich müßte ja meine eigene Mitgliedschaft in Frage stellen! Aber sie muß in der Hauptsache jüngeren, aufsteigenden Kräften überlassen sein.

Diese enge, ausschließlich einseitige Bindung an mich – „Zorn" kam nur ab und zu mit ein paar ihm bekannten und vertrauten Schweißhunden zusammen – mögen wohl die Hauptursache gewesen sein, seine aus angeborener Schärfe erwachsene Unduldsamkeit gegenüber anderen Hunden bis zu bissiger Unverträglichkeit zu steigern, die für Teckel und andere kleine Hunderassen zu einer tödlichen Gefahr werden konnte. Ich paßte auf und hatte den Hund im Griff. So passierte kein ernsthafter Unfall. Wenn aber meine Frau in meiner Abwesenheit den notwendigen Waldgang mit ihm machte und einem Menschen mit Hund begegnete, hatte sie alle Mühe, den kräftigen Rüden zu bändigen. Was mag da auch noch an Regung mitgespielt haben, die wir Menschen als Eifersucht bezeichnen?

Ich maße mir nicht an, ein Spezialist und ausgekochter Experte in Hundefragen zu sein. Und sicherlich verstieß ich, ein ausgeprägter Individualist, bei der Erziehung des mir so sympathischen Hundes manchmal gegen die Statuten des hundemännischen Katechismus, machte Fehler, vielleicht sogar grobe. Das will ich gerne einräumen. Keiner ist unfehlbar. Aber ich hatte diesen mir besonders gut liegenden Hund ja auch nur für meine ganz persönliche Verwendung.

Auch die schon vorhin genannte Bracke „Buschmann", die eine ähnliche enge Bindung an meinen Vater hatte, war gegenüber anderen Hunden ein unverträglicher Raufer. Irgendwie dürfte dieses Verhalten mit der hundlichen Besitzstandswahrung zusammenhängen. Wissenschaft und Verhaltensforschung könnten wohl eine treffender begründete Erklärung dafür geben. Zwar verfolgte ich deren Verlautbarungen mit Interesse. Ich vergleiche sie aber kritisch mit meinen eigenen Beobachtungen und Erfahrungen in der rauhen Praxis. Da will ich gleich offen und ehrlich gestehen, bei allem Respekt vor dem belehrenden Katheder ist meine diesbezügliche Gläubigkeit auch auf dem Gebiet der Kynologie und verwandter Bereiche nicht unbegrenzt. Auch hier hat sich schon manches als unumstößlich geltende Dogma als anfechtbar erwiesen.

In seinem Buch „Das sogenannte Böse" stellte der Vater der modernen Ethnologie, Professor Konrad Lorenz, fest, jede Tierart, deren Waffen für einen Artgenossen lebensgefährlich werden könnten, sei mit ausreichenden Hemmungen ausgestattet, um die Selbstvernichtung der Art zu verhindern. Tiere begingen keinen Mord an Artgenossen. Unrühmliche Ausnahme sei allein der Mensch.

Aber wie auch andere Thesen und Theorien des berühmten Verhaltensforschers gerät auch diese unter den Beschuß des Widerspruches. In einem

Essay in der Augustnummer 1976 der großen Tageszeitung „Die Welt“ wird deren Richtigkeit bestritten.

„Dieses Bild hat jetzt Risse bekommen. Die Liste der Tiere, die Artgenossen nicht aus Nahrungsgewinn, sondern aus anderen egoistischen Gründen heraus umbringen, umfaßt mittlerweile verschiedene Arten.“ Kann der Jäger dieser Erkenntnis nicht beipflichten?

Offenbar gehört auch der Hund dazu. Und wie sind die tödlichen Einstandskämpfe der Rehböcke, die nicht immer ungefährlichen Auseinandersetzungen in der Brunftzeit verschiedener Schalenwildarten zu beurteilen? In den Begriff „Mord“ im menschlich-juristischen Sinn lassen sie sich freilich keinesfalls einordnen.

Noch etwas fiel mir beim „Zorn“ auf. Je länger und stärker uns das Zusammenleben verband, desto drohender wurde seine Haltung fremden Personen gegenüber, die sich mir näherten. In erster Linie außerhalb des Wohnbereiches. Ich hätte niemandem geraten, handgreiflich mit mir zu werden. Eines Tages begegnete ich bei einem Waldbegang einem mir wohlvertrauten, ihm aber unbekannten Jäger. Der trat auf mich zu und streckte mir die Hand zur Begrüßung entgegen. Und schon hatte ihn der Hund, blitzschnell zugreifend, am Arm gepackt. Uns ganz am Ende des Dorfes und am Waldrand Wohnenden war es gar nicht so unlieb, daß sich diese Eigenschaft weithin herumsprach und in den „Dorfzeitungen“ vor diesem bösen Hund gewarnt wurde. Die Zeiten sind nicht so friedlich.

Unentwegt beobachtete mich der vierbeinige Freund während dieser Rückschau, bei der Abschweifung auf andere naheliegende Gebiete. Als ich mich zu ihm hinunterbeuge und ihm sachte den schöngeschnittenen Kopf tätschle, klopft er verstehend mit seiner langen Rute auf die Wilddecke, auf der zu meinen Füßen zu liegen ihm sichtlich besonderes Wohlbehagen bereitet.

Da kam mir, von der Wiege an immer von Hunden umgeben und begleitet, die enge Verbindung mit diesem allerersten Jagdgehilfen des Menschen wieder einmal so recht deutlich zu Bewußtsein. Ein Jägerleben ohne Hund, das schien mir undenkbar. Und auch im Ausklang, ohne tätige Jagdausübung, würde ich ihn schwer vermissen.

Allerdings erleichterten meine Lebensumstände die ständige enge Gemeinschaft von Jäger und Hund. Nun leben aber gerade heute, bei der zeitbedingten menschlichen Zusammenballung, viele Jäger, Stadtbewohner zumal, unter persönlichen Bedingungen und unter beengten Raumverhältnissen, die eine Hundehaltung unmöglich machen: sie zum mindesten außerordentlich erschweren. Sie kann unter solchen Umständen eine untragbare und unerträgliche Belastung werden, für Hund und Jäger, für dessen Familie, für ersteren sogar eine Quälerei.

Die Tierhaltung im Machtbereich des Menschen ist ohnehin ein problematisches, weiterhin sogar ausgesprochen betrübliches, vielfach sehr trauriges Kapitel, wobei die ganze Skala der negativen menschlichen Eigenschaften von der Unwissenheit und Dummheit an bis zur sadistischen Brutalität und grausamen Gewinnsucht zur Auswirkung kommt. Der Fernsehjournalist Horst Stern, uns Jägern leider – von der Sache her völlig unnötigerweise – nicht immer gut gesinnt und daher nicht in freundlicher Erinnerung, griff diesen barbarischen Mißbrauch auf und mit vollem Rechte scharf an.

Natürlich geht es bei der „Erziehung" eines Jagdhundes nicht ohne Anwendung von Zwang und oft, je nach der Wesensart des Hundes, abgestufter Härte ab. Mit „antiautoritärer Erziehung", wie sie die Menschen unter sich mit so hinreißendem, nachhaltigem Erfolg proben, kommen wir Jäger dabei nicht aus! Auch bei meinen Hunden konnte ich in ihren Anfängen auf Zwang und Härte nicht ganz verzichten. Aber sie darf nicht in Quälerei ausarten. Leider wird dieser Grundsatz zum Schaden des Ganzen nicht von allen Jägern eingehalten. Ich stellte schon Beobachtungen an, die mir die Zornesröte ins Gesicht trieben. Ich meine, so wie der Jäger mit seinem Hund umgeht, so kann man auch seine Qualitäten beurteilen, in jägerischer Hinsicht – und in menschlicher.

Die da und dort in übertriebenem Eifer erhobene Forderung, jeder waidgerechte Jäger sei zur Haltung eines brauchbaren Hundes verpflichtet, schießt übers Ziel hinaus. Sie ist unrealistisch, unerfüllbar, unzweckmäßig und in Hochwildrevieren sogar grundfalsch. Weder dem Herrn ist damit gedient noch dem Hund. Und schon gar nicht der Jagd. Allein schon die Abrichtung und Führung bis zur Erreichung der Brauchbarkeit, von fortgeschrittenen Leistungen, von Vollkommenheit gar nicht zu reden, bedarf der regelmäßigen Übung, der Förderung, der Erfahrung. Vielen Jägern verwehren Beruf und Wohnlage die Möglichkeit und Gelegenheit dazu. Jedem Revier eine ausreichende Zahl stets zur Verfügung stehender, brauchbarer Hunde! So muß die praktikable Forderung lauten. In Hochwildrevieren wäre sie noch zu präzisieren. Nicht zu viele Schweißhunde! Das wäre schädlich. Gerade der Schweißhund muß seine Routine in ständiger Praxis erhalten, ergänzen und erweitern, um zur vollen Entfaltung seines überragenden Leistungsvermögens als Spezialist zu kommen. Deshalb muß ihm laufende Gelegenheit zum Nachsuchen gegeben sein.

Nicht weniger wichtig aber ist der passionierte, körperlich leistungsfähige, unermüdliche und fachkundige Führer. Solche sind selten. Ich weiß genau zu ermessen, welches Ausmaß an Mühe mit der Abrichtung eines Schweißhundes verbunden ist, welchen Aufwand an Zeit und körperlichen Anforderungen die Führung eines Hundes beansprucht. Von einem gewissen Alter an, je nach der physischen Konstitution verschieden, hört dieses Vergnügen einfach auf. Neben den Berufsjägern sind die meisten Schweißhundführer jüngere Forstbeamte. Die Verwaltung sollte hierauf die gebührende Rücksicht nehmen.

Und wieder erhebt sich der „Zorn" von der harschen Wilddecke unter dem Schreibtisch. Aber er dreht sich nur fünf-, sechsmal um seine Achse, ehe er sich jäh mit einem wohligen Seufzer wieder auf sein geliebtes, sogar vor seinem warmen Korb bevorzugtes Lager niederläßt.

Weiter spult sich der Lebensfaden ab, wandert der inwendige Blick zurück zu seinen Vorgängern, die mir alle ans Herz gewachsen waren, die unvergeßlich geblieben sind.

Da war der erste, der „Alb", der kräftige Gebirgsschweißhundrüde aus dem heimatlichen Allgäu, aus dem Kleinen Walsertal, der mir in die weiten westlichen Waldberge nachfolgte. Ihn stellte ich schon in einem anderen Kapitel vor. Hatte es sein Herr, ein echter, hartköpfiger Allgäuer, nicht leicht, sich in der stammesmäßig fremden, völlig anders gearteten menschlichen und jagdlichen Umgebung einzuleben, einzugewöhnen, zurechtzufinden und sich erst nach und nach unter Überwindung zäher Widerstände mit seinen neuen, der Einstellung des einzelgängerischen Hochgebirgsjägers entsprungenen Anschauungen, besonders auf dem Gebiet der Schwarzwildbejagung, durchzusetzen, so paßte sein roter Geselle gut dazu. Denn bisher war das Mittelgebirge Pfälzer Wald eine Domäne des Wachtelhundes, des Schützlings des bekannten Wachtelvaters R. F., eines meiner Vorgänger am Forstamt Merzalben. Damals waren die jagdlichen Verhältnisse in diesem Waldgebirge noch anders gelagert. Der zwar nie ganz ausgelöschte, aber auf völlig unbedeutende Reste zusammengeschmolzene, praktisch also nun neubegründete Rotwildbestand war noch sehr klein. Die Bejagung des Schwarzwildes, angeheizt durch die Wildschadensklagen auf weitgehendem Splitterbesitz, vollzog sich das ganze Jahr über fast ausschließlich bei Treib- und Drückjagden. Da war der Wachtel der gegebene Helfer des Jägers. Der Jagdterrier war hier wenig bekannt.

Mit dieser Art von Jagdbetrieb mußte aber Schluß gemacht werden. Der Rotwildbestand wuchs allmählich bis zu der vom Parlament zugelassenen

Wilddichte heran. Rotwildbejagung durch Gemeinschaftsjagden, womöglich unter Verwendung von Hunden, ist ein Unding. Das schließt einzelne Drückjagden zur Erfüllung des Abschußsolls gegen Ende der Jagdzeit und unter Aussparung der zentralen Einstände nicht aus.

Der „Alb" also, das war der erste Bayerische Gebirgsschweißhund, der sich in die beherrschende Wachteldynastie einschob, sie im Wandel der Umstände nach und nach fast völlig verdrängte. Heute ist das Rotwildgebiet Pfälzer Wald dank der Leistungen der Albschen Nachfolger und ihrer Führer sowie der freudigen Mitarbeit der Mitglieder des Clubs für Bayerische Gebirgsschweißhunde einer der Zentralpunkte geworden, zu dem jedes Jahr Gebirgsschweißhunde aus verschiedenen Gebieten der Bundesrepublik zur Vorprüfung gebracht werden.

Nach meinen Erkundigungen hatte Ende der zwanziger Jahre ein in Pirmasens, also außerhalb des heutigen Rotwildgebietes, wohnender Jäger, Herr L. G. Sertel, einen Gebirgsschweißhund gehalten und geführt.

Dem Erstling der Schweißhundegeneration im Pfälzer Wald, dem „Alb", folgten eine in diesem und in früheren Werken oft genannte Hündin, die „Senta", aus dem oberbayerischen Grießen stammend, und ihr der schon in der Pfalz geworfene „Zorn".

Gleichzeitig mit meiner „Senta" erhielt Forstamtmann Gappa den sich zu einem überragenden Vertreter seiner Rasse entwickelnden, in weitem Umkreis eingesetzten und viel beanspruchten „Falk", etwas später mein Schwiegersohn, Oberforstrat Ehrgott in Johanniskreuz, die vorzügliche, bewährte, dabei bildschöne „Hella". Einer ihrer männlichen Sprößlinge war der „Zorn". Ihrer Tochter „Burgl" entstammte der weithin bekannte, auf internationaler Suche in Ungarn geführte „Don" im Besitz eines tüchtigen, erprobten Schweißhundführers, des Forstoberinspektors Schober.

Auch die Schweißhunde des Forstamtmanns Jäger auf dem einsamen, waldumschlossenen Taubensuhl machten ihrer Rasse alle Ehre.

Ein paar ständig in Übung gehaltene Schweißhunde genügen vollauf für dieses Rotwildgebiet. Es wäre bedauerlich und sollte vermieden werden, daß diese auch im häuslichen Umgang so angenehme Hunderasse zum zweckentfremdeten Modehund oder gar zum jagdlichen Statussymbol entwertet wird. Die Gefahr besteht und zeichnet sich ab.

Der Leser, gerade der nicht jägerische, möge verzeihen, wenn ich mich mit der örtlichen, schließlich aber doch auf das ganze jagdliche Gebiet ausstrahlenden Genealogie einer für den Jagdbetrieb wichtigen Hunderasse und deren auffallender Verbreitung in einem ihr bisher verschlossenen

Raum so eingehend beschäftige: Vom jagdlich-kynologisch-historischen Standpunkt aus ist dies nicht ohne bleibendes Interesse und allgemeine Bedeutung.

Der ,,Alb" also, mein erster eigener Schweißhund, war für mich als Jäger so etwas wie ein Versuchskaninchen. Was soll ich es leugnen! Seine Nervenstärke, seine „Bierruhe" – um einen menschlichen Vergleich zu ziehen – war einmalig. Nachdem ich ihm in fleißiger Übung bei meinen dienstlichen Waldbegängen die Grundbegriffe der Abrichtung und Führung beigebracht hatte, nahm ich ihn immer zu den damals noch regelmäßig abgehaltenen winterlichen Saujagden mit. Da saß er bombenfest, in eherner Fassung und eiserner, fast stoischer Ruhe, neben meinem Knie zu meiner Linken. Er muckste sich nicht, wenn uns die Sauen fast umrannten, was bei dieser Jagdart schon manchmal vorkommen kann. Selbst die kritischsten Prüfer hätte diese Stand- und Schußruhe beeindruckt. Auch die „Senta" und der „Zorn" hätten sich in solchen Situationen ruhig verhalten, aber sie hätten gebibbert vor Aufregung.

Dem Erstling ,,Alb" wollte ich natürlich beste, klassisch ausgerichtete Erziehung angedeihen lassen. So richtete ich mich dabei streng nach den Frevertschen Richtlinien. Sooft sich Gelegenheit bot, arbeitete ich mit ihm kalte Gesundfährten von Rot- und Schwarzwild. Später boten sich dann im eigenen und im benachbarten Forstamt immer wieder unkomplizierte Totsuchen an, die er sauber und untadelig, auch am langen Riemen außerordentlich gelassen und bedächtig, erledigte. Für die Vervollkommnung zu einem ausgesprochenen, auch schwierigste Fälle mit Hetzen verbundener Nachsuchen sicher bewältigenden Routinier, wie es z. B. Gappas mit Recht berühmter ,,Falk" war, fehlte ihm eben doch die häufige Gelegenheit – und mir die Zeit. Wie bei allen meinen Schweißhunden. Was soll ich ihnen Spitzenleistungen andichten, die sie mangels Erfahrung nicht erbrachten und nicht zu erbringen hatten!

Die einseitige Abführung auf der Hochwildfährte nach Hannoveraner Methode hatte zur Folge, daß ihn Rehfährten, auch Wundfährten, nicht interessierten. Und noch eine Besonderheit zeigte dieser Hund. So sauber er kalte und rote Fährten beim Schwarzwild ausarbeitete, am verendeten Stück angelangt, bewindete er es zunächst eingehend. Dann aber setzte er sich in unübersehbarer Distanz und mit hochmütig abgewandtem Kopf beiseite, als wolle er seine Verachtung und seine Abneigung gegenüber solch plebejischem, stinkendem Volk augenfällig demonstrieren. Auch gekochtes Sauwild in seinem Futter fand nicht seine begeisterte Zustimmung.

Der ,,Alb" war ein ausgesprochen gutmütiger Hund gegen seinesgleichen und gegen Menschen, aber von einer geradezu rabiaten Raubzeugschärfe. Zu meinem damaligen Forstamt Pirmasens-Nord, dem südlichen und westlichen Nachbarforstamt von Merzalben, gehörten auch Revierteile außerhalb des Rotwildgebietes mit Acker-, Feld- und Wiesenfluren, gute Rehwildlagen mit einem bescheidenen Hasenbesatz. Dort trieben sich immer halb- oder ganz verwilderte Hauskatzen weitab von den nächsten Ortschaften herum. Gerieten wir an eine solche und hatte sie nicht genügend Vorsprung, so war sie verloren. Ich brauchte den Hund ohne besondere Aufforderung nur zu schnallen. Gelang es der Mieze nicht mehr, aufzubaumen, so faßte er sie in voller Flucht mit sicherem, schnellem Griff und schlug sie sich ein paarmal um die Behänge. Ehe sie an Abwehr denken konnte, hing sie schon schlaff und mausetot in seinem Fang. Erreichte sie aber noch einen rettenden Baum, so saß er schon verbellend unten und wartete gierig darauf, bis ich sie herabschoß. Sie gelangte nicht auf den Boden. Schon in der Luft fing er sie ab und beutelte sie, daß die Fetzen flogen.

Angeschossenen Füchsen gegenüber verhielt er sich etwas vorsichtiger. Aber er ließ sie nicht mehr aus und stellte sie verbellend, bis ich den Fangschuß antragen konnte.

Ich weiß, an sich gehört solcher Einsatz nicht zu den Aufgaben eines Schweißhundes. Aber er ergab sich zwangsläufig aus den örtlichen Verhältnissen. Und schließlich lernte ich immer mehr erkennen, daß das Arbeits- und Verwendungsgebiet des ,,Bayerischen" doch weiter gespannt ist als das des nach einseitig strengen Regeln einzusetzenden Hannoveraners. Die Verwendung auf seinem ureigensten Gebiet wird dadurch in keiner Weise beeinträchtigt. Es muß ja auch nicht alles nach der Schablone gehen!

Einmal wäre dem ,,Alb" die Hetze an einer angeschweißten Sau beinahe zum Verhängnis geworden. Wir jagten an einem Januartag auf gekreiste Sauen in zwei benachbarten Forstämtern, zuletzt am ,,Biechtenberg" im Forstamt Dahn. Am Tag zuvor hatte es geschneit. Handbreit hoch lag das flaumige Weiß. Ich stand oben auf dem rundkuppigen Kopf im lichten, teilweise durch Schneebruch aufgerissenen Kiefernstangenholz an einem Abfuhrweg, den ,,Alb" an meiner Seite. Kaum waren die Treiber angegangen, da kamen die Sauen schon ganz lautlos durch die Kiefern herauf in bester Schußentfernung an mir vorbei. Eine Rotte starker Überläufer. Schwarzborstige Gesellen im weißen Schnee. Immer wieder ein beeindruckendes Bild, ein auch dem Landschaftscharakter angepaßter Anblick.

Der mir am nächsten herantrollenden Sau setzte ich, durch den weiten

Tunnel des Fluchtfernrohrs visierend, die erste Kugel aus der Doppelbüchse auf die Halsgrube. Mit einem schrillen, pfeifenden Klagelaut versank sie erloschen in dem Pulverschnee. Nun kam aber scharfe Bewegung in die vorbeirauschende Rotte. Hochflüchtig prasselten sie an mir vorbei. Die nächste aufs Korn genommen, schön mitgefahren – im schneegedämpften Knall warf sie das schwere Geschoß buchstäblich um. Mit gellendem, typischem Schweinsschrei rumpelte sie zusammen, deutlicher noch, klappte sie um. Wild schlegelnd wälzte sie sich im Schnee. Schneller Griff in die Tasche nach den bereitliegenden Patronen ... Ehe ich mit dem Nachladen fertig wurde, kam die Sau wieder auf die Hämmer, flüchtete brandeilig hinter der Rotte her und verschwand im dunklen angrenzenden Fichtenbaumholz des Westhanges. Den konnte ich nicht mehr einsehen. Ich wußte schon: Krellschuß! Da konnte nur mehr einer helfen, der „Alb". Ich schnallte ihn sofort auf der Fährte. Gleich darauf ertönte sein Standlaut unten im Grund. Aber nicht lange, dann ging die Hetze weiter und verlor sich hinter Rücken und Kuppen des Waldgebirges. Die Dämmerung fiel übers Land. Es fing wieder an zu schneien. Ich wartete lange beim Auto. Aber der Hund kam nicht, war auch am nächsten Morgen nicht beim abgelegten Rucksack. Alle Fährten und Spuren waren zugeschneit. Alles Suchen, Warten war vergebens.

Am folgenden Tag meldeten die Holzhauer meines Bruders, in dessen Forstamt wir den ersten Trieb genommen hatten, der Hund habe, wie im Schnee ersichtlich, mich auf dem dortigen Stand gesucht. Der lag ungefähr acht Kilometer von meinem damaligen Dienstsitz Kaltenbach entfernt. Auch an diesem Tag blieb der Hund verschwunden. Ich hatte keine Hoffnung mehr, ihn wiederzusehen. Aber am Nachmittag des dritten Tages kam plötzlich, langsam und sichtlich müde, ein roter Hund die Bundesstraße 10 entlang auf das Forstamt zugetrottet und entpuppte sich als der schon totgeglaubte „Alb". Ins Haus genommen, warf er sich sofort auf sein Lager und schlief sich lange und gründlich aus.

Jahre später brachte mein „Zorn" eine ganz ähnliche, lange winterliche Odyssee hinter sich, mit dem Unterschied, daß dieser hochflüchtige, pfeilschnelle, rücksichtslos andrängende und grimmig zupackende Hund zu seiner Beute kam. Dank dieser hervorragenden Eigenschaften führte schon einige Zeit zuvor eine Hetze auf eine nur ganz leicht angeschweißte Sau zum Erfolg.

Schweißhunde mit gutem Stockhaar halten offensichtlich schwere Kälteeinwirkungen schadlos aus.

Jäger, die Schweißhunde führen, müssen wohl oder übel mit solch schwierigen und riskanten Fällen rechnen. Ich habe für ihre jeweiligen Besorgnisse volles Verständnis.

Leider kommt es immer wieder vor, sei es durch die Verkettung unglücklicher Umstände oder aus anderen Gründen, so durch die unverantwortliche Rücksichtslosigkeit von Autofahrern, manchmal sogar durch das skandalöse, strafwürdige, auf das schärfste zu verurteilende Verhalten schießwütiger Leute, die sich Jäger nennen, daß Schweißhunde von Nachsuchen, die mit Hetzen verbunden sind, nicht mehr zurückkehren.

Beim „Alb" fiel mir eine charakterliche Besonderheit auf. Bei aller Anhänglichkeit zeigte er mir nie die betonte Zuneigung, wie sie besonders der „Zorn" immer wieder bewies.

Ich sprach darüber einmal mit einem befreundeten Allgäuer Jäger. Der lachte nur und meinte trocken, auf den auch aus dem Foto unübersehbar hervorgehenden starken Einschlag des Hannoveraner Blutes hinweisend: „Was wollen Sie? Ist halt ein halber Preuß!"

Im Alter von dreizehn Jahren stellten sich beim „Alb" verschiedene Altersbeschwerden ein. Mein guter Freund Otto Groß erlöste ihn wunschgemäß blitzartig und schmerzlos davon. In solchen Fällen mußte ich immer meine Freunde bitten. Ich brachte diesen letzten Liebesdienst und Gnadenerweis einfach nicht fertig.

Seine Nachfolgerin war die feinnasige, giftscharfe, talentierte „Senta". Sie war, wie so viele Hündinnen, eine führige, anschmiegsame, anhängliche, den Lesern schon vorgestellte Gehilfin, jahrelange Begleiterin bei der Gamsbrunft in den Heimatbergen.

Zu gleicher Zeit hatte ich einen sehr schönen, aus dem Zwinger von Dr. Lackner bezogenen rauhhaarigen Jagdterrier, den „Etzel". Ich hielt ihn in erster Linie der Sauen wegen und zur Nachsuche auf Rehwild. Aber der Entschluß, diesen Hund zu halten, war falsch, grundfalsch sogar. Er entsprang mangelnder Erfahrung mit dieser überpassionierten, harten, schwer zu bändigenden Hunderasse. Ich kam immer mehr zu der Überzeugung, daß solch gut veranlagter Jagdterrier in die Hand eines Jägers, in erster Linie eines Jagdaufsehers oder noch besser Berufsjägers, gehört, der sehr viel im Revier ist, bei dem der Hund so viel Bewegung und Arbeit hat, daß er am Abend todmüde auf sein Lager sinkt. Ich kann nur jedem Jäger, bei dem diese Voraussetzungen fehlen, abraten, sich einen dieser temperamentvollen, intelligenten, scharfen, knochenharten Gesellen zu halten, im Interesse von Jäger und Hund. Da der Terrier aber in einer geradezu liebenswerten Weise an mir hing, konnte ich mich nicht entschließen, ihn wegzugeben.

Im allgemeinen vertragen sich Hündinnen und Rüden sehr gut. So auch in diesem Fall. An der Koppel von mir bei allen dienstlichen Waldbegängen und bei privaten Wanderungen mitgeführt, waren sie ein wohlerzogenes, friedliches Gespann. Untertags waren sie, soweit nicht mit mir unterwegs, in getrennten Zwingern untergebracht. Abends kamen sie ins Haus und schliefen, mit Ausnahme der Wochen, in denen die Hündin heiß war, im selben Raum. Auch dies ging in der Regel recht gut. Aber manchmal entflammten ohne ersichtlichen Grund üble, bösartige, blutige Beißereien. Und da zog der wendige, muskulöse, grimmig zupackende Terrier regelmäßig den kürzeren. Die Schweißhündin hatte einen besonderen, erprobten Trick. Die zornentbrannte, wütende Amazone warf sich mit ihrem höheren Gewicht ganz gekonnt auf den Rauhbauz, faßte ihn blitzschnell an der Kehle und hielt ihn eisern fest. Niemand außer mir konnte die blindwütigen Kämpfer mit scharfem Machtwort und hartem Zugriff trennen. Ich zog daraus meine Konsequenzen und schwor mir künftig, meine Hundehaltung auf einen Schweißhund zu beschränken.

Die elfjährige „Senta" befreite, auf meine Bitte hin, Freund Schall vor den Auswirkungen einer bösartigen Entzündung der Gebärmutter. Der altersschwach gewordene „Etzel" folgte ihr bald darauf. Nun ruhen die beiden Kämpen friedlich vereint in der guten Walderde oben auf der einen weiten Blick über die Waldberge gewährenden „Winterseite".

Der nächste, der letzte, der beste, ließ nicht lange auf sich warten: Es war der zu meinen Füßen liegende „Zorn". Ich hatte auf ihn schon ein wohlgefälliges Auge geworfen, als er noch als Junghund im Zwinger bei meinem Schwiegersohn tobte. Nun ist er schon jahrelang mein vertrautes eigen.

Und wiederum, gleich als habe er meine Anspielung als Anstoß empfangen, als habe er die ihm zugedachte Laudatio, das dem Hunde, dem treuen Freund des Menschen, des unentbehrlichen, anpassungsfähigen Gehilfen des Jägers schlechthin gespendete Lob empfunden und verstanden, wurde er auf seinem Wildfellager langsam wieder hoch, stupfte er meine Hand mit seiner feuchtkalten Nase an, dringender noch als vorher. Und wieder legte er seinen warmen Kopf auf mein Knie, die dunklen Augen unverwandt auf mein Gesicht gerichtet. Und nun fügte er gar noch seine schwere Pfote dazu. Ich winkte ihm nur kurz ab. Da ließ er sich wieder beruhigt auf das weiche Haarpolster fallen.

„Warte noch ein bißchen, mein Alter, warte noch eine kleine Weile, bis dieses Kapitel zu Ende geschrieben ist!"

Was weiß der von den Auswirkungen der hochgepriesenen Zivilisation erblindete, ertaubte Mensch von jenen unhörbaren, unsichtbaren Wellen, von jenen geheimen Kräften, die eine unverdorbene Natur aussendet und ausströmt, die zwei einander zugeneigte hochstehende Lebewesen verbinden? Ist der naturorientierte Jäger vielleicht noch eines der seltenen Rudimente der Schöpfung, eine Ausnahme im kaltschnäuzigen, dem Götzen eines nüchternen, gemütlosen Realismus huldigenden, nur das Hör-, Sicht- und Greifbare anerkennenden, luziferisch aufrührerischen, eingebildeten Geschlechtes und Zeitalters, dessen höchste Kunst darin zu bestehen scheint, die Welt ins Chaos zu stürzen?

Der letzte Satz war beendet, der Abschlußpunkt gesetzt. Draußen flammte der Herbst in feuriger Pracht. Im letzten verglühenden Abendschein leuchteten die stillen, weiten, bunten Bergwälder. Ich erhob mich.

„Komm, mein Lieber! Laß uns nochmals den vielfarbigen, brandrot verlöschenden Herbstabend genießen, ehe das Leben in den großen Schlaf versinkt, ehe die Winternacht kommt, die tiefe, unendlich lange, für uns beide, für dich und für mich!“

Bildquellenverzeichnis

Wolfgang von Beck (9), Edmund Müller (3), Helmuth Ehrgott (2), Hermann Jakob (2), Walter Müller (1).

Inhaltsverzeichnis